Leer *el*
ROSTRO

3ª edición: enero 2009

Título original: THE POWER OF FACE READING
Traducido del inglés por Miguel Iribarren Berrade
Diseño de portada: Francesco Mosca

© de la edición original
  Rose Rosetree, 2001

© de las ilustraciones
  Robin Ludt, 1998

© de la presente edición
  EDITORIAL SIRIO, S.A.   **EDITORIAL SIRIO**   **ED. SIRIO ARGENTINA**
  C/ Panaderos, 14   Nirvana Libros S.A. de C.V. C/ Paracas 59
  29005-Málaga   Camino a Minas, 501   1275- Capital Federal
  España   Bodega nº 8 , Col. Arvide   Buenos Aires
                                 Del.: Alvaro Obregón   (Argentina)
                                 México D.F., 01280

www.editorialsirio.com
E-Mail: sirio@editorialsirio.com

I.S.B.N.: 978-84-7808-461-6
Depósito Legal: B-51.385-2008

Impreso en los talleres gráficos de Romanya/Valls
Verdaguer 1, 08786-Capellades (Barcelona)

Printed in Spain

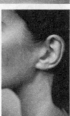

Leer *el*
ROSTRO

Rose Rosetree

editorial **S**irio, s.a.

AGRADECIMIENTOS

Doy las gracias por que exista la lectura de los rostros, un conocimiento que ha ayudado a tantas personas a lo largo de miles de años (una de ellas soy yo). Aparte de aportar significado a un aspecto de la vida que, de lo contrario, parece carecer de justicia y de sentido, la lectura del rostro es capaz de crear un sentido de comunidad. Desde 1971 enseño desarrollo personal y, por tanto, he dispuesto de mucho tiempo para hallar lo que Carl Jung denominaría la parte *sombría* del mundo docente: competitividad, celos, y todo lo demás. Pero mis compañeros fisonomistas me han allanado el camino con su generosidad y su amistad considerada.

Nunca olvidaré la amabilidad que me brindaron estos compañeros: R. Neville Johnston, Carl Wagner, Sr. June Canoles, Joanna Brandt, y, desde luego, Narayan-Singh. Cualquier otra persona, al pedírsele que escribiera un prólogo para el libro de alguien de la «competencia», se habría enfadado. Pero Narayan, al igual que todos estos excelentes maestros, sabe que estamos trabajando juntos. Simplemente dijo: «Dime cómo te puedo ayudar».

Otra influencia de este libro la conforman los miles de personas que me han prestado sus orejas, y otras partes del rostro, para que pudiera leer su cara. Este agradecimiento es doble para quienes han estudiado conmigo con el fin de ser lectores faciales. (Encontraréis algunas de las preguntas que formularon mis estudiantes más adelante, en las secciones sobre clases virtuales de este libro). Os doy las gracias a todos, sabiendo por experiencia personal lo vulnerable que te puedes sentir al mostrar tu rostro a alguien cuyo trabajo consiste en exhibir tus rasgos físicos como si cada uno representara una puerta a tu alma. Recuerdo que me quedé boquiabierta ante la mirada profesional de Timothy Mar la primera vez que alguien me leía el rostro. Era como si estuviera a punto de lanzarme a una piscina. Y aunque me encanta nadar y adentrarme en los misterios de la vida, ¿cómo puedes predecir si el agua te calará con su frialdad?

Un tipo distinto de riesgo es el que han asumido quienes decidieron contratarme profesionalmente como docente, entrenadora, o animadora de fiestas. El espacio limitado de estas líneas no me permite daros las gracias a todos. Así que elegiré a aquellos cuya ayuda ha sido especialmente importante para mi carrera: Deb Weitz, del centro educativo para adultos FIRST CLASS; Maureen McCracken, de Healing Touch de la zona metropolitana de Washington; Audrie Smilie, de Oxford Management; Sam y Martha Ashelman, del Coofont Spa en Virginia occidental, quienes me han convertido en una «amiga de toda la vida»; Sheila Weiner, cuyas dotes de emprendedora supusieron mis principales citas profesionales fuera de mi ciudad; y Juli Verrier, de Long&Foster, el primero en diseñar un lujoso stand sobre mis servicios de lectura facial.

Para la creación de este libro, mi quinta obra sobre cómo leer rostros, debo dar las gracias especialmente al ilustrador Robin Ludt, a los editores Amy Patton, Sue y Alex Kramer.

En cuanto a mi marido, Mitch Weber, y a nuestro hijo Matt, llevaría páginas enteras, libros enteros, agradecerles su inspiración, su apoyo y todas sus estrategias para recordarme que debo reír.

Secretos de la lectura del rostro (de un vistazo)

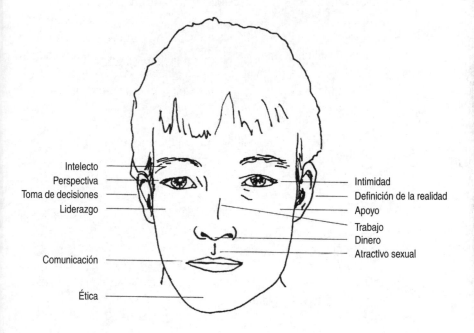

PRÓLOGO

Desde el inicio de los tiempos, los seres humanos han tenido que leerse mutuamente los rostros con el fin de sobrevivir. Nuestros cerebros evolucionaron a través de la lectura facial. Como resultado de ello, todos nosotros somos lectores naturales de rostros. Los estudios de los rostros empezaron con los chamanes. En general, ha sido un conocimiento esotérico. Por ejemplo, el sistema chino implica un proceso de aprendizaje que en ocasiones dura cuarenta años. Por tanto, las formas sistemáticas de lectura del rostro no han estado fácilmente al alcance de la mano.

En occidente, durante la Edad Media, esto comenzó a cambiar. Un hombre llamado Lavater empezó seriamente a estudiar y dibujar rostros, iniciando así la tradición de intentar que la lectura del rostro fuera una disciplina de dominio público. No obstante, históricamente los humanos hemos sido muy paranoicos (es decir, profundamente críticos). En consecuencia, la literatura acerca de la lecutura del rostro ha sido extremadamente dura. En una ocasión leí lo siguiente: «Una nariz cóncava está a un paso de la animalidad y la bestialidad». Ahora bien, ¿quién tiene narices cóncavas? Pues para empezar, los niños.

No es de extrañar que sólo los estudios más concienzudos de fisonomía intenten analizar toda la gama de literatura en este campo, sesenta títulos desde Lavater que yo, personalmente, he hallado.

Mientras leía todos estos textos para mi primer libro sobre el significado de los rasgos faciales, me encontré con una pequeña joya titulada *Puedo leer tu rostro*. Fue el primer libro de Rose Rosetree en este campo, y era muy distinto a lo que había leído hasta entonces. Era el primer libro de fisonomía que procedía del corazón, y trataba de lo verdaderamente cierto en este tema.

Ahora, nueve años después, Rose ha escrito lo que yo considero otro libro importante, ya que aplica la fisonomía a circunstancias cotidianas con abundantes ejemplos de situaciones y personas que sirven para concretar las explicaciones. Rose hace comprensible la fisonomía, con ella resulta fácil de aprender.

Su estilo de comunicación es muy optimista, entusiasta y apasionadamente implicado (al igual que su estilo de vida, a juzgar por sus anécdotas y mi experiencia personal con ella). Debajo de la superficie encontraréis un profundo conocimiento de las personas y del significado de los rostros, que no he hallado en ningún otro texto sobre el tema.

Rose trabaja desde la comprensión de que toda característica humana implica tanto un conjunto de talentos como un conjunto de desafíos. Luego pasa a mostrarnos cómo apreciar más profundamente a cada persona que conocemos. Su enfoque general es que todos estamos en esto, y que necesitamos amarnos a nosotros mismos y a los demás para que todo el mundo funcione.

En realidad, Rose está captando y transmitiendo un cambio de alma colectiva que está teniendo lugar actualmente. Todo se reduce a que si no pasamos a actuar desde el corazón, los seres humanos no disfrutaremos con ser humanos por mucho más tiempo. Creo que se está produciendo una enorme transformación y Rose es parte de ella, ayudándonos a aplicarla en nuestras relaciones con nosotros mismos, con los demás, con la comunidad y con la raza humana.

Su amoroso modo de compartir la sabiduría se os quedará grabado en el alma. Es una delicia leer este libro, una revelación que conduce a la transformación. Os animo fervientemente a que os unáis a Rose Rosetree en esta gran aventura evolutiva.

Doctor Nirayan Singh Khalsa
Boulder, Colorado
Noviembre de 1997

1

¿A QUIÉN NO LE GUSTA EL PODER?

Quizás al igual que en tu caso, mi fascinación por los rostros no comenzó siendo un ansia de poder. Eso llegó más tarde. Estoy bromeando. Pero *es* cierto que la lectura del rostro hace que una persona sea más poderosa. El conocimiento es poder. Y puesto que la mayoría de la gente no tiene la menor idea sobre el tipo de conocimiento profundo que esconden los rostros, tendrás una ventaja sobre otras personas si puedes observarlas y aprender, en vez de pasarlas por alto.

Te doy una pista de lo que observarás: la lectura del rostro NO significa observar las expresiones, que muchas personas consideran como el punto de vista experto fundamental. Por ahora, hagamos simplemente una distinción entre **lectura de expresión** y lectura del rostro; en el próximo capítulo exploraremos la diferencia con más profundidad.

¿Te sorprende la idea de leer el rostro físico? La **lectura del rostro** se ha practicado durante miles de años. Su nombre tradicional es **fisonomía**, que significa interpretar el rostro para conocer el interior de la persona.

Cuando haces esto, un beneficio secundario es que descubres nuevas cosas sobre tu propio rostro que nunca habías notado antes, como por ejemplo la posición de la oreja y el grado de definición del labio superior. Desde 1986, he realizado miles de lecturas del rostro para personas como tú. Y la mayoría han hecho descubrimientos sorprendentes sobre sus propios rostros. ¿Cómo es posible? Pues porque antes no prestaban mucha atención. ¿Por qué debían hacerlo? La mayoría de las partes del rostro no eran significativas. Pero ahora lo serán. Así que te recomiendo que tengas a mano un espejo mientras lees este libro. Los descubrimientos sobre tu rostro forman parte del encanto de la lectura del rostro.

Pero aprenderás más que eso. Este conocimiento te enseñará a realizar lecturas del rostro y por qué hacerlas, todo salvo cuándo realizarlas. (Esa parte deberás comprenderla tú solo.)

El conocimiento de la lectura del rostro es poder. En las siguientes páginas, resaltaremos tres formas prácticas mediante las cuales puedes incrementar *tu* poder personal.

1. LAS VENTAS

A muchos de mis estudiantes de lectura del rostro les entusiasma desarrollar mejores dotes para las **ventas**, y no sólo a los vendedores profesionales que desean ganar más dinero. Todos nosotros nos encontramos en situaciones en las que tenemos que vendernos o negociar con otras personas. La mayoría desearíamos hacerlo mejor. Por ejemplo, Mickey Kantor, antiguo representante comercial de EE.UU., no es manco en el arte de la persuasión. Pero cuenta que estaba confuso cuando trataba con su hija de 10 años. «Tenía que negociar con ella cada día y generalmente perdía», se quejaba.

Tal vez tú no tengas que desconcertar a un niño astuto ni a un gobierno extranjero, pero te resultará práctico estar mejor dotado para la comunicación. En una entrevista de trabajo –para cualquier puesto–, ¿no te ayudaría poseer información privilegiada sobre tu futuro jefe? Una vez contratado, ¿no podrías servir mejor a tus clientes si les conocieras mejor? Y si tu empresa está reduciendo personal, ¿no crees que tu capacidad para leer a las personas te podría ayudar a sobrevivir?

En una tira cómica de los *Peanuts* leí este comentario: «Amo a la humanidad. Pero no aguanto a la gente.» Pues bien, la lectura del rostro te ayuda a tratar con la gente. Aprenderás con cada persona, con cada mejilla y con cada venta.

Una confesión: Los ojos de algunas personas se encienden con el pensamiento de que su propio conocimiento podría reportarles ventas. Otras personas (yo incluida) más bien nos avergonzaríamos: «¿Utilizar mi conocimiento para manipular a las personas? ¡No lo quiera Dios!» No obstante, los mejores comerciales te dirían que ellos no coaccionan a sus clientes. Se comunican. Los educan. Incluso si no vas a ganar ningún dinero con la lectura del rostro, te beneficiarás internamente cuando explores este conocimiento humano. ¿Cuál es *tu* prioridad de momento, el lado material de la vida o el espiritual? Sea cual fuere, la lectura del rostro te lo enriquecerá.

2. LAS RELACIONES

El poder de la lectura del rostro se muestra en las **relaciones**, en especial en aquellas situaciones donde las personas normalmente se sienten cualquier cosa menos poderosas –como en los encuentros de solteros, cuando conoces a tu futura suegra, cuando piensas en tu nuevo vecino gruñón, que tiene un rottweiler.

¿Qué tienen en común todas estas situaciones? A falta de una varita mágica, tienes que aguantar a los demás. Y ellos te aguantan a ti. ¿Cómo podríais ambos sacar el mayor provecho de ello? Sin poder, sólo te resta desear que esos extraños sean agradables contigo. Esperas que vean a tu verdadero yo (que, por supuesto, es magnífico). Esperas. Sonríes. Y, mentalmente, cruzas los dedos.

¡Pero tu mente no tiene dedos! Esta es la razón más obvia por la cual este tipo de postura jamás hace a una persona sentirse, o ser, poderosa. El conocimiento es poder. Si eres sabio, desearías poder ver *lo mejor* en todos los extraños que entran en tu vida. Y no quiero decir que te digas a ti mismo el lema optimista: «Dios está en esta persona; así que mientras pueda ignorar el resto, nos llevaremos bien».

Ver lo mejor de una persona tampoco significa colocarle rápidamente una etiqueta. Algunos suponen que la lectura del rostro significa que en treinta segundos decides si una persona es «buena» o «mala». La verdad es que somos mezclas. Si quieres profundizar en los problemas, así como también en el buen material, no te preocupes. Cuando lees rostros, eso puede conseguirse.

La lectura del rostro te informa de cosas prácticas, de cómo una persona toma decisiones, de cómo gasta el dinero, cómo trabaja de forma más productiva o maneja los detalles. ¿Quién tiene un sentido del humor necio? ¿Quién no se ríe a menos que el humor sea irónico y seco? ¿Quién es un inconformista obstinado? ¿Quién utiliza el lenguaje corporal para expresar justo lo *contrario* de lo que realmente siente?

Quizás debería mencionar justo ahora que tu capacidad para utilizar mi sistema de Secretos de la Lectura del Rostro NO requiere que seas un observador de personas. No tienes que recordar los rostros de las personas ni orientarte visualmente. (Yo no soy así). Para leer los Secretos, lo único que necesitas es curiosidad, además de una disposición a observar las partes del rostro humano cuando se encuentran justo delante de ti. Es sencillo. ¿Has oído decir que vale la pena hacer las cosas una por una? Bueno, alcanzarás tu nuevo nivel de conocimiento rostro por rostro.

Las partes del rostro que investigarás son muy variadas. Y los Secretos que te cuentan van más allá de los estereotipos que probablemente esperas. De hecho, te garantizo que la lectura del rostro hará añicos todos los estereotipos que te impiden ver a las personas como individuos. Eso es lo que te aportará más poder en tus relaciones.

Otra faceta destacada de las relaciones es que la lectura del rostro te permite salirte de la rutina. ¿Cansado de ver a alguien a diario? Deja que la lectura del rostro te ayude a apreciar a esa persona en un contexto completamente nuevo.

¿Y por qué no reivindicar tu poder permitiendo que la lectura del rostro te ayude a evitar agotarte? ¿Entras en contacto con tantas personas que sus rostros comienzan a confundirse entre sí? Por supuesto, unas vacaciones podrían ayudar. Pero las vacaciones más baratas y mejores podrían ser unas horas con este libro. Regálate unas vacaciones de lujo y deja de observar a las personas de una forma limitada.

3. AUTOESTIMA

Es el pequeño secreto encubierto de mis clases de lectura del rostro: no respetamos nuestros rostros lo suficiente. Y esperamos de los demás esa falta de respeto. Ninguno de mis miles de clientes ha venido a mí suplicando: «Ayúdame, me he desenamorado de mi rostro. Cuando veo mi rostro en el espejo, ya no me ilusiona con su esplendor. ¿Qué sucede?» Mis clientes, como sabéis, son adultos. A diferencia de ellos, mi hijo de tres años amaba tanto su aspecto que dejaba pequeñas marcas de besos en el espejo. ¿Cuándo fue la última vez que tú o yo hicimos eso?

El entusiasmo por tu aspecto no debe confundirse con la **vanidad**, con el exceso de orgullo por la propia apariencia. No, es un asunto de **autoestima**. Tenemos el derecho de que nos guste totalmente lo que vemos. Pero ahora que ya no tienes tres años, mucho de lo que ves en la vida –en el espejo o en otros sitios– está cubierto con capas y más capas de interpretación. Los símbolos, los recuerdos, los miedos y los hábitos de criticar distorsionan la imagen del espejo. No menos importante en estas asociaciones es cómo la visión que tienes de tu rostro se relaciona con tu opinión sobre el resto de ti. Rostros malos equivalen a un yo malo. Y así, a casi nadie le gusta su rostro. La sociedad occidental del nuevo milenio se ha encargado de esto.

Diariamente somos bombardeados por innumerables imágenes de famosos y modelos que se realzan con cosméticos, posiblemente se alteran quirúrgicamente, y llevan sin duda estilos de peinado identificables; a su lado, los fotógrafos han colocado focos favorecedores y luego (la indignidad final para el resto de nosotros), a estas personas de belleza poco natural se les retoca con el aerógrafo. Ni siquiera *ellas* se ven tan bien como en las fotos.

Todo esto es muy desalentador. Y nos tomamos este desaliento tan a pecho, que lo damos por sentado.

La lectura del rostro ayuda a la autoestima incluso si no declaras ni admites que podrías apreciar más tu rostro. ¿Cómo es eso? Descubrirás que cada detalle de tu rostro significa algo maravilloso –el ángulo de tus labios, el grosor de tus mejillas. Los Secretos de la Lectura del Rostro están basados en esta premisa: *Dios no produce trastos*.

Descubre cómo esto se aplica a tu rostro, los rostros de tus seres queridos, y los rostros de aquellos que podrías llegar a querer. Capítulo a capítulo, te mostraré lo que se debe buscar y te indicaré lo que significa. ¿Cualquier tipo de poder? ¿No tendrás más del mismo como lector del rostro? ¿Y no serás capaz de utilizarlo para bien? Entonces, únete a mi **clase virtual**, donde reúno a un grupo de personas como tú (bueno, algunos de ellos quizás son un poco más extraños). Mi intento es convertir este manual en una típica clase de lectura del rostro. Justo ahora, tus compañeros van a formular preguntas que quizá han estado revoloteando en tu mente:

P. ¿Cuán exacta es la lectura del rostro?

R. Desde que comencé a enseñar los Secretos de la Lectura del Rostro, he leído miles de rostros y al final de cada lectura pido siempre una opinión sobre mi exactitud. Alrededor del 99 por ciento de las respuestas son positivas. Y este sistema es tan fácil de aprender, que mis alumnos también poseen un alto grado de precisión.

P. ¿Es ético entrometerse en las vidas de los demás leyendo sus rostros?

R. La respuesta breve es sí. Para una respuesta más completa, utilicemos un ejemplo. Digamos que estás buscando un trabajo. ¿No buscas saber todo lo que puedas de tu nuevo jefe? De igual manera, si tú fueras la persona que contrata, ¿no tendrías algo más que una curiosidad pasajera acerca de los candidatos? En las entrevistas de trabajo no te dicen, tampoco, todo lo que necesitas saber.

¡Qué farsa realmente! En apariencia, quienes siguen el juego hablan de cuestiones comerciales y formales con una cortesía poco natural. No obstante, por debajo de la superficie tiene lugar una búsqueda frenética: todos escrutan la personalidad del otro, buscan pistas sobre el carácter, hacen lo máximo posible para llegar a la verdad… porque a diario, probablemente estarás más horas con tus compañeros de trabajo que con tu cónyuge. ¿Qué ocurrirá cuando os encierren juntos?

Suponiendo que sea válida esa necesidad de saber, ¿cómo reaccionarías si tu amigo Jorge te ofreciera información de primera mano sobre esta persona misteriosa? ¿Dudarías en escucharla? Entonces, ¿por qué dudar de conseguir información de primera mano por ti mismo con la lectura de los rostros? Esa privilegiada primicia acerca de la personalidad del otro, podría crear la diferencia entre una elección realmente genial o un potencial desastre. Podríamos establecer una analogía con la **grafología**, el estudio del carácter basado en la escritura manuscrita. ¿Sabías que el 80 por ciento de las empresas francesas utilizan actualmente la grafología? Según Carol Moore, una grafóloga profesional de Virginia cuyo peritaje vale en los juzgados, la grafología es todavía más respetada en Israel, hasta el punto en que no puedes conseguir un trabajo o ni siquiera alquilar un apartamento sin haber realizado antes un estudio grafológico. Pero vivas donde vivas, siempre compensa aprender sobre la otra persona. Los Secretos de la Lectura del Rostro pueden proporcionarte una información similar –y son más fáciles de aprender.

Algunos gerentes han estudiado conmigo para poder tomar mejores decisiones a la hora de contratar personal o para conseguir lo mejor del personal contratado. El personal de recursos humanos considera los resultados de la lectura del rostro comparables a los estudios de personalidad más completos, pero siendo mucho más fáciles de realizar. Lo único que hay que hacer es observar al candidato.

Un gerente lo describió perfectamente: «El rostro es un currículum viviente».

Quizás hayas oído una anécdota sobre el presidente Lincoln, a quien se le pidió que nombrara a cierta persona para su gabinete. Cuando Lincoln lo rechazó, la razón que dio fue: «No me gusta su rostro».

«Pero el pobre hombre no es responsable de su rostro», protestó su consejero de confianza.

Lincoln discrepó. Dijo: «Cualquier persona mayor de cuarenta años es responsable de su rostro». Y tenía razón.

P. ¿Crees que alguna vez podría ser incorrecto leer el rostro de alguien?

R. Sí. Evita leer el rostro de cualquier persona menor de 18 años. Los niños no han tenido suficiente tiempo para que se les forme un rostro propio. Si eres padre o madre, has visto lo rápido que cambian: un día se parecen a mamá, otro día se parecen más a papá; un año la nariz parece tomar el protagonismo del rostro; al año siguiente, otra parte del rostro lo hace. Así que es mejor dejar que esos rostros impredecibles evolucionen a su propio ritmo antes de etiquetarlos. Probablemente, de todos modos leerás los rostros de los niños (mi marido y yo comenzamos a leer el rostro de nuestro hijo el mismo día en que nació), pero no confundáis a jóvenes influenciables realizando una lectura del rostro en voz alta.

P. ¿Qué sucede si tú mismo tienes menos de 18 años? ¿No debrías leer rostros?

R. ¿Estás bromeando? Nunca es demasiado pronto para comenzar a leer rostros. Cuando llegues a la edad en que puedas votar podrías ser ya un experto fisonomista, lo cual te sería de gran utilidad para emitir tu voto, entre otras cosas. Simplemente tómate con ciertas reservas aquello que puedas ver en *tu* rostro hasta que tengas 18 años. Y no hagas lecturas de tus amigos. En cambio, concéntrate en los adultos, especialmente en los profesores y otras personas con autoridad. Teniendo en cuenta el poder tienen sobre ti, tienes derecho a utilizar esto para prepararte, aprendiendo sus Secretos.

P. ¿Puedo utilizar la lectura del rostro del mismo modo que utilizo las cartas del Tarot?

R. No tengo previsto crear una baraja con partes del rostro en un futuro próximo. Incluso si aquello con lo que nos enfrentamos en la vida cambia con el paso del tiempo, no lo va a hacer con la misma rapidez con la que barajas las cartas.

En realidad, estás preguntando por la adivinación. La lectura del rostro te ayuda a crear un futuro más brillante, pero no lo predice. Sin embargo la lectura del rostro sí puede ayudarte a reconocer tus principales talentos, permitiéndote utilizarlos mejor. Esta es una forma poderosa de avanzar hacia tu futuro. La lectura del rostro también atrae a personas que no se interesarían por la adivinación. Pienso en Eddie Dean, un periodista de la publicación *City Paper* en Washington, D.C. Para darte una idea de su irreverencia, denominó a nuestra entrevista "Una visita al mundo de Dorian Gray". Pero a Eddie le encantaban mis lecturas de celebridades locales, y cuando llegó el turno de mi lectura de *su* rostro, la calificó como un «análisis exacto» y concluyó: «En este momento, no sólo me siento ratificado sino verdaderamente reivindicado por ocupar un lugar en este planeta: la lectura del rostro es una forma condenadamente mejor de conocerte a ti mismo que el parlotear con algún psiquiatra caro». No cabe duda de que Eddie también lo hubiera preferido al Tarot.

P. ¿Qué sucede si, después de aprender a leer rostros, no puedes contenerte? ¿Podría la lectura del rostro convertirme en algún tipo raro, y hacer que me volviera loco y vuelva locos a los demás?
R. Mira, cuando aprendes a leer el rostro no estás dirigiéndote a la Zona entre Dos Mundos. No te obsesionarás con las cosas profundas cada vez que veas un par de orejas o una barbilla. Leer el rostro es un talento y puedes utilizarlo a voluntad.

P. ¿Pero cómo sabré cuándo utilizarlo?
R. Considera el conocimiento de la lectura del rostro como un televisor. Cuando eliges saber más sobre las personas, ¡zas!, puedes encenderlo. Cuando estás más interesado en otra cosa, digamos el sexo, tu cerebro puede estar ocupado de otra forma. Automáticamente la parte de ti que realiza la lectura del rostro se apagará.

P. Si la lectura del rostro no vuelve locas a las personas, tengo curiosidad por saber qué efecto tiene. ¿Alguien te ha comentado que lo que haces atemoriza?
R. Sí, algunas personas, cuyos rostros he leído, lo consideraron aterrador al principio. No esperaban que fuera tan exacto. Pero como lo realizo con amor, pronto se animan. Una vez me

contrataron para leer rostros en una fiesta donde la gente se entusiasmó tanto, que continuaron apuntándose y estuvimos 11 horas. En general, la lectura del rostro puede ayudar a que agrades más a los demás. No existen garantías, pero podría suceder. Cuando tienes la intención de contactar con la otra persona más profundamente, ello cambia el nivel de la relación –incluso si no pronuncias ninguna palabra sobre lo que has descubierto al leer su rostro. Tu intención de conectarte con un conocimiento más profundo invita automáticamente a la otra persona a hacer lo mismo contigo. ¿No puedes percibir cuándo las personas se te acercan de verdad, a diferencia de cuando entran en el mecanismo de la conversación pero sin estar interesados en realidad, o cuando silenciosamente te juzgan? ¿No respondes de forma diferente cuando alguien muestra un interés genuino por ti como persona?

2

¿DE DÓNDE PROCEDE LA LECTURA DEL ROSTRO?

Timothy Mar, el mejor fisonomista del mundo, estaba de pie frente a mí. Me sentí muy atemorizada. Le habían pedido que leyera mi rostro –no yo, sino un hombre que estaba intentando impresionarme, Bartholomew Rachmaninoff III. Eso fue lo que me condujo a este momento fundamental de mi vida. Era EN 1975. Había asistido a mi primer encuentro de Mensa, un club al que me había apuntado con la esperanza de hacer algunos amigos, y me habían invitado a lo que fue, con todos los respetos hacia el fallecido Sr. Mar, la conferencia más aburrida de mi vida. El Sr. Mar estaba de pie en una habitación llena de personas como yo, probadamente inteligentes y totalmente ignorantes sobre fisonomía. El ex diplomático y renombrado fisonomista chino sostenía su último libro sobre lectura del rostro y anunció: «Quiero que todos vosotros compréis este libro. Así que no os diré nada que esté en él.»

Comerciales, tomad nota: Esta no es una forma muy efectiva de vender libros.

Mar tenía que hablar sobre algo durante la hora siguiente, puesto que era el conferenciante invitado, así que nos explicó lo agradable que era para él leer rostros. La audiencia no paraba de moverse y habrían jugueteado con sus mascotas virtuales de haber existido por aquel entonces. Sin comprender que estaba asistiendo al nacimiento de mi futura profesión, bostecé.

Bartholomew Rachmaninoff III, que estaba sentado a mi lado y con igual esperanza de hacer nuevos amigos esa noche, por lo visto encontró atractivos mis bostezos. Así que me siguió hasta la parte delantera de la habitación, junto con un 0,04 por ciento de los asistentes. Así, los curiosos, asediamos a Mar con preguntas sobre la lectura del rostro.

Finalmente nos dio detalles concretos, haciendo comentarios sobre narices, frentes y mejillas. Escuchando a escondidas, me lo estaba pasando muy bien. Entonces Bartholomew decidió impresionarme.

«Por favor, lea su rostro», le pidió a Timothy Mar.

Me estremecí de antemano, segura de que iba a ser humillada. (¿Será coincidencia que un día fuera a escribir un libro sobre lectura del rostro para mejorar la autoestima? Quizás no.)

Después de observarme brevemente de una manera profesional, dijo: «Precioso».

Mi cabeza se giró para ver de quién estaba hablando.

Luego exclamó: «Profesora».

Tragué saliva. Durante los últimos cuatro años no había hecho casi nada más que dar clases de desarrollo personal. La enseñanza era mi vida. Tímida o no, finalmente me atreví a mirarlo a los ojos. Desafortunadamente, él parecía preocupado, muy preocupado.

Después de una pausa educada, me miró con una expresión de gran horror. «Pero no debes depilarte las cejas».

Le miré con una expresión igual de intensa. No era horror. Era vergüenza. «Pero yo no me depilo las cejas».

Esperé para descubrir más, pero Mar había ya sellado su boca.

Cómo desarrollé el sistema de Secretos de la Lectura del Rostro

En los meses y años siguientes, leí todos los libros de fisonomía que existían en inglés. Durante un tiempo, viví prácticamente en la Librería del Congreso. Sí, estaba enganchada. Intuitivamente sentía que los detalles del rostro físico podían ser significativos.

Si tu expresión contara, si tu lenguaje corporal pudiera revelarte otra capa de verdad sobre ti, ¿qué se supone que tendría que ser tu rostro a largo plazo, una mezcla como una ensalada de patatas?

Pero mi investigación requirió una gran dosis de fortaleza estomacal –quizás algo parecido a estudiar todos los sistemas en el idioma inglés para preparar una ensalada de patatas. Descubrí, por ejemplo, lo que supuestamente era tan horrible de mis cejas.

El antiguo sistema chino de *Siang Mien*, que es tan antiguo como la acupuntura, ha llegado hasta nosotros en la actualidad como algo fascinante pero bastante crítico. Está organizado alrededor del concepto de que existe algo como «La mejor boca» y «Las mejores cejas». Si careces de estos elementos específicos, *Siang Mien* te dirá jocosamente, y a veces con lujo de detalles, la razón de que seas un fracasado.

La característica más destacada de mis cejas, por ejemplo, tenía que ver con la distribución del pelo. Técnicamente, mis cejas eran «precursoras» extremas. (Leerás más sobre este rasgo en el capítulo sobre las cejas, un poco más adelante).

Según *Siang Mien*, la interpretación es simple: «Una persona con cejas así nunca alcanzará grandes logros en la vida».

Otra información que encontré, cuando llegué a mis orejas, fue igual de efectiva a la hora de arruinarme el día. *Siang Mien* me enseñó mucho sobre la posición de la oreja, fue un descubrimiento fascinante. Y había buenas noticias: poseía algo relativamente inusual, las orejas en una posición elevada. Pero entonces llegaron las malas noticias:

«Tendrás tus mayores éxitos al principio de tu vida».

¿Qué había de terrible en ello, aparte del problema del sexo? Cuando leí esa declaración, tenía treinta y tantos años. Aparentemente (sin yo saberlo) ya había rebasado el punto crucial.

Estudié también otros sistemas de lectura del rostro. Había oído hablar de *Sois Todos Sampaku*, que utilizaba los rasgos del ojo para predecir una muerte temprana. Esto no me atrajo, perseguir la muerte no está entre mis pasatiempos preferidos.

Leí reseñas sobre lecturas del rostro macrobióticas, pero me decepcionaron las interpretaciones de los rasgos faciales del tipo «tu boca muestra que tu madre comía muchos productos lácteos». Incluso si fuera verdad, ¿qué puedo yo hacer al respecto?

Gradualmente se fue creando en mi interior el deseo de tomar todo lo que había aprendido de fisonomía y desarrollar un sistema diferente, uno sin graves predicciones, y que fuera amoroso y útil para la persona. Estaría basado en la premisa de que «Dios no crea bodrios». Utilizando mi intuición, que se había desarrollado durante años de meditación, me pregunté internamente sobre el significado de los rasgos faciales. Si «cejas precursoras» no significaban fracaso en la vida, ¿qué significaban? ¿Y qué pasaba con la posición de las orejas? Cuando llegaron las respuestas, las probé conmigo misma, luego con amigos, y finalmente con clientes. .

«¡Sí! Es tan certero», dijeron, y no sólo se referían a los detalles positivos y alentadores.

Estilo personal, no sólo estilo de vida

Los clientes a menudo me preguntan cómo desarrollé mi sistema. Además de la intuición, mi diplomado en Brandeis me ayudó, así como también varios cursos de posgrado para el Máster en Trabajo Social. Entre otras cosas, los estudios académicos me enseñaron lo que es un **estilo de vida**.

¿Reconoces esa palabra, verdad? Significa una forma de vida, como si se escogiera un estilo de vida saludable para prevenir enfermedades cardíacas o vestirse para actos sociales con el fin de mostrar ese estilo de vida al cual te has acostumbrado. Durante los años sesenta, cuando aprendí por primera vez este concepto, el estilo de vida parecía ser una cuestión de *destino* (o, al menos, de sociología): los profesores universitarios de Boston tenían un tipo de estilo de vida contrario al estilo de vida de los marginados sociales. Actualmente, no obstante, se hace hincapié en considerar el estilo de vida como una *elección*. Si tu estilo de vida acarrea consecuencias que no te gustan, como un infarto, puedes cambiar ese estilo de vida –y probablemente deberías hacerlo a menos que te guste acumular encarnaciones extras.

Un concepto igual de importante que el estilo de vida pero hasta ahora menos conocido, es el **estilo personal**. Eso significa la forma específica de comportamiento en que la persona se siente cómoda, o el aspecto específico de la vida al que es más sensible.

Por ejemplo, a algunas personas les preocupa mucho el sentido de pertenencia. Sus modales son estupendos, y cuando transgreden las reglas, lo saben. Por el contrario, otros se inclinan más hacia la independencia. Primero hacen las cosas «a su manera». Luego, según sea necesario, se vuelven hacia el control. Estos ejemplos muestran estilos personales diferentes en relación con la conformidad social. Para mí fue un hallazgo comprender que la lectura del rostro podía proporcionarme información sobre el estilo personal. Sobre el aspecto de la conformidad social, puedes encontrar lo que necesitas saber estudiando los ángulos de las orejas. Es decir, el grado en que las orejas de una persona sobresalen de la cabeza tiene relación con la necesidad de pertenecer a un grupo. ¿Por qué conformidad? ¿Por qué ángulos de las orejas? Esa es la simbología del rostro, es un alfabeto espiritual. Es lo que es. Cuando los anatomistas analizan la estructura del corazón humano, estudian cómo funciona, no lo inventan. De forma similar, los fisonomistas estudian. No inventan. Nuestro trabajo es hacer honestamente lo mejor para explorar lo que hay allí. Puesto que se trata de un nivel espiritual de la verdad, la investigación se lleva a cabo en la conciencia, en vez de en un laboratorio físico.

Me he dado cuenta de que algunas personas creen que esto es posible, mientras otras se ríen de ello. En palabras de Henry Ford: «Si piensas que puedes hacer algo, o que no puedes hacerlo, en ambos casos tienes razón». Personalmente, pienso que los que se burlan se pierden algo.

Ya que estás dispuesto a considerar la posibilidad de estudiar los rasgos faciales, como por ejemplo que una oreja curvada hacia dentro pueda mostrarte un nivel de verdad útil sobre la vida, ten en cuenta dos cosas en sí bastante alejadas de las orejas :

– La lectura del estilo personal es diferente a asignar un destino fijo. Tu estilo personal puede cambiar, al igual que tu estilo de vida. Depende de ti.
– El estilo personal no es ni bueno ni malo. Tanto si las orejas se arquean hacia fuera como puntales, están pegadas a la cabeza, o son como postigos sujetos con velcro extrafuerte, cualquiera de ellas proporciona a la persona al menos una ventaja en la vida.

TALENTO, NO SÓLO ESTILO PERSONAL

Una forma útil de interpretar el estilo personal, según he descubierto, es relacionarlo con el **talento**. El talento surge cuando tomas conciencia de algo en lo que eres bueno de forma natural, y comienzas a utilizarlo a propósito.

Por ejemplo, Andrea, con sus orejas pegadas a la cabeza, es un camaleón social, y actua de forma distinta según el grupo con el que esté. Durante años, esto la ha confundido: «¿Dónde está mi personalidad? ¿Por qué carezco de carácter?»

Si un lector del rostro como yo le sugiriese que su estilo personal y su forma de ser la hacen extraordinariamente sensible a las expectativas de los demás, su reacción podría ser útil. Le sería más fácil aceptarse a sí misma.

¿Pero, por qué detenerte en la aceptación de ti mismo? Si Andrea reconoce conscientemente su estilo personal, justo en ese mismo instante, puede transformar ese estilo en *talento*. Supongamos que Andrea trabaja en ventas y realiza visitas a clientes. «¡Ajá!» piensa. «No todos pueden encajar en todas partes, independiente de cual sea la cultura corporativa del cliente. Yo lo hago casi sin esfuerzo, y solía darlo por hecho». El reconocimiento de que tiene talento podría fomentar su confianza, incluso su rendimiento laboral.

Consciente de su sutileza para cumplir las expectativas de cada cliente, Andrea podría ser más efectiva que nunca a la hora de cerrar ventas. También podría recordarle su talento a su jefe. Supongamos que se presenta para un ascenso como directora regional de ventas. Andrea podría destacar frente a otros aspirantes al resaltar sus aptitudes como asesora de cultura empresarial. ¿Ves la diferencia entre sentirse aprobado (estilo personal) y destacar (utilizar aquello que haces bien –tu talento–, a propósito)?

A continuación, citaré unos cuantos ejemplos de cómo la lectura del rostro podría capacitarte:

– Cuando leas un rasgo tuyo, aprenderás un aspecto de tu propio estilo personal, que puedes utilizar como un talento, para las ventas o paracualquier otro trabajo.
– El talento es una razón justificada para la autoestima.

– Cuando lees los rasgos de otras personas, aprenderás estilos diferentes al tuyo. Explóralos. Aprende de ellos. Añadirás deleite a tus relaciones.

– Si eres gerente o eres padre, puedes ayudar activamente a reconocer y desarrollar el talento de otras personas –una forma más en que la lectura del rostro puede ayudarte a brillar en las relaciones personales.

CAMBIAR EL MARCO

Otra característica de los Secretos de la Lectura del Rostro, no presente en otros sistemas fisonomistas, es **cambiar el marco**. Esto significa tomar algo que te ha estado preocupando en el pasado y colocarlo en un contexto diferente. Es como sacar un retrato familiar de un viejo y feo marco que resalta «todas las imperfecciones» del aspecto de las personas, para luego cambiarlo por un marco más brillante y nuevo. De repente, en lugar de ver las imperfecciones, notas el brillo de los ojos de cada persona.

Los Secretos de la Lectura del Rostro pueden ayudarte a volver a enmarcar lo que no soportas de ti mismo. Resulta que los problemas suelen estar relacionados con cosas que realmente te agradan. Funciona como la otra cara de la moneda. Cuando se habla de carácter, la mayoría de nosotros no asociamos la cara de la moneda con la cruz de la misma, la parte de arriba con la de abajo. No obstante, muchas manías y debilidades están profundamente conectadas con las fortalezas más destacadas de una persona.

Volvamos al ejemplo de Andrea, con sus orejas curvadas hacia dentro. Aunque ella es muy sensible a los buenos modales, también puede enfadarse fácilmente con personas cuyos modales son, sinceramente, malos.

Durante años le ha preocupado a Andrea que, a pesar de lo mucho que se esfuerza por ser una persona grata, a menudo se comporta como una esnob. «¿Dónde se ha criado ésta, en una cuadra?» se sorprende a veces murmurando en las cenas elegantes.

Sería beneficioso para ella comprender que su esnobismo en cuanto a los modales es un reflejo de sus estándares elevados. Es la otra cara de la moneda de ser tan exquisito con los modales. Incluso si en el futuro continúa detectando malos modales en los demás, Andrea podría cambiar de marco: «¿Por qué esperar que todos tengan tan buenos modales como yo? Oye, yo poseo un cierto talento con los modales. Quizás debería ser más paciente con quienes no lo tienen». Con el correspondiente cambio de marco, en primer lugar Andrea dejaría de ser esnob. Y luego, habría dominado una de las lecciones de su vida.

LECCIONES DE LA VIDA

¿Lo has notado ya? El lugar donde vives es **El Planeta del Aprendizaje**. Es un colegio de una sola aula, donde los estudiantes de parvulario se sientan codo con codo con los licenciados. Nos guste o no, todos recibimos una educación espiritual. Y, nos guste o no, es un colegio sumamente público.

Curiosamente, los aspectos externos como la posición social, la riqueza y la fama no revelan necesariamente lo bien que lo están haciendo tus compañeros de clase en sus lecciones espirituales. Las personas que ocupan puestos elevados podrán ser altamente evolucionados, o patanes, o cualquier cosa entre medio. El cordero que ha heredado la tierra, espiritualmente, podría tener cualquier puesto empresarial... o ninguno.

La lectura del rostro te informa sobre las **lecciones de la vida** que una persona está aprendiendo. La mitad de la lección de la vida supone aprender a reconocer y utilizar tus talentos. La otra mitad exige que aprendas a dominar la otra cara de tu talento. Así, cada talento viene con un correspondiente desafío potencial –como leerás más adelante con todo detalle.

¿Te muestra el rostro si alguien ha aprendido una lección específica de la vida? Curiosamente, no. (Sin embargo, el aura sí puede; así como la empatía, como explico en otros libros míos.)

Hasta que no aprendas una lección de la vida, sufrirás su correspondiente desafío. La lectura del rostro puede ayudarte a cambiarle el marco. Después de aprender una lección de la vida, el desafío potencial ya no se te volverá a presentar. Así que cuando leas sobre un desafío que ya no tenga, sigue adelante: date una merecida palmadita en la espalda.

CONTROVERSIA

Resumiendo, los Secretos de la Lectura del Rostro te ofrecen una visión de las lecciones de la vida, tanto de los talentos como de sus correspondientes desafíos potenciales. Esta perspectiva te permite cambiar el marco de tus propios defectos y el de los demás. Es un sistema amable, basado en la premisa de que «Dios no crea bodrios». En lugar de asumir que los rasgos faciales de una persona son una colección de genes sin sentido, todo sobre el rostro físico se vuelve significativo. Al leer sus Secretos, aprecias más a los demás.

No obstante, la lectura del rostro a veces genera controversia, pues contradice algunas suposiciones comunes acerca de la realidad. A ver si puedes detectarlas en la siguiente sesión de preguntas y respuestas.

P. Aunque deseo descubrir si realmente hay algo en la lectura del rostro, te diré que tengo dudas. ¿Es justo leer rostros teniendo en cuenta que nuestro aspecto está basado en la herencia?

R. La genética es parte de la verdad de la vida, pero no es toda la verdad y quizás incluso ni siquiera un tipo de verdad especialmente *útil* en lo que se refiere las partes del rostro.

La verdad tiene muchos niveles, como bien sabes. Al fin y al cabo, una célula de tu mano, cuando se observa con un microscopio, parece totalmente distinta de la mano que extiendes cuando saludas a un amigo. No obstante, ambas perspectivas de tu mano son verdaderas, pues la vida tiene muchos niveles entrelazados. Uno de nuestros privilegios como seres humanos es la libertad de centrar nuestra atención en un momento dado, en cualquier nivel de la vida que escojamos. Podemos hacer una montaña de un grano de arena, o un grano de arena de una montaña.

Así es como yo recomiendo que se aborde la herencia: Si eres científico, considera los rasgos faciales como pura genética. Pero incluso el mejor de los científicos en ocasiones tiene que salir del laboratorio y ser sencillamente una persona. Como persona, tu vida se verá enriquecida por un nivel más holístico de lectura del rostro. Combinando algo físico con algo metafísico se llega a la totalidad de la persona.

P. ¿Así que usted afirma que los genes no tienen nada que ver con el aspecto que tenemos? ¿Es mera casualidad o coincidencia?

R. No, yo creo que tu alma escoge de lo que hay disponible en tu fondo genético. Y a veces hay un tramo bastante largo que recorrer en ese fondo para encontrar el rasgo necesario. Por ejemplo, un lector del rostro señalaba que, en su familia, son cuatro hermanos. Todos ellos son parecidos excepto «el rebelde», cuyo rostro parece completamente distinto al de todos los demás. ¿Coincidencia? No para un lector del rostro.

El siguiente es otro ejemplo. Piensa en cualquier pareja que conozcas que haya estado felizmente casada durante al menos diez años. ¿No han comenzado sus rostros a parecerse? Bien, ¿de quién han heredado eso, de sus hijos?

Otra posible explicación es que, como han dicho los fisonomistas durante miles de años (mucho antes de la genética moderna), existe una profunda relación entre la persona interna y el rostro externo.

Las creencias tienen consecuencias. Si crees que tu vida está condicionada por la herencia, estás limitando tu libre albedrío. Los Secretos de la Lectura del Rostro te ofrecen la oportunidad de asumir la responsabilidad de tu aspecto físico, al igual que otros aspectos de tu vida. Al observar los rostros en profundidad, te sorprenderás de cuánto cambian con el tiempo... y de formas que ratifican el crecimiento espiritual del viaje de la vida de cada persona.

P. Toda mi vida he sufrido por los prejuicios contra mis rasgos afroamericanos. ¿Soy la única persona que piensa que lo que dais en llamar «fisonomía» es sólo una palabra elegante para esconder prejuicios?

R. Por desgracia, no. Pero consideremos lo que realmente es la lectura del rostro, en contraste con tus temores sobre ello. La lectura del rostro NO es un pretexto para juzgar a las personas como buenas o malas. Es una oportunidad para aprender, no para juzgar. La lectura del rostro NO es determinista, porque el rostro cambia durante tu vida, y tu rostro viene a reflejar dichos cambios.

La lectura del rostro TAMPOCO trata de situar a las personas en categorías raciales. Trata de formas, ángulos y proporciones dentro de un rostro. No se ocupa del color o la textura del cabello, el color de los ojos, o el color de la piel.

P. No me podrá negar que ciertos rasgos se relacionan con grupos étnicos específicos, ¿verdad?

R. Estereotipar nos hace suponer que ciertos rasgos están relacionados con grupos específicos. Pero cuando observas, y lo haces de verdad, ves a individuos. Eso es lo fascinante.

Una vez, durante una entrevista en una cadena de televisión nacional, la presentadora me formuló la siguiente pregunta: «¿Cómo puede leer los rostros de las personas negras si todos son iguales?»

Olas de conmoción recorrieron al público presente.

Curiosamente, la presentadora de este programa tenía piel morena y ojos azules. Probablemente ella misma era una mezcla de personas blancas y negras. Así que realmente tendría que haber sido más juiciosa antes de formular una pregunta tan insultante. Pero quería crear polémica.

Pocas personas en la actualidad se presentarían y dirían en público: «Todos los negros tienen la misma apariencia» o «Todos los asiáticos tienen la misma apariencia». No lo decimos, pero frecuentemente lo pensamos. No obstante, esto es cierto sólo en el sentido más superficial.

Laura, una amiga mía nacida en Taiwán pero criada en América, me comentó antes de hacer un viaje a China: «¡Será tan divertido pasear por las calles y que no todos sólo me miren a mí!» Por extraño que parezca, a pesar de ello, por muy numerosa que fuera la multitud, Laura nunca tuvo dificultades para reconocer a su marido e hijo. El parecido de aspecto era principalmente una cuestión de color de piel. Normalmente lo es.

Lo que Laura valoraba, sospecho, eran sus raíces culturales. Las categorías étnicas son maravillosas como medio para valorar tu herencia. Y existe un maravilloso nivel de orgullo étnico que celebra la historia, los ancestros y la cultura. No obstante, existe otro nivel de orgullo étnico que ha llevado a lugares como Bosnia a los horrores de la «limpieza étnica». La lectura del rostro es un tema totalmente distinto.

P. Pero, ¿qué sucede cuando has sido condicionado a ver, ante todo, la parte étnica cuando te encuentras con una persona?

R. Entonces obsérvalo y sigue adelante. Como fisonomista, tienes la libertad de catalogar a las personas como estereotipos étnicos, o puedes observar a individuos. Cuando conocemos a una persona nueva, tenemos la libertad de escoger la categoría que nos plazca. Por ejemplo, puedes escudriñar el rostro de un hombre en busca de imperfecciones, como un dermatólogo examinando a un paciente. Puedes sopesar visualmente la complexión de una mujer (y su carácter) en términos de gordura, –con la práctica, podrías ser capaz de estimar con una precisión de pocos gramos de diferencia– lo que podría ser útil para algo, aunque no estoy segura de para qué.

Cuando estés dispuesto a aprender más sobre cómo funcionan las personas, y a valorarlas como individuos, lee rostros.

P. Si queremos ver a la verdadera persona, en lugar de un estereotipo, ¿cómo puede ayudarnos la lectura del rostro?

R. Observas una parte del rostro cada vez y dentro de esa zona continúas observando. Cada parte del rostro posee muchos rasgos para escoger. Así que si te han educado en la creencia de que ciertas partes del rostro, como la nariz, están relacionadas con un grupo étnico, te llevarás una gran sorpresa.

Toma por ejemplo el rasgo de la nariz que yo denomino la extensión de la nariz. Algunas personas poseen un trozo adicional de nariz que sobresale por debajo de la punta de la nariz, entre las fosas nasales. Véase la ilustración siguiente. Yo poseo este rasgo. Étnicamente, soy de origen judío, de Alemania y Rusia. Mis padres, hermana y primos no poseen este rasgo –ni tampoco yo, hasta bien entrados los treinta años. (¿Recuerdas lo que dije antes sobre cómo nuestros rostros no están establecidos genéticamente, y cómo cambian a lo largo de la vida?) Más adelante podrás ver más ejemplos de personas que poseen una extensión de la nariz.

Extensión de la nariz

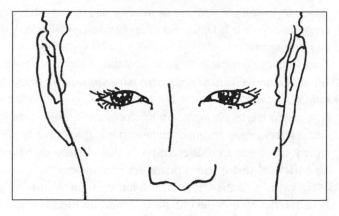

Con extensión

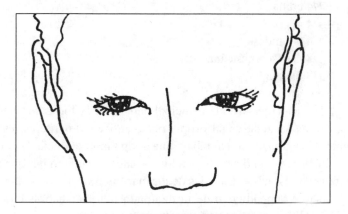

Sin extensión

P. De todos modos, ¿qué significa este rasgo de la nariz?
R. Si posees una *extensión de la nariz,* tu trabajo debe incluir el servicio. Cuando no crees, en el fondo, que estás ayudando a personas a través de tu trabajo, no puedes continuar con ello, a pesar de lo que te ofrezca el trabajo en términos de dinero o posición.

¿Y cuál es la relación de este significado con la raza? Ninguna. Si estás preocupado por cualquier otro rasgo que pueda estar relacionado con un mensaje de inferioridad u otro estereotipo, consulta el Índice I, Datos Faciales. Lee su significado, y deja de preocuparte.

P. ¿Podría utilizar la lectura del rostro para superar de verdad los estereotipos raciales?

R. Cuando hayas observado a una persona lo suficiente para detectar tres o más rasgos faciales, estarás mirando a la persona real en vez de a un estereotipo. Incluso la idea de observar las partes del rostro reales puede ser liberadora. Observa en la página 39 la ilustración de Tiger Woods, el golfista americano con más talento. Siendo un dibujo lineal, no caerás la forma habitual de mirar a una persona en términos de color. Examina su rostro, poco a poco. Su herencia es:

- 1/4 china
- 1/4 negra
- 1/4 tailandesa
- 1/8 nativa americana
- 1/8 blanca

¿Qué es Tiger Woods principalmente? Él es todos los hombres, es una mezcla, es su propia persona. Actualmente así es el mundo. Una anciana le contaba a una amiga mía: «Gracias a Dios, no viviré para ver el día en que tu hijo se case con una mujer que no sea italiana». Es triste. Los días de los matrimonios mixtos están ya aquí, aunque dependiendo de tu trasfondo familiar, habrás oído a alguien realizar una afirmación así (simplemente sustituye la última palabra para que encaje con *tu* herencia, cualquiera desde «armenio» hasta «zulú»). Muchas personas no pueden aceptar los matrimonios mixtos, pero eso no los detendrá. Y yo, en mi caso, estoy contenta. Los padres y abuelos de Tiger Woods tal vez conmocionaron a algunos de sus parientes, pero el niño salió bien.

Otro ejemplo de la diversidad humana es Betty Crocker, una de las panaderas caseras de más éxito comercial en Estados Unidos (aunque la mujer no exista físicamente). Su imagen fue creada por

Personas con extensión de la nariz

Martin Luther King, Jr.	líder afroamericano de los derechos humanos
Albert Schweitzer	médico misionero alemán
Anwar Sadat	líder político egipcio
Leo Esaki	físico japonés
Henri Bergson	filósofo francés
Jacinto Benavente Martínez	dramaturgo español
Odiseo Elytis	poeta griego
Yuan T. Lee	químico chino-americano
Aung San Suu Kyi	defensora birmana de los derechos humanos
Maireadé Corrigan	pacifista irlandesa
Har Gobind Khorana	bioquímico indio-americano
Camillo Golgi	patólogo italiano
Dag Hammarskjöld	líder sueco, Secretario General de la ONU
Ivan Pavlov	psicólogo ruso
Tiger Woods	golfista americano

vez primera quince años después de que la empresa comenzara a vender mezclas de pasteles. Según Pam Becker, una portavoz de General Mills, el rostro de Betty ha sido actualizado muchas veces en la historia de la empresa para reflejar a la «mujer norteamericana actual».

Su estilo del peinado ha evolucionado, así como el maquillaje. Finalmente el vestido de casa perenne de Betty también desapareció, reflejando que una «mujer actual» que se identifica con Betty ya no puede concebirse a sí misma como esencialmente un ama de casa.

Lo que no ha cambiado a lo largo de los años es que Betty ha seguido siendo una caucásica morena de ojos azules. Finalmente eso, también, se reconsideró. Betty recibió su mejora n° 9. Este aspecto fue creado para el 75 aniversario de su retrato. Buscando una imagen con la cual los consumidores pudieran identificarse, la empresa convocó un certamen de redacción. Las ganadoras demostraron que disfrutaban cocinando y horneando; que estaban comprometidas con la familia, los amigos y la comunidad. Las ensayistas ganadoras también mostraron que eran ingeniosas, descubriendo formas creativas para encargarse de las tareas del hogar. El origen de la familia no se tuvo en cuenta, me contó la Sra. Becker, pero las 75 ganadoras provenían de diversos trasfondos étnicos.

La morfología computerizada combinó todos sus rostros para crear una nueva Betty Crocker, cuya imagen fue luego retratada siguiendo la forma tradicional de la empresa. La nueva imagen de Betty, inspirada por setenta y cinco mujeres, destaca en la portada del *Betty Crocker's New Cookbook*, publicado en 1996.

Los ojos de Betty ahora son castaños, su tez es algo más oscura. Los estereotipadores tendrán una ardua labor para poder catalogarla. Por lo demás, los resultados han sido muy satisfactorios, en lo que concierne a Pam Becker. «Algunos dirán: 'Parece hispana'. Otros dirán: 'Parece un poco islámica', y así sucesivamente. Cuando oímos: 'Se parece a mi vecina o a mi prima o a mi amiga', sabemos que lo hemos logrado. Se supone que Betty Crocker es la parte humana de esta empresa».

Pregunté a una de las partes originales de Betty cómo se sentía sabiendo que su imagen se hubiera combinado en un rostro multiétnico. Julie Leviner, de Wilmington (Carolina del Norte), es una ciudadana típica de nuestro crisol nacional: sus antepasados son de origen galés, alemán, francés y nativo americano. Así es como Julie reaccionó cuando vio por primera vez a la nueva y mejorada Betty:

«Comparada con las primeras versiones de Betty Crocker, tenía un aspecto más étnico. Pero cuando la miré con más detenimiento, observé un diente torcido en su sonrisa, un diente que me pertenecía. En efecto, lo comprobé con el hombre responsable de la imagen. Me comentó que cuando se había compuesto a Betty en su totalidad, parecía demasiado perfecta. 'Así que le puse tu boca', me dijo.

«Cuando pude encontrar una pequeña parte de mí en su rostro, ya no me parecía tan étnico.»

Julie explicó: «Uno siempre se considera como alguien normal y corriente».

Y esa es justamente la clave. ¿No te ves a ti mismo como «alguien normal y corriente»? Cualquiera que sea el color de tu piel,

Tiger Woods

Cablinasian

eres un tipo estándar de ser humano. Cuando buscas detalles específicos, como tu diente o la forma de tus fosas nasales, allí es donde aflora tu individualidad. Así sucede con todos. Y la lectura del rostro te ayuda a ver esa individualidad en profundidad y detalle.

3

CÓMO VER COMO UN LECTOR DE ROSTRO

Los días en que comías como un niño han pasado –al menos yo, y tu madre, así lo esperamos. Pero recuerda tus antiguas formas durante unos instantes y te podrán enseñar algunas cosas útiles sobre cómo ver de la misma manera que un lector del rostro. Los niños son decididos en su forma de comer. Ellos discriminan con el celo (si no con la sofisticación) de un maestro Zen. Durante una etapa de la infancia, cuando todo lo que querías comer era pollo, lo cogías de cualquier cazuela con precisión infalible. Apartando la salsa a la derecha y los dados de zanahoria a la izquierda, te sumergías directamente hasta el bocado que deseabas. Por muy limitada que fuera tu coordinación, una vez que enfocabas la mente en ello, podías apartar cualquier trozo de perejil, sin importar lo pequeño que fuera. Pollo, sólo pollo, era lo que introducías en tu boca.

Los niños son geniales a la hora de prestar atención. De hecho, un amigo mío que trabaja como mago me ha dicho lo difícil que resulta hacer prestidigitación para un público de niños de cinco años.

«No puedes engañarles», se quejaba Ken. «La forma en que funcionan los trucos es distrayendo al público mientras tú realizas la parte de la ilusión, pero los niños no se distraen. Ven todo lo que estás haciendo, incluso aquello que estás intentando ocultar. Generalmente, al final, cuando digo: '¡Ya está!', su respuesta es: '¿Y ahora qué?' Esos astutos pequeños siguen esperando la parte mágica.»

La magia de la niñez no se sustenta en las ilusiones de otra persona. Asimismo, la magia de los rostros se halla en un lugar diferente del que se nos enseñó a mirar. Cuando recordamos que hay que observar con los ojos entendidos de los lectores del rostro, podemos evitar las capas de entrenamiento que de otra manera surgen automáticamente.

VIEJOS HÁBITOS

Aunque la Oficina del Censo quizás no te tenga en su nómina, probablemente has estado recabando información desde los cinco años. A los pocos segundos de observar un rostro podrías ya distinguir:

– Hombre o mujer.
– Mayor o joven.
– Color de la piel (que luego se utiliza para catalogar a una persona según la raza).
– Vivo o muerto (puede que no veas a muchos de los últimos caminando por la calle, pero, créeme, si lo hicieras, lo notarías).

Un conjunto distinto de información se relaciona con el **atractivo**. Digamos que eres soltero/a y navegas por internet con la esperanza de encontrar una foto que pertenezca a tu compañera/o del alma. El atractivo puede ser muy importante, en muchos casos es lo único que el pretendiente registra conscientemente. (Si bien, por razones de seguridad, cualquiera que se esté planteando un romance por internet debería primero leer deprisa, no despacio, las páginas de este libro. Luego aprender a hacer las tres pruebas de detección de mentiras de su continuación, *Leer el Aura*.)

La investigación psicológica documenta que la mayoría de las personas selecciona a sus parejas con un grado de belleza similar –si eres un 10, probablemente no saldrás con un 3. ¿Me atrevo a decirlo? Mucho de lo que se considera lectura del rostro, investigación psicológica profunda, o reconocimiento del compañero del alma, en las personas impulsadas hormonalmente se reduce en realidad a una **prueba de atractivo**.

A menudo nos quedamos cautivados por una **apariencia**, más que por el rostro real. Los rasgos físicos pasan la prueba si encajan en el marco del estilo de peinado, maquillaje y aura (sí, aura, incluso aunque no lo registremos conscientemente) correctos. «Sí» o «no», decidimos, y en cuanto a lo concerniente a ese rostro, hemos acabado. Hacerlo así puede ser divertido. Estar en el extremo opuesto, no obstante, no es tan encantador. En cualquier caso, un rápido atisbo facial no debe confundirse con una lectura del rostro.

A veces podemos consentirnos el capricho de la pura **curiosidad social**. ¿Se muestra la *riqueza* en el rostro? A menudo lo hace, a través de los dientes, del acicalamiento, el ángulo de la cabeza, los pendientes (por muchos que tengas).

¿Qué hay de la *afiliación social*? Lo que no te contarán las camisetas, los adornos faciales podrían hacerlo. ¿Observas una cruz que cuelga, un tilak o un aro en la nariz?

Otra opción es utilizar técnicas más desarrolladas para recabar **datos sobre el estilo de vida**. Quizás te hayas entrenado para leer el lenguaje corporal, o las auras, o las microexpresiones. Éstas te pueden ayudar a detectar las características sutiles de un grupo específico. Por ejemplo, he descubierto que una prueba para distinguir una secta de una religión es ver cuánto se *parecen* las expresiones faciales de diferentes miembros.

Y en el aspecto laico, ¿te has sentado alguna vez en un restaurante al lado de una mesa en la que se celebra un almuerzo de negocios, sorprendiéndote de que cada uno de los rostros tenga un aspecto parecido? ¿Cómo consiguieron contratar a personas con un aspecto tan similar? ¿O cómo fueron fabricadas?

Todos nosotros estamos, o podríamos estar, familiarizados con una afiliación social que se muestra en los rostros. Abre una revista como *Vogue* y observa a las inexpresivas modelos profesionales que se muestran en las fotos de modas. No cualquiera puede tener ese aspecto. Al menos, se necesita práctica.

A veces es la **salud** lo que intentamos leer en los rostros. Las heridas físicas y psicológicas pueden mostrarse en la forma en que se sostiene el rostro. Según tu experiencia, podrías estar familiarizado con las claves sutiles que te muestran un cierto tipo de alcoholismo, o alguien que vive con una artritis crónica u otro dolor físico.

La depresión, la impotencia sexual, la crueldad, la vergüenza –dependerá de lo que hayas experimentado, pues cada uno de nosotros ha aprendido a reconocer una colección específica de matices. Se nos presentan tan claros como el día, incluso cuando otras personas no sospechen de nada. Ese es un conocimiento admirable, obtenido arduamente y además útil. No obstante, no lo confundamos con la lectura del rostro. ¡Gracias a Dios, la lectura del rostro puede ayudar a una persona a curarse! Si tu estilo de vida exige que trates rutinariamente con el sufrimiento de los rostros, te mereces observar los rostros de diversos modos que te puedan mostrar algo más. Las sombras de la tragedia nos pueden enseñar, pero también lo hace la luz del talento.

LA EXPRESIÓN

Las manos abajo, las pestañas arriba, el mayor hábito que tenemos los americanos al observar rostros es nuestra fascinación por la **expresión**. La cultura norteamericana predominante nos ha enseñado el hábito de mirarnos el rostro unos a otros, que no es en absoluto una costumbre universal.

La *televisión* nos entrena para convertirnos en observadores de expresiones. Cuando aprendemos a ver la televisión, descubrimos que la expresión es la clave de todas las escenas importantes: la trama se vuelve densa y burbujea. Justo entonces, la cámara se acerca para filmar de cerca el tejido emocional. La música de fondo vibra. Aprendes que el principal ingrediente de la historia, de cualquier historia, es lo que muestran los ojos y los labios.

Pero, ¿es realmente cierto eso?

Una vez más, es útil comprender que la verdad tiene muchas capas. La expresión tiene sus ventajas como forma de aprender sobre las personas. No obstante, también tiene muchos inconvenientes.

Cuando confías en la expresión, abres la puerta al **engaño**. De jóvenes, todos hemos aprendido a dar una impresión deseada. No es ni siquiera mentir, necesariamente, sino deslizarse dentro de un espacio emocional y decidir convenientemente que ésa es la parte de la verdad que se quiere contar. Digamos que observas a tu hijo, Booby:

«¿Te has comido esa galleta?»

Oportunamente, Bobby recuerda el microsegundo entre el cual se zampó la galleta y tú entraste en la habitación. «No, papá», responde. «Simplemente estaba saltando sobre el sofá».

Un rostro lleno de inocencia te está mirando.

De acuerdo.

Además del engaño, la expresión tiene otras desventajas como forma principal de aprender del rostro de una persona. La expresión muestra **el humor,** y el humor es algo pasajero. Después, se asienta la realidad. ¿Cuántas veces has oído la triste historia de un amigo que comienza con estas palabras: «Confié en él porque parecía tan simpático»?

«Ser simpático», en una cita o entrevista de trabajo, no revela nada sobre el comportamiento a largo plazo de una persona. ¿Qué sabemos sobre su estilo personal en relación con el poder, la intimidad o el trabajo?

Para saber este tipo de información, necesitas la lectura del rostro. A diferencia de la expresión, los rasgos faciales no pueden fingirse, lo cual los convierte en un tipo de información más precisa.

Lo peor de todo es que la expresión es **incompleta.**

«Los ojos son el espejo del alma», dicen las personas mientras se miran fijamente. Normalmente se están engañando a sí mismas. La sustancia del alma está allí, seguro, pero también la emoción. Por lo general la gente responde a la emoción, no al alma insondable.

Pero también debes tener esto en cuenta: para los lectores del rostro, el rostro entero refleja el alma.

¿CÓMO LEES LOS ROSTROS EN REALIDAD?

La siguiente encuesta te ayudará a pensar sobre lo que significa observar rostros como fisonomista.
¿VERDADERO o FALSO? (Las respuestas se encuentran al final de este capítulo.)

1. Observar la expresión de un cliente te ayuda a tomar el control.
2. Nunca confíes en alguien con ojos pequeños y brillantes.
3. Nunca confíes en alguien con ojos furtivos.
4. El rasgo facial que las personas tienden a rechazar más en sí mismas es su barbilla.
5. Los hombres que se dejan crecer barba podrían estar escondiendo un mentón débil.
6. Las personas con labios más carnosos son las más sexis.
7. La inteligencia se muestra en la forma del cráneo.
8. Las personas del mismo grupo étnico tienden a ser parecidas.
9. Puedo confiar en mi rápido juicio sobre el carácter a través de la evaluación de un rostro.
10. Sé lo más importante sobre mi propio rostro.

UN NUEVO PROPÓSITO PARA OBSERVAR ROSTROS

El primer truco para observar a la manera de un lector del rostro es la *intención*. ¿A qué darás importancia cuando diriges tus ojos, tu mente y tu corazón? Para la lectura del rostro, tú miras el rostro físico de una persona. En lo que respecta a tu mente y tu corazón, podrían ayudarte a desear aprender cosas sobre las personas.

Por favor, no me estoy refiriendo a adoptar una postura forzada, como cuando se está estreñido: «Pienso que puedo hacerlo. Pienso que puedo hacerlo. Pienso que puedo hacerlo». Un simple deseo no es suficiente para que suceda. Después de formular tu deseo, puedes confiar en que se haga realidad. Es igual que el maravilloso dicho: «Déjalo estar y déjalo en manos de Dios».

Una razón de que nuestros hábitos de observar rostros sean tan limitados es que con nuestra educación infantil la mayoría de nosotros aprendió la intención subyacente de las personas que nos enseñaron: «Con lo que he visto tengo suficiente para poder mostrarte lo inteligente que soy».

Los mejores fisonomistas que he conocido tenían humildad. No es porque tuvieran la intención de mostrarme lo humildes que eran, sino porque tenían metas como: «Quisiera aprender *sobre* esta persona», o «Me gustaría aprender *de* esta persona», «Me gustaría ser de ayuda *para* esta persona».

Después de dominar muchas formas de observar rostros, existe la posibilidad de que, involuntariamente, también hayas absorbido los hábitos presuntuosos. Aun siendo inconscientes –¡especialmente si son inconscientes!– estos hábitos deben abandonarse.

Así que quizá debas pensar en ello de vez en cuando. Respira profundamente. Relájate. Lo que vas a hacer a continuación es una lectura de rostro. Las otras formas de observar a las personas pueden esperar hasta más tarde.

PONERSE AL MISMO NIVEL QUE UN ROSTRO

Mientras te preparas para leer el rostro de alguien, observa desde un ángulo recto. Lo mismo se aplica a cómo podrías estudiar mejor tu propio rostro en un espejo.

– No observes a las personas desde arriba. No observes a las personas desde abajo. Para observar la verdad, ponte al mismo nivel.

Observar también implica tomarse tiempo, especialmente cuando estás aprendiendo a observar algo nuevo. Por ejemplo, no será suficiente echar un vistazo superficial y decidir que todo lo que importa es que ese rostro tiene «una nariz grande». Si te vas a centrar en la nariz, invierte el tiempo suficiente en observarla adecuadamente. Pregúntate: «¿Por qué es grande?» y échale otra mirada. ¿Qué rasgo te dio esa primera impresión? Podría haber sido cualquiera de los siguientes:

– Gran longitud de la nariz

– Una gran prominencia vista desde el costado
– Un arco pronunciado que se ve de perfil
– Una nariz ancha en el puente
– Una nariz ancha en la punta
– Una nariz ancha en toda su longitud
– Una nariz que se ensancha mucho en su recorrido hacia abajo
– Una nariz gruesa en su punta
– Una gran Zona de Prioridad II (véase el Índice I.)

¿Parece complicado? No te preocupes. Este libro ofrece un enfoque sistemático que te facilitará la observación de las partes del rostro. Algunos rasgos físicos como la nariz y las orejas tienen sus propios capítulos. Cada **rasgo** contiene varias **categorías**. Cada una de ellas incluye **características**, o piezas de **datos faciales**. Por ejemplo, el rasgo de la *nariz* incluye la categoría de *longitud de la nariz*. Una longitud de nariz *larga* es un rasgo. Una longitud de nariz *corta* es otro.

Las ilustraciones de este libro agrupan diferentes rasgos que pertenecen a cada categoría. Para ayudarte a desarrollar tu mirada de modo que distinga los rasgos de uno en uno, cada ilustración dentro de un conjunto muestra rostros que son idénticos excepto por el rasgo facial que estamos estudiando. En muy poco tiempo, desarrollarás la capacidad de observar los rasgos.

Cada rasgo significa algo. Una vez lo detectes en el rostro de alguien, la descripción de ese rasgo se aplicará a cada persona que conozcas y que lo tenga. ¡Tachán! De ahora en adelante, puedes leer los secretos que esconda cualquier rostro.

Antes bromeé sobre la capacidad de los niños de ver la realidad con tanta claridad que los trucos de magia no funcionan con ellos. Cuando veas los rostros con más claridad, también verás a través de las ilusiones. Es un tipo de magia que funciona mejor a medida que te haces mayor.

P. Que Dios me ayude. Soy tan observador como perezoso. Claro que deseo leer rostros, ¿pero seré capaz de hacerlo?

R. Si eres lo suficientemente observador como para leer las palabras de una página, eres lo suficientemente observador para convertirte en un lector del rostro. Piensa en esto: hasta que los rasgos faciales signifiquen algo, ¿qué razón tenías para prestarles atención? Es como la lectura. Antes de aprender a leer y escribir, las letras como la b, d, p y q eran simples chupa-chups. Los rasgos faciales, por sí mismos, son un tipo de alfabeto. Cuando los aprendes, estás preparado para leer. Y una vez que hayas dominado esta forma de alfabetización, te sorprenderás de lo fácil que puede ser la lectura del rostro. A veces me contratan para animar fiestas, compitiendo con una orquesta en vivo o una pista de baile, y aun así la lectura del rostro prosigue. He perdido la voz, intentando chillar por encima de la música. Pero no he tenido problemas para distinguir rasgos faciales o para comunicar su significado. La lectura del rostro es como cualquier talento en la vida. Observamos aquello que nos interesa.

P. En nombre de todos tus alumnos que son pintores, tengo algo que objetar. El color es algo tan hermoso en los rostros, y hablo de todos los matices. Es el pincel de Dios, ¿verdad? ¿Por qué no incluirlo en tu sistema de lectura del rostro?
R. Es halagador ser admirado por un artista como tú. Pero por cada corazón puro deslumbrado por la absoluta belleza de tu tonalidad de piel o el color del cabello, ¿no existen decenas de personas que utilizan los matices de tu piel como una excusa para catalogarte, y no prestarte ni la más mínima atención?

P. ¿Y si observamos el color aunque nunca digamos una palabra al respecto? ¿Por qué no deberíamos amar esos colores?
R. Al pedir que elimines el color como algo que observar en la lectura del rostro, no estoy diciendo que no los disfrutes el resto del tiempo. También puedes pintar desnudos, pero seguramente no le pides a toda persona que conoces que se desnude, simplemente para aumentar tu placer artístico. Piensa en la fisonomía como un ayuno de color de corta duración. Cuando interrumpes tu observación de los rostros como simple color, te abres a la capacidad de descubrir otras cosas igualmente bellas, que también están en el rostro físico.

¿CÓMO LEER LOS ROSTROS?

RESPUESTAS

1. FALSO. Prestar atención a la expresión de tu cliente seguro es preferible a no prestarle ninguna atención. Pero serás más propenso a *responder* a sus emociones que a cambiarlas activamente. Para cambiar el humor de negativo a positivo, toma el control de la conversación poniéndote en la longitud de onda de ese cliente. Por ejemplo, lee rostros según la forma de las cejas y los ángulos de las orejas.

2. FALSO. ¿Qué son exactamente ojos pequeños y brillantes? La impresión general de «ojos brillantes» podría ser provocada por: el tamaño pequeño del ojo, ojos muy juntos, ojos muy hundidos, o bolsas en los ojos. Cuando aprendes a interpretar cada uno de estos rasgos, uno por uno, descubrirás su significado, que probablemente no es el que esperabas.

3. FALSO. El ser reacio a mirarte a los ojos no es un indicio fiable de deshonestidad. Entre las razones de los «ojos furtivos» están la timidez, la inseguridad sexual y la depresión. De hecho, en ciertas cultura se enseña a evitar el contacto ocular como un acto de *respeto*.

4. FALSO. Según un estudio del *Psychology Today*, a treinta millones de americanos no les gusta su barbilla, pero sesenta millones odian su nariz. No obstante, la siguiente es una estadística más vital: según mi estudio en curso de las reacciones de los clientes, para el noventa y nueve por ciento de las personas que aprenden el significado interno de los rasgos faciales que rechazan, ¿adivina lo que sucede? Recuperan el respeto hacia sus rostros físicos.

5. FALSO. Al dejarse crecer la barba, el hombre tiene la oportunidad de cambiar la forma de su barbilla. Con la lectura del rostro, lo que ves cuenta. Y gracias al libre albedrío, nuestros rostros cambian de muchas maneras. La barba es una de ellas. Cuando un hombre cubre su mentón con una barba, lo transforma. La personalidad interna cambia en consecuencia.

6. FALSO. Cualquiera puede ser sexy —o no. (Lo has hecho mejor algunos días que otros, ¿no es así?) La siguiente es una forma

más fiable de leer los labios de una persona: el *volumen del labio* se relaciona con la apertura de uno mismo. Cuanto más carnosos sean los labios, más dispuesta está una persona a compartir información personal.

7. FALSO. La frenología, que mide el coeficiente intelectual leyendo los relieves de la cabeza, a menudo se utilizó para catalogar a personas como buenas o malas, y su exactitud ha sido desacreditada. Los Secretos de la Lectura del Rostro se utilizan como una forma de añadir profundidad a nuestra comprensión de las personas, no para quitarla; no tiene nada que ver con la frenología, la superstición o el determinismo. (El sentido común te dice que el rostro frontal de una persona tiene que ser mucho más informativo que la parte trasera de su cráneo.)

8. SÓLO SI LO OBSERVAS CON DETENIMIENTO. Aunque unos cuantos rasgos, como el color de la piel y la textura del cabello, podrían ser suficientes con el propósito de estereotipar, las similitudes étnicas no son una parte importante de los Secretos de la Lectura del Rostro. Cuando aprendes a leer rostros adecuadamente, las personas se ven menos estereotipadas, más individuales.

9. FALSO. Estos juicios son normalmente profecías incompletas, engañosas y autocreadas. Mejora la calidad de tus relaciones, leyendo rostros.

10. QUIZÁS. La sociedad nos enseña a observar los rostros de maneras que son tanto limitadas como limitantes. Estamos obsesionados con el colorido, el cutis, las arrugas y la expresión. Al aprender fisonomía, probablemente descubrirás muchas cosas sobre tu propio rostro que nunca habías notado antes. Y descubrirás que todas ellas son muy significativas.

4

LAS CEJAS

Todos estamos acostumbrados a hablar de trivialidades. Abordamos a desconocidos hablando de temas neutrales como el tiempo. A veces, sencillamente, se trata de una manera de relajar a los demás. Pero para alguien como tú, apuesto a que existe también, paralelamente, otro propósito: quieres aprender sinceramente de la persona. Si los psiquiatras pueden utilizar manchas de tinta para los tests de Rorschach, ¿por qué tú no puedes utilizar una nube? Cuando hablas de temas obvios como el tiempo, es una forma de estudiar secretos menos obvios sobre la naturaleza humana.

Porque esencialmente sientes curiosidad por las personas, estoy encantada de presentarte a las cejas, que de ahora en adelante puedes conocer cuando conozcas a una persona nueva. Y querrás hacerlo. Un minuto de lectura de cejas podrá proporcionar a un fisonomista experimentado más información sobre patrones de pensamiento que una hora de estudio a través de la conversación.

¿PELO? ¿DÓNDE?

La **distribución del pelo** en las cejas es una estadística vital. Para leerlas, comienza cerca de la nariz, luego avanza hacia la oreja. Examina una ceja cada vez.

- Las cejas **precursoras** son la característica más común. Son prominentes al comienzo, y luego se van afinando. Al final, encuentras pelo escaso o nada de pelo.
- Las cejas **terminales** hacen lo contrario. Independientemente de la cantidad de pelo que haya en la ceja cerca de la nariz, esa cantidad se incrementa en su camino hacia la oreja.
- Las cejas **equilibradas** muestran la misma cantidad de pelo del comienzo hasta el fin.

P. ¿Qué pasa si las cejas son gruesas o finas?
R. Esa es una categoría diferente: la cantidad de pelo.

P. ¿Qué pasa si la ceja parece arqueada?
R. Uy, esa también es una categoría diferente: la forma de las cejas.

P. Bueno, ¿qué me dice del color de las cejas? ¿No podría ser que las cejas parecieran más tupidas porque son más oscuras?
R. Sí, pero tú, el lector del rostro que discierne, observas un rasgo cada vez, que es la cantidad de pelo. El color no cuenta.

P. ¿Qué sucede con el maquillaje?
R. No te preocupes y, especialmente, ¡no lo retires! Cuando observas como un buen lector de rostros, verás a través del maquillaje, créeme.

Muy bien, levantad los espejos, todos. ¿Qué es lo que tenéis?

La *distribución del cabello* revela cómo una persona maneja los detalles. El patrón que se muestra en las cejas físicas es análogo al patrón que se mostrará con un proyecto en la vida real.

Las cejas *precursoras* se relacionan con un *talento* para comenzar nuevos proyectos. Se precisa un tipo especial de entusiasmo para hacer despegar del suelo algo nuevo. El *desafío potencial* implica la pérdida de interés después de que el proyecto haya comenzado. Hasta que aprendas la *lección de la vida* de equilibrar tu empuje por la creatividad con la perseverancia necesaria para hacer justicia a tus ideas, lo siguiente es lo que probablemente sucederá:

Distribución del pelo
(en las cejas)

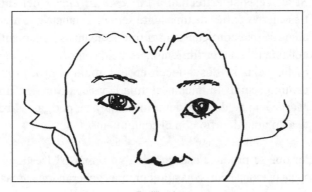

Equilibradas

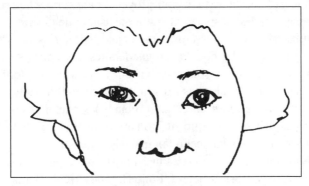

Precursoras

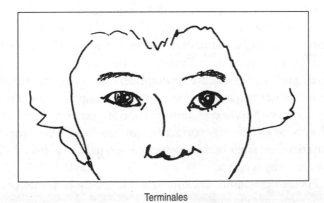

Terminales

- Si tus cejas se estrechan *a mitad* de camino, por lo general perderás el interés en la mitad del asunto.

- Si tus cejas se estrechan a *tres cuartas partes* del camino, tres cuartas partes de un asunto será la distancia que alcances antes de que comiences a sentir que avanzas lentamente por el pantano del aburrimiento.

- Si tus cejas se desvanecen en una mera *cuarta parte* del camino (como lo hacen las mías, para horror de Timothy Mar, como he descrito anteriormente), sí, podrías enfrentarte a un gran desafío con el seguimiento.

¿Por qué se produce esta pérdida de impulso? Desde el lado positivo, las personas con cejas precursoras generan más ideas para nuevos proyectos y empresas que los otros tipos de cejas. En cuanto has trabajado bastante tu primer proyecto para ver adónde se dirige, tu creatividad se desplaza al siguiente asunto de tu lista.

Quizás las personas con estas cejas visionarias no son las mejores para depender de ellas en los detalles, pero dirígete a ellas cuando necesites una inspiración brillante. Tres innovadores con cejas precursoras son Thomas Edison, Florence Nightingale y Louis Pasteur. Y aunque *Siang Mien* desprecia a las personas con cejas precursoras, afirmando que no conseguirán mucho en la vida, Herbert Wexner no lo ha hecho tan mal. Es el genial empresario que creó The Limited. A continuación adquirió otros pequeños negocios, incluidos Victoria's Secret, Lane Bryant y Henri Bendel.

Las cejas precursoras del explorador Matthew Henson podrían haberle dado la iniciativa para ponerse toda esa ropa para clima frío y encaminarse hacia sus viajes polares. Y, hablando de hielo, no olvidemos a la mejor patinadora de velocidad americana hasta la fecha con cejas precursoras, Bonnie Blair.

Los precursores fuertes pueden ser, sin duda, triunfadores. Simplemente tienen que esforzarse en el seguimiento. También pueden pensar en colaborar con personas que tengan cejas terminales.

Las cejas *terminales* representan un talento para el seguimiento de los detalles. Cuanto más avanzas en un proyecto, más detalles encontrarás para resolver.

¿Podrías, por tanto, encaminarte a la locura como un perfeccionista perpetuo? Pues, sí.

La dilación podría ser un problema, también. Ahora bien, no me refiero a todas las formas de dilación, porque existen muchas variedades. Los terminales se especializan en un tipo específico de inercia: su reticencia a comenzar un nuevo asunto. Y esto ocurre porque los terminales saben para lo que están. Para las personas que tienen estas cejas no existe tal cosa como un trabajo rápido e imperfecto. Un conocido mío del tipo terminal tardó tres años en estar preparado para ordenar el armario de su habitación. Luego tardó seis horas. El trabajo fue perfecto, por supuesto.

Los terminales, una vez que cogen el ritmo, son pura dinamita. Casi literalmente. El *Siang Mien* indica que son excelentes soldados –justo la munición extra necesaria durante una batalla reñida. Esto es particularmente cierto si las cejas se encuadran en un rostro en forma de diamante con mejillas prominentes. Probablemente lo habrás visto por televisión. Pertenece a William Schatner, que se ajusta brillantemente a estos rasgos faciales, considerando que su papel es proteger a la nave espacial *Enterprise*.

Afortunadamente, las cejas terminales pueden ser útiles también en profesiones pacíficas. Observa la destreza del violonchelista Yo-Yo Ma y de Kenzo Tange, el decano de la arquitectura moderna japonesa. ¡Y caramba! No nos olvidemos de mencionar al entrenador de la memoria Kevin Trudeau.

Gabriel García Márquez posee unas cejas terminales llamativamente pobladas. Me llamaron la atención cuando vi un reportaje sobre él en el *Washington Post*. En efecto, el pie de foto al lado de su rostro decía: «El novelista ha invertido toda una vida en describir la gran imagen. Y todos sus días concentrándose en los detalles».

Por cierto, aunque la única categoría de rostro que llegues a aprender a leer sea la distribución del pelo de las cejas, te garantizo que de ahora en adelante disfrutarás del periódico mucho más que antes.

Las cejas *equilibradas*, el último componente de esta lista específica, nunca sería omitido por alguien con este rasgo. Sabes que, si tienes estas cejas, manipulas muy bien los detalles. Pregunta a Augusto Failde, que se beneficia no sólo de los pelos terminales sino también de los precursores, un rasgo relativamente raro del que leerás más adelante. Otra historia exitosa de cejas equilibradas es Norm Miller, que fue ascendiendo hasta convertirse en consejero delegado de Interstate Batteries System of America.

Con cejas equilibradas, tu proceso mental fluye suavemente. Recibes una idea, la desarrollas y te ocupas de todos los detalles relacionados. «Ningún problema», piensas. «No es nada del otro mundo». Pero, por supuesto, en El Planeta del Aprendizaje, existe una pega. Es un pequeño desafío potencial que surge a veces cuando un rostro muestra talento: *una falta de tolerancia hacia el resto de la humanidad*. No preguntamos qué falla con las personas que no son buenas en algo que para nosotros está tirado. Por ejemplo, si tienes una distribución equilibrada de pelo en tus cejas, es muy fácil para ti ocuparte de los detalles. Por tanto, podrías suponer que también es fácil para cualquier otra persona, y te quejarás: «¿Qué pasa con ese vago perezoso, se trata de un caso espacial o qué?» o «¿Cómo es posible que siempre se atasque con los detalles? ¿Por qué no puede manejarlos y seguir avanzando, como lo hago yo?». Quejarse, quejarse –eso es una falta de tolerancia hacia el resto de la humanidad. ¡Créeme, si otros tuvieran tu talento, les encantaría usarlo!

P. ¿Y las secciones de contacto y otros consejos para ligar? ¿No podrías tener un juego diferente para cada tipo de cejas?

R. ¡Oh, tus cejas precursoras creativas podrían estar haciendo acto de presencia! Para trabar amistad, sí, podrías obtener datos de la distribución del cabello. Para debatir detalles de forma diferente, depende del caso.

Digamos, por ejemplo, que tú y tu posible pareja estáis dando un paseo cerca de un lugar en construcción en el centro de la ciudad. Estas son las líneas que te sugeriría que usaras para evocar un sentimiento de camaradería de sus cejas:

– Para precursoras: «Qué cantidad de trabajo. ¿Piensas que acabarán algún día?»
– Para terminales: «Respeto a las personas que pueden atar todos los cabos sueltos de un trabajo como éste, ¿no te pasa lo mismo?»
– Para equilibradas: «Espero que quien esté a cargo de todo este lío pueda encontrar personas competentes para limpiarlo

después. ¿Has notado lo difícil que es encontrar personas que tengan capacidad de seguimiento hasta concluir un trabajo?»

P. ¿No está sugiriendo que debería llevar a todas mis posibles citas a un sitio en construcción, verdad? ¿Existe un consejo subyacente, no es así?

R. El principio de acercarse a alguien es relacionarse con la estructura mental de esa persona. Si tú bromeas sobre el desafío asociado a un rasgo facial específico, probablemente ganarás unos puntos.

Felicidades, has completado la primera categoría. Esta es la secuencia que seguiremos en cada rasgo subsiguiente: aprender las posibilidades dentro de la categoría física, descubrir lo que tienen, luego aprender qué significa cada rasgo y completarlo con ejemplos. Antes de adentrarnos en nuestra próxima característica, hagamos una pausa para considerar algo que todos los lectores del rostro perciben, tarde o temprano.

ALGO MUY IMPORTANTE

Al desarrollar tu talento, comenzarás a notar algo interesante. Un rasgo específico en el rostro de una persona puede ser extremo o no. Es útil fijarse cuándo un rasgo es **MUY**, porque cuanto más extremo sea el rasgo físico, más extremo será el significado interno. Durante miles de años, los lectores del rostro han utilizado esta regla:

– MUY extremo físicamente = MUY extremo internamente
Para resumir:
– MUY = MUY
Por el contrario:
– Algo visible físicamente = algo importante internamente
Y, a todos los efectos prácticos:
– Apenas visible físicamente = no vale la pena su lectura.*

---

* Continúa con otra parte del rostro de la persona.

P. ¿Cómo se aprende a detectar el MUY?

R. Primero te haces una idea de los distintos rasgos con las ilustraciones y descripciones de este libro. Para hacer la transición a los rostros de carne y hueso, mírate al espejo y examina los rasgos de tu propia cara. Luego observa a otras personas, preferiblemente a varias a la vez, así podrás comparar sus rasgos. De este modo, descubrirás lo diferentes que pueden llegar a ser estos rasgos. Por ejemplo, sales a buscar formas de cejas. Al mirar sólo las cejas centrándote únicamente en la forma y saltando de rostro en rostro, al final dirás algo así: «¡Ajá! John tiene cejas curvadas mientras que las de Jane son rectas».

Cuando hayas aprendido a identificar los rasgos, tu siguiente paso será desarrollar una apreciación para lo MUY:

La **forma** es un tipo de MUY. Para detectar este tipo de MUY, *compara a dos personas* que tienen el mismo rasgo.

Al final verás un rostro en una habitación abarrotada y te entusiasmará –no porque sea una noche encantada y te hayas enamorado a primera vista sino porque habrás encontrado a una segunda persona en la habitación con las cejas curvadas. Eso significa que puedes comenzar a comparar la curvatura de la ceja de esta persona con la curvatura de la primera persona. ¿Cuál de las cejas es MUY?

Quizás la de Jack lo sea más que la de Jim. Notarás que algunas cejas curvadas lo son en extremo, mientras que otras entran dentro de la categoría curvada pero lo son ligeramente. ¡Bingo! Entenderás cómo una forma puede ser MUY.

El **tamaño** es otro tipo de MUY. La localización de este aspecto podría marearte un poco al principio, como si fueras sentado de espaldas en el metro, porque no sólo estarás mirando a grande frente a pequeño, sino centrándote en MUY grande frente a algo grande –o MUY pequeño frente a algo pequeño.

Para verlo con más facilidad, *sigue las proporciones dentro de un rostro.* Así que no sigas comparando a Jack con Jim y observa un rostro cada vez. Digamos que eres experto en el lóbulo de la oreja. No decidas si los lóbulos de las orejas de Jim son más grandes en comparación con los de Jack. Él podría tener todos los rasgos más grandes. En cambio, compara el tamaño de los lóbulos de las orejas de Jim con las otras proporciones de la oreja de Jim. Puedes tener una idea. Algunos rostros no muestran ni un MUY, ni en tamaño ni en forma. En el extremo opuesto encontramos un rostro como el de Ross Perot, donde encontrarás gran cantidad de MUY. Algunos rostros los muestran, otros no. Es así de simple.

CEJAS DE GRUESAS A FINAS

La **cantidad de pelo** en las cejas muestra la cantidad global de pelo.

– Las cejas **gruesas** poseen un montón de pelo.
– Las cejas **finas** tienen lo opuesto a un montón, sea lo que sea.

P. Ya que las cejas pueden ser precursoras o terminales, ¿qué parte cuenta a la hora de calcular la cantidad de pelo?
R. Observa la cantidad de pelo en su conjunto. ¿Podrías imaginar a la persona a la que estás leyendo con unas cejas más gruesas? Entonces las cejas serían finas. Si es más fácil imaginar a la persona con cejas mucho más finas, en ese caso son gruesas.

P. ¿Qué sucede si careces de imaginación?
R. ¡Digamos que eso no es así! La imaginación es tu derecho de nacimiento. Al final, lo reclamarás. Mientras tanto, puedes convertirte en coleccionista. Observa las cejas de 15 personas, haciendo hincapié en la categoría de «cantidad de pelo». Construirás rápidamente tu propia base de datos.

P. ¿Qué sucede si observas la cantidad de pelo de tus cejas y descubres que no eres MUY en ninguna de las direcciones? ¿Qué sucede si el grosor es algo intermedio?
R. No te molestes en leer este rasgo de ti. Omítelo. Hasta que no tengas experiencia como lector del rostro, no intentes interpretar ningún rasgo que no sea ni una cosa ni la otra.

Grosor de la ceja

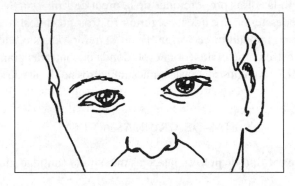

Fina

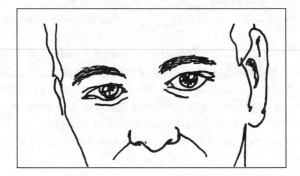

Llena

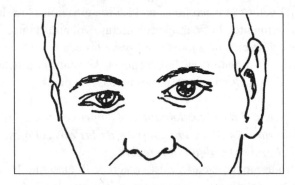

Media

La *cantidad de pelo* en un conjunto de cejas muestra la cantidad de detalles que una persona se siente cómoda de manejar en un momento preciso.

Las cejas *gruesas* son una marca de poder intelectual. Caramba. Sé que si esta descripción se ciñe a ti, probablemente estarás bajando la mirada en un acto de humildad. Si sirve de consuelo, las personas con cejas finas pueden ser igual de inteligentes. Sencillamente vuestros estilos personales son diferentes. Concretamente, las cejas gruesas muestran la capacidad de manejar muchos proyectos a la vez. Y si tus cejas son también equilibradas o terminales, mantendrás los detalles de cada proyecto extremadamente bien bajo control. Además, si destacas en la comunicación (lo cual se mostraría en un rasgo de labios persuasivo que abordaremos más adelante), podrías dejar a todos boquiabiertos con tu intelecto.

Tu único desafío es abrumar a los demás. Evita contar a todos tus amigos *todos* los asuntos que tienes entre manos... tus colegas/colaboradores/empleados podrían rabiar de celos o desmayarse por el brillo de tu esplendor mental.

En el caso del ilusionista David Copperfield, las cejas gruesas equilibradas podrían ser totalmente mágicas. Quizás él las ha utilizado para encender fuegos. Ciertamente no cabe duda de la habilidad de este hombre para realizar trucos extravagantes, y gran cantidad de ellos. Una vez, un cliente con una carrera menos estelar me consultó porque estaba pensando en hacerse un implante de cejas. Joe comprendía la relación recíproca del rostro exterior y el yo interior. Tenía grandes esperanzas de cómo podría cambiar si tuviera la ceja derecha MUY gruesa de Einstein –cejas que, realmente, debieron ser muy útiles para la carrera del gran físico. (¿Por qué no también la ceja izquierda de Einstein? Pensó que lo intentaría con una ceja como la de la presentadora Oprah. ¡Un hombre emprendedor!)

Yo no le recomendé la cirugía de cejas. Sea cual sea el tipo de cejas que poseas, tiene sus ventajas.

Las cejas *finas*, por ejemplo, están relacionadas con la intensidad mental. Aunque puedes presionarte para involucrarte en multitud de proyectos, serás más efectivo si te fijas en uno a la vez. El ejecutivo Steven Covey sabe cómo hacer el mejor uso de este talento. Como autor del libro *Los 7 hábitos de la gente altamente efectiva*,

Covey enseña cómo organizarse y cómo ser efectivo atendiendo a las *prioridades*. Esa es una cualidad de las cejas finas.

P. ¿Cómo aplicarías el grosor de las cejas para realizar una venta?
R. Las personas con cejas gruesas detestan simplificar en exceso. Ganarás su respeto presentándoles los argumentos para la venta con todo detalle. Por el contrario, las personas con cejas finas preferirán la versión simple; te respetarán más si les resumes lo que es más importante.

P. ¿No estarás diciendo realmente que las personas con cejas gruesas como yo son, sencillamente, más inteligentes?
R. No. La calidad de criterio, la originalidad del pensamiento y otras facetas de la inteligencia no están aquí involucradas de ninguna manera. Las cejas gruesas significan una inclinación por la complejidad. Las cejas finas significan una inclinación por la simplicidad. Haz la diferencia tan simple –o tan complicada– como quieras.

LA FORMA DE LA CEJA

La **forma de la ceja** es el patrón geométrico formado por cada ceja.

– Las cejas **curvadas** (a veces llamadas «arqueadas») forman parte de un círculo.
– Las cejas **rectas** parecen, más o menos, una línea recta.
– Las cejas **anguladas** contienen una especie de eje, donde el pelo cambia de dirección. La mayoría (pero no todas) de las cejas anguladas tienen su eje hacia la parte final de la ceja.

Cuando observas tus propias cejas para ver lo que tienes, no olvides observarte a nivel, ni desde arriba ni desde abajo.

La *forma de la ceja* muestra el marco del pensamiento. ¿En qué tipo de detalles te fijas normalmente cuando estás con otras personas?

Las cejas *curvadas* sugieren que te especializas en fijarte en detalles relacionados con los sentimientos. Esta forma es una de las diversas señales faciales de sensibilidad emocional (otras son la barbilla curvada, los párpados inferiores curvados y los grandes círculos internos de la oreja).

La sensibilidad te ayuda tanto en las ventas como en las relaciones, especialmente cuando la persona a la que esperas impresionar también comparte este rasgo. El grado de curvatura es proporcional al foco de los sentimientos. Las personas que poseen cejas MUY curvadas son como imanes para las emociones. En su presencia, no es suficiente decir «Estoy bien. ¿Cómo estás tú?» Podrías también revelar tus verdaderas emociones, porque el dueño de las cejas curvadas las va a descubrir de todas formas.

P. ¿Es eso lo que llamas nuestro desafío con estas cejas, que tenemos radares para detectar lo que les está sucediendo a los otros?
R. No, el desafío tiene que ver con lo que sucede cuando tus propios sentimientos se ven heridos. ¿Hacia dónde desvías normalmente tu atención para intentar sentirte mejor? Hacia los sentimientos –así que vuelves una y otra vez a la herida. Comparada con los otros dos tipos de cejas de esta categoría, es mucho más difícil para ti alegrarte durante temporadas de agitación emocional.
Los poseedores de cejas MUY curvadas como las tuyas son especialmente vulnerables. Ese es el precio que pagas por ser tan receptivo. No obstante, te podría consolar saber que el *Siang Mien* indica que tales cejas, cuando también son finas, denotan pasión. Esto tiene sentido, considerando que las cejas ultrafinas, con cualquier tipo de forma, sugieren una mente obsesiva. Así, cejas MUY finas y curvadas sugieren a alguien que es especialmente eficaz para abordar un proyecto a la vez, además de que el objeto de la atención probablemente es una relación amorosa. ¡Así que, sí! Por supuesto que tienes el potencial de la pasión.

Forma de la ceja

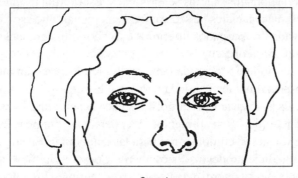

Curvada

Recta

Angulada

P. ¿No es tu interpretación sexista? Después de todo, todos saben que las mujeres tienen cejas curvadas. Las cejas de los hombres son rectas.

R. ¡Ay! Has caído de lleno en un estereotipo. Éste es fácil de abandonar, afortunadamente. Tu misión, si decides aceptarla, es comenzar a observar a personas reales. Míralas directamente a las cejas.

El actor y bailarín Gregory Hines tiene cejas que son curvadas y llenas. Su increíble claqué expresa tanto la sensibilidad como la complejidad que esperarías de tales cejas.

Paul McCartney tiene cejas MUY curvadas. Más que los otros Beatles, él se especializó en componer canciones de amor.

Las cejas *rectas* muestran una tendencia a fijarse en las ideas. Podría ser lealtad a una causa, curiosidad intelectual, o una «pasión» por la lógica. Aficionados a Star Trek, ¿recordáis a Spock? En la vida real, el actor Leonard Nimoy tenía cejas curvadas. Pero la genialidad del maquillaje dio a su personaje unas cejas completamente rectas.

P. Sus cejas eran bonitas, ¿pero el término «genialidad» no es algo exagerado?

R. Quizás, pero considera el principal problema del personaje. Spock supuestamente era en parte de Vulcano, en parte de la Tierra, dando como resultado un conflicto por su excesiva lógica. Esto, de hecho, es exactamente el problema que va unido a las cejas rectas. Una persona podría estar tan involucrada en la recogida de información, ideas y descubrimientos, que otros lo podrían encontrar insensible.

Al menos, la sensibilidad excesiva probablemente no implica un problema. Hace poco tuve una conversación con Blake, un amigo de seis años de mi hijo que maneja las desilusiones con un increíble autocontrol. Blake también tenía cejas MUY rectas. No pude resistirme a preguntarle: «¿Qué es lo que haces cuando estás contrariado?»

«Es fácil», respondió. «Cuento hasta cinco. Luego digo, 'No existen razones para estar contrariado, ¿las hay?»

¡Intenta hacer lo mismo si tus cejas son MUY curvadas, en lugar de MUY rectas!

Las cejas *anguladas* muestran un marco mental de directivo. Parte de la persona está siempre desapegada, formulando preguntas como: «¿Está siendo esta conversación útil para mí?» «¿Me está haciendo perder el tiempo esta persona?» «¿Qué es lo que quiero realmente de esta situación y cómo lo obtengo?» Con cejas de ángulo pronunciado, la persona no dudaría en intervenir y cambiar el curso de la conversación. La confrontación podría incluso ser considerada como algo divertido. Aunque es aterrador para el resto de nosotros, ¿no? Incluso cuando el rasgo no es MUY extremo, y las confrontaciones así se mantienen en un mínimo, el desafío potencial de las cejas anguladas es la intimidación. Otras personas podrían sentir cuando están siendo observadas; ese desapego puede despertar sospecha.

Pero seguro que ese es un precio pequeño a pagar por una gran ventaja estratégica. Los directivos prosperan con esa actitud. Y la profesión donde los americanos parecen valorar más las cejas anguladas es en los telediarios, según mi compañero fisonomista R. Neville Johnson. En nuestros equipos de presentadores de noticias, indicó Neville, el peso pesado normalmente es un hombre con al menos una ceja MUY angulada. Estos presentadores nos divierten porque disfrutan el conflicto. Observa cómo le dan más interés a una emisión al hacerse cargo de la situación, interrumpir al entrevistado y dominar, de forma encantadora la conversación –o a veces lo contrario.

P. A pesar de no poseer ese marco mental de directivo (siendo un tipo de cejas rectas, como puedes ver) se me ha encendido una lucecita en la cabeza. ¿Deberíamos ser capaces de utilizar la forma de las cejas para vender, no es así?

R. Tienes razón.

– Para un cliente con cejas curvadas, subraya los argumentos de venta relacionados con los sentimientos: «¿No te sientes mal cuando tienes visitas y no pueden ver una imagen nítida por el tamaño reducido de tu televisor? Imagina cómo podrías relajarte una vez que tengas este maravilloso equipo.»

– Para las cejas rectas, presenta los argumentos de venta y *destaca* que estás presentando los argumentos: «Primero, notará que en esta pantalla puede ver el blanco de los ojos de la gente. Esto sucede porque el sistema tiene Whoopdedoo». «En segundo lugar, notará la claridad de los gritos de esta película. Ese es el sonido de marca registrada...» y así sucesivamente.

– Para las cejas anguladas, haz hincapié en cómo el producto ayudará a tu cliente a mantener el control: «¿Cómo cambiaría tu forma de divertirte si tuvieras una pantalla de este tamaño?» «¿Qué efecto tendría en tus invitados?»

Como ves, cada uno de los pelos de esas cejas podría despertar tu imaginación. Mantén la vida en tus puestos de venta al observar la vida en tus clientes.

ALTURA DE LA CEJA

Mientras vas divisando todos los rasgos ocultos en los pelos de las cejas, no te olvides de la **altura de la ceja**, esto es, la distancia relativa entre las cejas y los ojos.

– La mayoría de personas poseen **cejas medias**, con un espacio entre las cejas y los ojos que llegarás a reconocer como moderado.

– Los de **cejas bajas**, por contraste, tienen las cejas cercanas al sitio donde parpadean. En una ceja baja extrema, parecería como si las cejas se estuvieron cayendo dentro de los ojos.

– Las **cejas altas** muestran una gran distancia entre los ojos y las cejas. A primera vista, las personas con cejas altas podrían parecer como si estuvieran levantando las cejas. Pero no lo hacen.

P. ¿Cómo puedes distinguirlas?
R. El tiempo te lo dirá. Las cejas altas permanecerán elevadas durante toda tu conversación. Las cejas medias y bajas al final

se relajan. Para simular una apariencia de cejas altas, tendrán que levantarlas nuevamente.

P. Cejas altas, cejas bajas, ¿no te estás volviendo un poco esnob con esa terminología?
R. Ninguno de estos términos se refieren a la cultura, por supuesto. La *altura de la ceja* resulta estar relacionada con el momento escogido para expresar ideas, también conocido como espontaneidad verbal.

Aquellos de vosotros con *cejas altas* tenéis un arma secreta. Te sientes a gusto guardándote las ideas para ti mismo. Aunque no ocultas literalmente los pensamientos en el espacio por encima de los ojos, utilizas algún tipo de compartimento mental –algo que funciona como una caja fuerte para tus planes, evitando hablar sobre tus nuevas ideas de negocio hasta que estén bien asentadas.

Cuando surge una conversación importante, puedes ensayarla a la perfección. Ninguna otra altura de cejas puede igualarte en este aspecto. Y seguir tu propio consejo tiene obviamente ventajas para cada aspecto de la vida. El único desafío potencial es que aparentas distancia, pero podría ser un pequeño precio a pagar por tu ventaja estratégica.

El Dr. Martin Luther King, por ejemplo, impresionaba a sus seguidores. Y en un auténtico estilo de cejas altas, creó un inmenso impulso político informando directamente al mundo: «He tenido un sueño».

Alguien con *cejas bajas* habría hablado sobre sus sueños desde el primer día. Las personas con cejas bajas tienen el don de la espontaneidad verbal. Olvidan el consejo «piensa antes de hablar». Ensayar las conversaciones con antelación hará que sus palabras suenen rancias. Si tienes cejas bajas, sabes que tus ideas son como el pan que salta de la tostadora, mucho mejor cuando está tierno y caliente.

Los habladores espontáneos son más felices en profesiones que valoran el ingenio rápido, como presentador de programas o entrevistador. Toma el ejemplo de Merv Griffin, que capitalizó su estilo espontáneo de acelerar su «rueda de la fortuna» personal. Antes de ganar millones como promotor de programas

Altura de la ceja

Cejas medias

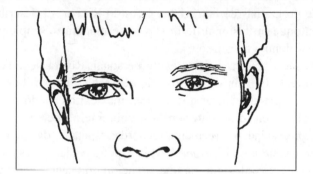

Cejas bajas

Cejas altas

de concurso y anfitrión de programas de entrevistas, Griffin trabajó como actor de teatro. En su autobiografía, recuerda cómo causaba problemas a otros compañeros actores pues no podía resistirse a su espontaneidad y sus frases eran diferentes cada vez. El resto del reparto entraba a destiempo. Para un lector de cejas, no es sorprendente que Merv no pudiera repetir una actuación dos veces de la misma forma. Sus cejas eran MUY bajas, eran prácticamente pestañas.

El campeón de boxeo de cejas bajas Muhammad Alí se empeñó en venderse sobre el ring. La altura de sus cejas sugiere que no se lo pensó dos veces antes de proclamar: «Soy el más grande».

Otra persona de cejas bajas célebre en televisión es el anfitrión de programas de entrevistas Geraldo Rivera. Él describe su enfoque profesional de la siguiente manera: «Simplemente reacciono y transmito».

Al sacar provecho de su estilo personal, Rivera tiene la idea correcta (por muy cuestionable que sea su gusto). Las cejas bajas de todos los gustos tendrán más éxito cuando se especializan en lo urgente, en la involucración personal, en la expresividad. Simplemente recuerda: espetar te da el control.

En cuanto a las *cejas medias*, la espontaneidad no es un problema. Eres flexible. En una situación practicarás con antelación. En otras situaciones, lo contarás como es, sin prisas. Tu única pregunta podría ser: «¿Qué les sucede a todos esos tontos?» Al fin y al cabo, no tiendes a tener el problema de las personas con cejas bajas que se van de la lengua. Tampoco corres el riesgo de parecer hermético, como las personas de cejas altas. Tu único problema es esa perpetua aflicción de los afortunados, una falta de tolerancia hacia el resto de la humanidad.

P. Yo no me atrevería a irme de la lengua. Tenga cejas bajas o no. Perdería a mis amigos o mi puesto de trabajo. ¿Nadie te ha contado que decir lo que piensas puede ser peligroso?

R. Debido a otra cosa que se ve en tu rostro, tienes buenas razones para dudar. Algunas veces el talento de una persona para la espontaneidad crea cierto contraste con los desafíos que se muestran en otras partes del rostro, y tus labios MUY finos señalan uno de estos desafíos.

Otros son una boca pequeña, las arrugas verticales de la frente, las bolsas y los ojos angulados hacia abajo. Todo esto se debatirá más adelante, así que no deberías tener ninguna dificultad en imaginarte cómo superar el desafío de utilizar tu don de la espontaneidad verbal.

P. ¿Es complicado, entonces, imaginarse cómo utilizar el dato de altura de la ceja para mejorar las ventas?
R. En realidad, es sencillo. Presta atención a tu estilo personal y déjate llevar. Concretamente, si tienes cejas bajas, permítete decir lo que se te ocurra de forma inmediata, incluso si tu jefe no te lo ha dicho. Tu jefe podría no tener cejas bajas. Y si tienes cejas altas, relájate dentro del marco de tiempo que mejor se amolde a ti. No te fuerces a hablar cuando tu modo natural no es el de un parlanchín.

DOTES DE CEJAS ESPECIALES

Para una diversión especial, comprueba las **dotes de cejas especiales** que podrían aparecer en las cejas:

- Los **pelos salvajes** son los extraterrestres del mundo de las cejas. Aterrizan aquí y allá, algunas veces son largos y rizados, otras veces gruesos o de diferente color del pelo circundante. Su significado es tan fascinante como su apariencia.
- Los **pelos contradictorios** crecen unos hacia otros, algunas veces se enredan entre sí.
- Los **pelos dispersos** se espacian entre ellos como la gente de Montana que siente que sus vecinos sobrepasan los límites si viven más cerca de 75 kilómetros.
- Los **pelos precursores** crecen hacia arriba, en contraste con el resto del pelo de la ceja que crece hacia el costado. Este tipo especial de pelos, estarán siempre al comienzo de la ceja –por ello su nombre. Mientras que técnicamente, la mayoría de las cejas comienzan así, rara vez los pelos precursores son

lo suficientemente numerosos como para crear una mata definida.

– La **ceja única** es el apelativo cariñoso que se da cuando dos cejas se funden en una, debido a la abundancia de pelo por encima de la nariz.

Las *dotes de cejas especiales* se relacionan con patrones de pensamiento poco frecuentes.

P. Venga, ¿no pensamos todos de forma inusual, al menos desde el punto de vista de la persona que tiene los pensamientos?

R. Con estos rasgos especiales de ceja, estamos destacando patrones que son relativamente raros, incluso más del sentido de singularidad que nos inspira a cada uno de nosotros personalmente. Nunca olvidaré a la estudiante que se me acercó después de que yo hubiera impartido una clase de meditación en la Universidad de Miami. Sucedió hace 26 años, pero aún puedo oír su voz mientras me confiaba en un tono de profundo secretismo: «Yo no soy como las demás personas. Tengo pensamientos que nunca revelo. Estos pensamientos están ocultos dentro de mi cabeza».

Los *pelos salvajes* simbolizan ideas salvajes. Pueden dar como resultado una creatividad extravagante, como en el caso de Albert Einstein o Warren Buffet, que ha sido considerado por *Forbes* la persona más rica de América. Arráncate tales cabellos por tu cuenta y riesgo.

Los *pelos contradictorios* muestran un talento más dudoso. Tienes una gran tolerancia (quizás incluso una atracción) hacia las ideas conflictivas. Tales cabellos han interrumpido la carrera de Donald Trump.

Los *pelos dispersos* representan pensamientos dispersos, un desafío para un seguimiento consistente. Pero el patrón de tener ocurrencias posteriores adicionales y no relacionadas podría ser valioso, también. Es el caso de Einstein nuevamente –¿necesito decir algo más?

Conoces a alguien a quien se le vean los *pelos precursores*? Es el aspecto que saltó a la fama gracias a la modelo/actriz Brooke

Dotes de cejas especiales

Pelos salvajes

Pelos contradictorios

Pelos dispersos

Pelos precursores

Ceja única

Shields. Y simboliza inteligencia. (Shields es licenciada por la universidad de Princeton.) Concretamente, los principios visibles de las cejas simbolizan el acceso consciente a los pensamientos y sentimientos en una etapa temprana. Antes de embarcarnos en un nuevo proyecto, el que está arraigado anticipará problemas potenciales que escaparían a los demás. Y el problema potencial para el que posea cejas con pelos precursores es ser considerado más pesado que una manta mojada porque todo el tiempo dices: «Esperad. Podría haber un problema».

El hecho de que tú suelas tener razón podría no hacerte ganar muchos puntos de popularidad. Aun así, es un rasgo envidiable. En lo que respecta a la *ceja única*, van acompañadas con el pensamiento continuo. Por lo general, la mente no se para y el insomnio podría ser un problema. Por tanto, la ceja única es el único rasgo facial físico que yo recomiendo cambiar. Depílala. Intenta la electrólisis. O alquila un cortacésped en miniatura. Ya que los rasgos faciales y el estilo personal están interconectados, tranquilizar unas cejas continuas podría ayudar a tu mente a relajarse.

P. ¿Está usted diciendo que podría tener insomnio porque mis cejas crecen juntas?

P. Un rasgo físico exterior no *causa* un aspecto interno del estilo personal. Es una conexión. Concretamente, es una **relación recíproca**, lo que significa que si cambias a la persona interior, el rostro exterior cambia. (Este tipo de cambio a largo plazo es con diferencia el más común.) Pero cuando el rostro exterior cambia, a través de la cirugía estética o los denominados accidentes, la persona interior también cambia, inmediatamente.

P. ¿Qué ejemplo hay de cambio de dentro hacia fuera?

R. Con el tiempo, según tus elecciones y tus valores, tu rostro se alterará físicamente de forma que corresponda con tu estilo personal. Es muy claro. Por ejemplo, cuando fui madre, mis párpados cambiaron de manera que reflejaban un nuevo estilo de intimidad. Como fisonomista, notarás gran cantidad de cambios que nunca habías apreciado antes.

P. ¿Haces trampas si te depilas las cejas?
R. ¿A quién estarás engañando?

P. Ya sabes, la forma en que se supone tu apariencia.
R. Salvo que lleves tu cabeza sobre los hombros, tus orejas en la cabeza y así sucesivamente, no creo en una forma predeterminada de apariencia en las personas. Lo que llevas, o creas, en tu rostro posee un significado interior. Eso es lo que estás aprendiendo a leer. Los rostros no aparecen por decreto. Evolucionan.

P. ¿Qué me dice de la cirugía estética?
R. La cirugía estética es un buen ejemplo de cómo las personas cambian en el exterior, y luego cambian en el interior.

P. Siempre pensé que los cambios de la nariz y otros así estaban basados en que las personas reaccionaban ante ti de manera diferente. Ya sabes: con una nueva nariz bonita te ves mejor, la gente te trata mejor, te sientes mejor.
R. Sí, pero hay algo más en ello. Cuando cambias el exterior, alteras el interior –y de formas que podrás predecir leyendo este libro. Una cirugía de la nariz te hará ganar puntos con personas que valoran un cierto estilo de nariz; no obstante, podría ser que desperdiciaras la oportunidad de realizar un trabajo muy original e importante. Los implantes de mejilla pueden hacer que te veas más imponente; no obstante, adaptarte internamente a tu nuevo estilo de poder podría ser más de lo que esperabas. Incluso si la operación física que pagas resulta ser un éxito total, podría tener efectos internos. Son inevitables, dada la relación de reciprocidad entre el rostro exterior y la persona interior. Algunos cirujanos plásticos me han contratado para que les aconseje sobre sus procedimientos para cambiar a las personas internamente. Los cirujanos se preocupan de los juicios por negligencia. Sus clientes, creo, deberían preocuparse más de lo que lo hacen por las consecuencias internas de alterarse sus rostros como si fueran muñecos de plastilina. Cualquier cirugía estética tendrá sus consecuencias involuntarias. Para muchas personas, la cirugía es una buena elección.

Para otras, mantener el talento interior podría ser más importante que el aspecto social de la apariencia. Una cosa es segura: la cirugía estética es una elección mucho más compleja de lo que la mayoría de las personas creen. Como fisonomista, podrás comprender esto mucho mejor.

P. Por el tipo de ventas a las que me dedico, estoy bajo mucha presión para parecer más joven. Como muchas personas, no soy vanidoso pero vivo en la realidad, así que estoy buscando la seguridad laboral en la cirugía plástica. ¿Qué piensa acerca de ello?

R. Henry David Thoreau bromeaba: «Tened cuidado con todas las empresas que exijan ropa nueva». Yo digo lo mismo de cualquier empresa que exija una nariz nueva. Como fisonomista, me estremezco ante el creciente número de anuncios y artículos de revistas que tratan de vender la cirugía por vanidad. Nadie paga por anunciar un punto de vista contrario; ¿cuáles serían los beneficios?

Pues bien, la lectura del rostro ofrece un punto de vista contrario basado en la rentabilidad espiritual. Puedes utilizar la fisonomía para evitar ser manipulado y para ayudar a evitar que la cirugía estética sea la norma. Considera esto: en un tiempo las mujeres americanas utilizaron corsé, luego usaron faja; ahora somos libres para no usar ninguna de esas prendas, pero ahora las hemos interiorizado. Los trastornos digestivos que padecemos actualmente son bastante nocivos; ¿queremos realmente un futuro donde las mujeres (y luego, los hombres) sigan modas pasajeras puestas en práctica por la cirugía?

Escoger la cirugía por vanidad contribuye a este tipo de presión social. Así, ya que me has preguntado, yo recomiendo que sencillamente te niegues. ¿Qué tipo de «seguridad» puede surgir de borrar parte de tu rostro? La cirugía estética te ayuda a sumar puntos sociales pero puede confundir profundamente a tu alma.

Si tienes que cambiar algo, ¿por qué no experimentar con tus cejas? Son la parte más sencilla de cambiar del rostro. Como has aprendido en este capítulo, las cejas se relacionan con los patrones del pensamiento, y el pensamiento flexible nos ayuda a mantenernos jóvenes allí donde es preciso, en el interior.

5

LAS OREJAS

Psssst... cuando estés listo para conocer secretos útiles y profundos.... fíjate en las **orejas**. Ninguna otra parte del rostro te dice más sobre cómo una persona crea la realidad. Estos modelos tan arraigados son básicamente inconscientes. Sin embargo, creo que te vas a sentir identificado en las siguientes categorías.

Incluso es posible que encuentres un nivel de verdad tan profundo, que te pondrá los pelos de punta.

LONGITUD DE LA OREJA

El primer secreto que pueden revelarte las orejas está relacionado con la **longitud relativa de la oreja**. Sí, me atrevo a empezar este capítulo por la parte más difícil. ¿Cómo es posible medir algo tan relativo como la longitud de la oreja? Empieza por ti, tú solo, frente al espejo. (Y observa tu rostro al nivel del espejo, recuerda, que el espejo no quede ni más alto ni más bajo que tu rostro).

¡Contempla la longitud de tus orejas! Compárala con la longitud de tu rostro, desde la frente hasta la barbilla. ¿Cuántas orejas podrías poner en fila, desde un extremo a otro, hasta que no quede espacio en la cara?

– ¿Tu respuesta es tres o cuatro? En ese caso tienes una longitud de oreja espléndidamente **larga**.

– ¿Puedes poner en fila siete, ocho o incluso nueve orejitas?
Entonces es que tienes una longitud de oreja **corta**.

– Si caben cinco o seis, en ese caso tienes una irreprochable
longitud **media** de oreja.

*P. La verdad, no sé si me va a salir bien. Cuando estudiaba bio-
logía en el instituto, yo era la que no podía ver absolutamente
nada a través del microscopio. Medir algo, aunque sea la longitud
de oreja, me saca de quicio.*

R. En ese caso olvídate del método formal. Puedes optar por la
simple observación. En comparación con el resto de la cara,
¿las orejas parecen grandes, medianas o pequeñas? ¿Qué crees, eh?
Éste es un buen momento para recordaros que la lectura del
rostro es una práctica intuitiva, incluso la parte que supone calcular el tamaño relativo de los rasgos físicos. Cuando tengas la
sensación de estar en una zapatería, midiendo el tamaño de tu
pie con ese extraño instrumento en forma de guillotina, tal vez
tus sentimientos están tratando de avisarte de algo: ¡Relájate!
Un tamaño aproximado ya bastará. En cualquier caso, cuantas
más orejas leas, más fácil te resultará calcular el tamaño de las
tuyas.

*P. ¿Orejas grandes? Ya lo creo que son grandes. Me están amar-
gando la vida. ¿No ve cómo sobresalen?*

R. Tranquilízate. Casi todo el mundo ha desarrollado una gran
carga emocional respecto a una u otra parte de su rostro.
Piensa en esto: un rasgo facial puede ser grande de muchas
maneras. En tu caso, sí, tus orejas sobresalen mucho, lo cual
hace que el rasgo del ángulo de la oreja sea prominente. Pero
todavía no hemos llegado a eso. Ahora nos estamos fijando en
una categoría distinta de rasgo: la longitud de la oreja. En tu
caso, se trata de una longitud de oreja media.

*P. De acuerdo, tiene razón. El ángulo es el rasgo pronunciado, no
toda mi oreja. ¿Quién habría pensado en ello?*

Longitud de las orejas

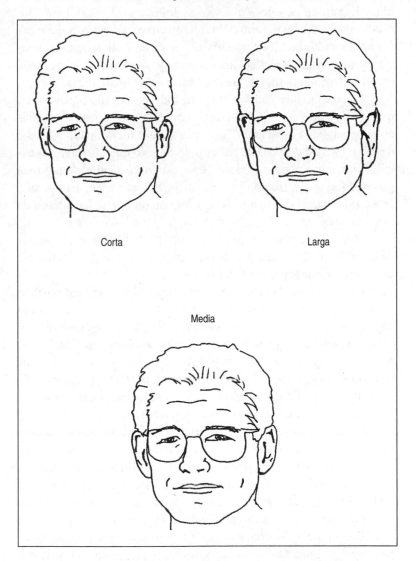

Corta   Larga

Media

La longitud de la oreja nos revela cuánta información prefiere manejar una persona de manera inconsciente. Esta cantidad, al igual que la longitud de la oreja en sí misma, es relativa.

Las orejas *largas* tienen una capacidad excepcional para escuchar. Ejemplos de ello son Lyndon Johnson, el presidente "sin escrúpulos"; el humanitario Albert Schweitzer; y los reyes del *márketing* de multinivel Richard DeVos y Jay Van Andel, quienes crearon la empresa Amway en los sótanos de sus casas. (Su pequeña empresa valc ahora más de tres mil millones y medio de dólares.)

¿Qué es lo que podría constituir todo un desafío para alguien que absorbe información de la misma manera que las esponjas secas absorben agua? Empaparse. Tal vez te sientes identificado con este desafío. Incluso después de haber oído todo lo que querías, inconscientemente no puedes dejar de escuchar más. Con el tiempo, es posible que te sientas confundido sobre lo que tú, personalmente, crees, en contraposición a toda la información que se ha filtrado de otras fuentes.

Aun así, las ventajas de tener orejas largas son muchas, incluida la habilidad de saber resolver crucigramas... o cualquier actividad que requiera conocimientos generales.

Por otro lado, las personas con orejas *cortas* no sólo recaban información, sino que además se la toman en serio, incluso como algo personal. Si pertenecéis a este grupo, ¡estad muy alerta! Tu desafío potencial es que tal vez te satures más rápido que los demás. En ese caso te cierras en banda y dejas de prestar atención, sin consideración alguna a lo que los demás estén tratando de decirte. (Te resultará difícil admitir que haces esto; si es necesario, pregúntale a alguien que te conozca bien y pide luego una segunda opinión).

Lo más maravilloso de tus hermosas orejas pequeñas, no obstante, es lo bien que utilizas la información que asimilas antes de cerrarte. Charlie Chaplin jamás se perdió un truco que su Pequeño Vagabundo pudiera utilizar. La oreja cómica de Peter Sellers todavía no ha sido igualada. Michael Jordan ha utilizado excelentemente cada percepción que recibe, sea cual sea el deporte.

En cuanto a las orejas *medianas*, significa que la persona es flexible a la hora de escuchar. A veces, asimilan los datos como locos. En otras ocasiones, eligen cerrarse en banda. Abrumar (al menos en lo que se refiere a la escucha inconsciente) no es algo que te agobie demasiado, ¿verdad?

Amigo mío, cuentas con una fantástica flexibilidad; tu único problema en este sentido es ese pequeño problema: una cierta falta de tolerancia hacia el resto de la humanidad. ¿Por qué algunas personas dejan de escuchar tan fácilmente? ¿Por qué otras se ponen enfermas y se agotan porque siempre están dispuestas a escuchar a cualquiera que se cruce en su camino?

P. ¿Así que esto explica por qué mi esposa se niega a llevar a nuestros hijos al circo? Ella asegura que es algo que la agota. Las orejas de mi mujer son como pequeñas conchas.

R. Sí, el rasgo que muestra en la longitud de su oreja puede tener algo que ver. Lo que yo recomendaría es que aceptes lo que dice cuando ella asegura que está cansada de estar con gente y necesita estar sola. Recuerda, no tiene nada que ver contigo. Tiene que ver con ella y sus orejas.

POSICIÓN DE LAS OREJAS

Ahora escuchad esto... a menos que estéis familiarizado con la oreja de Jenkins (capitán inglés del siglo XVIII a quien unos guardacostas españoles le cortaron la oreja) o con la oreja que Vincent Van Gogh se amputó (¡espero que nunca tengáis un día tan malo!), pensaréis que las orejas sólo tienen una única posición: a ambos lados de la cabeza.

Ahora, no obstante, vamos a considerar la posibilidad de que la **posición de la oreja** encierre algo más que simplemente estar cerca de tu mejilla o no. En cuanto al resto de tu cara se refiere, ¿dónde están situadas tus orejas?

Para entender este rasgo, deberás disponer de un par de espejos para poderte ver de perfil. También es posible que debas, al menos durante un tiempo, cambiar de peinado. (Esto también se aplica al resto de los rasgos de la oreja que tratamos en este capítulo. Por una extraña y peliaguda coincidencia, las orejas tapadas son difíciles de leer).

– De vez en cuando encontrarás orejas **altas**, con la parte superior que llega hasta las cejas, mientras que los lóbulos no alcanzan la punta de la nariz.

Posición de las orejas

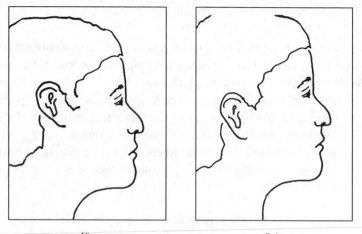

Alta   Baja

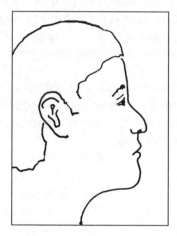

Mediana

– Lo más habitual son las orejas **bajas**, con lóbulos debajo de la punta de la nariz. La punta superior de la oreja es probable que no llegue a la altura de las cejas.

– Lo más habitual son las orejas **medianas**, que quedan bien ajustadas entre la parte más alta de las cejas y la punta de la nariz.

P. ¡Vaya! No tengo ninguna dificultad en ver este rasgo desde delante, pero lo curioso es que en mi caso parece que la posición de mi oreja va cambiando. A veces parecen altas, y otras veces bajas. ¿Señala este rasgo algún talento en especial?

R. No, pero has descubierto el fallo que se produce cuando tratas de leer este rasgo desde delante. Seguro que verás algo, pero dependerá de cómo inclines tu cabeza. Cuando mires arriba o abajo, cambiarás tu aparente posición de oreja. Por eso recomiendo que, en vez de fijarte en este rasgo de frente, lo observes de lado. Esto te permite utilizar dos puntos de referencia estables: el extremo superior de las cejas y la punta de la nariz. Desde esta perspectiva, la posición de la oreja no cambiará.

P. ¡Caramba! ¿Significa eso que este rasgo jamás va a cambiar?

R. Casi con toda probabilidad va a cambiar, sí, pero en cuestión de años, no de segundos. Cuando la posición de la oreja se mueve de atrás hacia adelante, o estás sometido a una fotografía a cámara lenta o estás mirando una viñeta. De lo contrario, es que estás realizando ese molesto truco de mirar la oreja por delante.

La *posición de la oreja* es uno de los rasgos más prácticos que puedes leer, especialmente si trabajas en el campo de las ventas. Revela la velocidad con la que una persona toma decisiones.

Las orejas *altas* revelan una velocidad superior a la media para procesar información. Orejas altas es lo que tiene el legendario empresario informático Steve Jobs, y también presentan este rasgo las personas que se sienten cómodas trabajando a velocidades rápidas, como las necesarias para diseñar software informático.

En una ocasión, durante una fiesta[1], me llamó la atención un hombre que tenía las orejas más altas que jamás había visto:

–Hola –le saludé–. Tienes las orejas más altas que jamás he visto. ¿Tienes la habilidad de aprender cosas sorprendentemente deprisa?

–Bueno –me contestó sin dilación–. En realidad, hablo dieciocho idiomas.

¿Cuál es el inconveniente de tener las orejas tan altas? Pues que la impaciencia puede ser un problema. Ya lo vas entendiendo. ¿Y por qué la persona que te está hablando no para de moverse? (Respuesta: porque no tiene las orejas altas, así que su mente no procesa tan deprisa).

Otro posible problema tiene que ver con tu apremiante necesidad de poner punto final. Sí, tomas decisiones a toda velocidad, pero andarse con rodeos te pone nervioso. A veces puedes precipitarte a tomar una decisión fundamentada en datos incompletos, únicamente porque no puedes soportar la idea de esperar un minuto más.

Este problema no suele surgir con el tipo opuesto de persona, es decir, un individuo con orejas *bajas*. En ese caso tenemos a alguien con una inteligencia menos rápida. Importante: el grado de inteligencia puede ser igual que la de personas con otras posiciones de oreja. Lo que cambia es el tiempo y el estilo, eso es todo.

Las decisiones también se toman de otro modo. Más que cualquier otra cosa, las orejas bajas significan que tu necesidad de sabiduría es mayor que tu necesidad de tomar la decisión y acabar con el asunto. Dicho de otro modo, dispones de suficiente fortaleza interna como para retrasar una conclusión. Así es como creo que funcionan estas personas, en su máximo exponente:

---

1. Sin duda alguna, la lectura del rostro es el último grito para presentarte a los demás en una fiesta. En vez de aproximarse con frases tópicas como "¿No nos hemos visto en otra ocasión?", puedes llamar la atención de tus posibles ligues diciendo "JAMÁS te he visto antes, ni he visto a alguien que se te parezca en lo más mínimo, al menos en lo referente a la posición de tu oreja (sustituye esto último por el rasgo que te estés comiendo con los ojos). Soy lectora de rostros. ¿Puedo contarte lo que creo que significa?"

– Al principio recabas datos, y la fase de investigación puede durar años si te sales con la tuya.

– Después, evalúas –una palabra que mejor dicho sería *evaluesperar*– porque esperar es exactamente lo que las otras personas hacen mientras tú te decides.

– Finalmente, tomas la decisión. Mejor que sea buena, porque lo más probable es que nunca quieras cambiarla, especialmente después de lo mucho que te ha costado tomarla.

Sí, algunas personas considerarán un problema el hecho de que, una vez tomada una decisión, seas tan flexible como el peñón de Gibraltar. Pero a los que protestan, puedes decirles lo siguiente: *Cuando tomo decisiones, imito a las personas que han demostrado la sabiduría política de las orejas bajas.*[2]

Como los lectores de orejas altas ya habrán adivinado, tomar decisiones con la oreja baja puede reportar una ventaja innegable. Pongamos por caso que has sido elegido presidente de los Estados Unidos. ¡Qué bonito! Pero, como pronto te darás cuenta, la luna de miel entre presidente y electorado se deteriora cada cuatro años. Con la prensa tendrás, por ejemplo, dos horas de amabilidad antes de que critiquen todas tus decisiones como posesos. Por tanto, considera la ventaja estadística de tomar, por ejemplo, la *mitad* de las decisiones que toma alguien con orejas altas.

Los presidentes Reagan, George H. y George W. Bush posiblemente han obtenido ciertos beneficios de su velocidad relativamente lenta para tomar decisiones. En cambio, piensa en la grave situación en la que se vio envuelto el presidente Clinton, algo que tiene que ver con sus orejas altas. Sin duda alguna, la velocidad intelectual le ayudó a conseguir una beca Rhodes, lo cual lo colocó en el camino para conseguir un cargo gubernamental. Posteriormente, cuando fue inquilino de la Casa Blanca, sus orejas altas señalaban

---

2. Teniendo en cuenta que la mayoría de las personas no utiliza la palabra "imitar" cuando sueltan un comentario gracioso, eso debería bastarles. Si insisten, puedes continuar ofreciéndoles una lista de personajes históricos que han ocupado puestos de alta responsabilidad política. Corroborando mi teoría de que las orejas bajas llevan consigo un efecto teflón, ten en cuenta que Reagan tiene, con mucha diferencia, las orejas más bajas de todos los presidentes norteamericanos. Sólo Millard Fillmore y Franklin Pierce se acercan a la gravedad de oreja de Gipper.

una predisposición a tomar decisiones rápidas a nivel personal y político, y, con ello, la vulnerabilidad a la crítica.

Y en cuanto a los afortunados lectores de orejas *medias*, no tenéis este problema, sólo la habitual falta de tolerancia hacia el resto de la humanidad, concretamente hacia quienes se precipitan o pierden el tiempo. Por lo demás, un tiempo intelectual flexible puede ser un bien muy positivo. Curiosamente, es un rasgo muy habitual entre los jugadores profesionales de baloncesto. Me vienen a la cabeza grandes nombres, como Mark McGwire, Willie Mays, Rickey Henderson, u Orel Hershiser.

El talento que se demuestra por la posición media de la oreja también ha ayudado al multimillonario Marvin Harold Davis a ganarse la reputación de habilidoso en los negocios, tanto si se trata de invertir en petróleo, en propiedades inmobiliarias en Los Ángeles, o en hacer de promotor en la Twentieth Century Fox.

P. Ayúdame. Tiemblo cuando debo tomar una decisión importante. ¿Cómo puedo sacarle el máximo provecho a la posición de mi oreja para mejorar mis relaciones con los demás?

R. Veo que lo estás entendiendo. Para sacar el máximo provecho a la lectura de este rasgo, primero debes prestar atención a lo que ya tienes. Después ajústalo a la longitud de onda de tu amigo.

– ¿Tus orejas están en una posición baja? Asegúrale a tu amigo que estás bien despierto, y escuchándole. «Esto da mucho que pensar», puedes decirle. Cuando estés decidiendo algo, alaba la paciencia de tu compañero. Recuérdale, si es necesario, que te tomas tu tiempo porque valoras la sabiduría de una decisión más que la velocidad, lo cual es cierto. Eso no es nada despreciable.

– ¿Tus orejas están en una posición alta? Entonces muestra clemencia y reduce la velocidad supersónica con la que pasas de un pensamiento a otro, posiblemente dejando a tu paso los escombros de un maratón de metáforas variadas.

El ángulo de la oreja

¿Cuánto sobresalen tus orejas en relación a la cabeza? Ésa es la clave de otro secreto.

Una forma de evaluar el **ángulo de la oreja** es recurrir a la «prueba del lápiz». Esto requiere una cierta coordinación, pero apuesto a que eres capaz de ello. Primero, aparta el cabello de tu oreja derecha. Sostén un espejo con tu mano izquierda para lograr una perspectiva directa y frontal.

Coge un lápiz con la mano derecha de manera que la punta mire hacia arriba, y luego colócatelo detrás de la oreja.

- Las orejas que están hacia dentro se moverán para dejar espacio al grosor del lápiz.
- Pero las orejas que están hacia fuera no necesitan moverse. De hecho, algunas orejas son tan exteriores que incluso pueden caber dos, tres, o incluso cuatro lápices sin que se aprecie ninguna diferencia visible. (No es que recomiende este grosor como nueva forma de almacenaje. Incluso si tu espacio para guardar el material de oficina es limitado, esta prueba debería realizarse una sola vez).

P. ¡Es fácil para usted reírse de mis orejas de Dumbo! ¿Alguna vez se le ha pasado por la cabeza que hablar del rostro de esta manera puede resultar insultante?

R. En realidad, me tomo el rostro con la misma seriedad que tú, aunque desde una perspectiva distinta. Tú, al igual que muchas personas, habéis sido criticados injustamente o incluso ridiculizados. Recobrar tu correcta autoestima es parte de tu misión en la vida.

En lo que a mí respecta, mi misión incluye hace ver a la gente que no deben emplear nombres de animales, a menos que se refiera a ellos. La sensibilidad al lenguaje hiriente ha crecido espectacularmente en nuestro tiempo, pero uno de los reductos que perdura es el de los nombres desagradables que la gente utiliza inconscientemente para referirse a distintas partes del rostro. Hoy en día, pocas personas se atreverían a reírse de una persona minusválida, pero algunas

Ángulo de la oreja

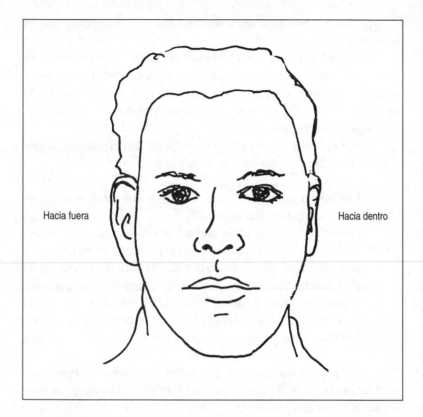

Hacia fuera   Hacia dentro

personas que por lo general son amables sí que se ríen de alguien con denominaciones como «orejas de Dumbo», «nariz chata», etc.

La próxima vez que descubras a alguien riéndose de una parte del rostro, replícale como lo haría un lector de rostros: «¿Acaso no sabes qué magnífico talento se asocia a este rasgo?»

Vale la pena estudiar la lectura de los rostros, aunque sólo sea para poder replicar de esta manera.

El *ángulo de la oreja* tiene que ver con cómo se comporta la persona en reuniones sociales. Imagina que todas las ondas de esta habitación están llenas de mensajes sociales: «vístete de esta manera», «siéntate así», «no hables hasta que alguien se dirija a ti primero».

Los científicos sociales pueden pasar (y de hecho, lo pasan) un día entero divirtiéndose con todo el vocabulario popular que nos bombardea, a menudo de forma inconsciente. Para entender dónde encajan aquí las orejas, piensa en todas las personas del edificio donde te encuentres ahora. Imagina que todo el mundo tiene un guante de béisbol para captar estos mensajes (en realidad, dos guantes). Para las personas con orejas *hacia dentro* es como si todos los mensajes fueran captados y procesados, directamente hacia el cerebro. Imagínate que unas cabezas asienten, «sí, lo entiendo» en cada lanzamiento. Desde el punto de vista de la conducta, encontrarás que las personas con orejas que quedan bastante horizontales respecto a la cabeza tendrán una enorme necesidad de pertenecer a un grupo, incluso aunque ello signifique seguir códigos de conducta absurdos.

A este don se le suele llamar tacto. «Radar social» es otra forma de denominarlo. Si tienes ese ángulo de oreja, reconócelo. ¿No es cierto que percibes los más sutiles detalles en cuanto a modales, atuendo, y otras maneras en las que la gente muestra su capacidad de relacionarse? Incluso cuando prefieres no amoldarte, la elección es deliberada.

En situaciones profesionales, te beneficias de tu capacidad para encajar en el puesto en el que estés. Pero, sería más apropiado decir que *te fundes* en él.

Así pues, ¿cuál es el reto? ¿Hasta qué punto puedes respetar a las personas maleducadas? Incluso si te esfuerzas por no juzgar, admítelo. Verás a algún tipo raro montando un espectáculo en la carretera o en una fiesta, e internamente tu respeto por esa persona caerá en picado.

Tal vez el auténtico problema es que tus buenos modales te salen de forma tan natural que es difícil considerarlos un logro personal. La lectura del rostro aporta perspectiva: otras personas no son necesariamente brutos, simplemente carecen de tu don. Para consolarte, debes saber que tu capacidad para amoldarte al entorno social puede ayudarte enormemente en tu carrera, sobre todo en profesiones que son tradicionalmente conservadoras.

Los ángulos de las orejas, al igual que otras partes del rostro, no imponen lealtad a ninguna filosofía legal u orientación política.

Las personas que presentan orejas hacia dentro pueden complacerse con ridiculizar el conservadurismo. Uno de mis ejemplos preferidos es el de Matt Groening, creador de "Los Simpsons". Está loco, sí. Pero incluso los conservadores han alabado esta serie como uno de los mejores ejemplos de transmisión de valores familiares a través de la pequeña pantalla.

Antaño, el novelista inglés Charles Dickens también se especializó en retratar la excentricidad. Cuando uno registra cualquier sutileza social, la excentricidad es fácil de detectar, pero no soñarías con comportarte así. Aunque Dickens representó a multitud de personajes excéntricos, sus tramas recompensaban a las personas cuyas acciones se amoldaban a los valores victorianos.

Naturalmente, los conservadores más acérrimos le encuentran poca gracia al inconformismo. El *Siang Mien* tradicional (el arte chino de lectura del rostro), en mi opinión, procede de los conformistas sin una pizca de humor. Su valoración sobre las orejas hacia fuera es típica: «Las personas cuyas orejas sobresalen tienen problemas emocionales. Cuanto más pegadas estén las orejas de la cabeza, mejor».

Tal vez esto fuera cierto hace tres mil años en China. En cualquier caso, no era una sociedad que acogiera la libre empresa. Si no te adaptabas bien al protocolo y a la posición, no llegabas muy lejos. Y eso, en sí mismo, podía ser suficiente para causar problemas emocionales.

La cultura occidental actual, no obstante, *recompensa* a las personas con orejas que miran hacia fuera. Aparte del ejemplo extremo de Ross Perot, podemos encontrar muchos ejemplos de empresarios hechos a sí mismos que se beneficiaron de su reticencia a amoldarse a las expectativas de la sociedad. Sí, es cierto que las orejas que miran hacia fuera se comportan de la manera que quieren. Sólo después descubres lo que otras personas esperaban y abordas esa cuestión con un control peligroso.

El estudio del genoma humano es uno de los temas científicos de vanguardia y en el centro de esa investigación está el fundador de Human Genome Sciences William Heseltine. Mucho antes de que estuviera de moda centrarse en este tema de investigación, Haseltine siguió su programación genética personal (e inducida por el alma) típica de las orejas salientes.

Otros empresarios atrevidos y de éxito con orejas salientes son Jeff Bezos, fundador de Amazon.com; Michael Dell, fundador de Dell (sólo la oreja derecha mira hacia fuera); y David Kelley, productor de las iconoclastas series de televisión «Ally McBeal» y «The Practice».

Si tus orejas también salen hacia fuera, incluso si a ti te parece que encajas en la sociedad, lo harás sólo como una opción deliberada, conservando las apariencias porque eso te sirve. Si deseas saltarte las convenciones, lo harás incluso mejor.

En (más o menos) la vida real, J. M. Barric tenía el ángulo de oreja perfecto para crear Peter Pan, el niño que se niega a crecer y acatar las expectativas de un adulto. Entre los influyentes rebeldes adultos está Mahatma Gandhi, líder de la revolución pacifista india, y Robert Goddard, pionero en la investigación espacial.

Las personas con ángulos de oreja *moderados*, cuyas orejas se niegan a amoldarse a las categorías de «ángulo interno o externo», no registran las cuestiones descritas anteriormente acerca de amoldarse a las convenciones sociales. En el peor de los casos, pueden presentar un caso de falta de tolerancia hacia el resto de la humanidad.

PROPORCIONES DE LA OREJA

¿Cómo está tu sentido de la proporción? Apliquémoslo a las orejas, para variar. **Las proporciones de la oreja** varían considerablemente de una persona a otra. Para analizarlas, necesitarás distinguir los aspectos siguientes:

- **Lóbulos**: son sencillos. Ya los reconoces, especialmente si de ellos cuelgan unos pendientes.
- El **círculo externo**, el que queda más lejos de la cabeza, será nuevo para ti. Es la parte de la oreja más fácil de pellizcar, al lado del glóbulo. Y la sensación que te queda cuando lo pellizcas (suavemente, ya que ningún aspecto de la lectura del rostro debe provocar dolor) es bastante distinta. Compara ambas sensaciones y verás lo que quiero decir.
- Tendrás que intentarlo dos veces antes de reconocer tu **círculo interno**. Se trata de una zona mellada que incluye al

agujero de la oreja. Para pellizcar el círculo interno de la oreja, realmente tienes que palpar la oreja: el dedo índice arriba, el pulgar debajo, en el lugar donde la parte trasera de tu oreja toca la cabeza.

– Los círculos interno y externo están separados por un **borde** carnoso, una cresta curva donde la piel se pliega como la masa en los bordes de una tarta muy hecha. Este borde puede ser claro y bien definido, o a la inversa. Cuando lo pellizcas, vuelves a notar una sensación distinta. Debido a ese aspecto doblado, resulta la parte *más dura* de la estructura de tu oreja (junto con la parte más externa de la oreja, el extremo de tus círculos exteriores).

¿Lo vas entendiendo? Practica la observación de las distintas partes de tu oreja. A menos que éstas sean MUY exteriores, necesitarás tirar de la oreja y doblarla a un lado para observarla por el espejo. Fíjate en si puedes encontrar el borde entre tus círculos interno y externo. ¿Es ese borde definido o de perfil bajo? ¿Observas que el círculo interno está al lado del agujero, aunque no es lo mismo que el agujero que conduce al oído interno? Los bordes son especialmente divertidos de encontrar. Mira si puedes seguir el tuyo desde la parte inferior del círculo interno, luego sube y síguelo mientras rodea el contorno de tu círculo interno.

P. ¡Ten piedad! ¡Esto me recuerda a los rompecabezas que le doy a mi hijo!... De acuerdo, he seguido el borde y creo que entiendo la diferencia entre los círculos interno y externo. Pero me pregunto si mi borde cuenta como parte del círculo externo, dada la manera en que se pliega.

R. ¡Excelente observación! Evidentemente, eres un experto en rompecabezas. No hay nada en el rostro más difícil de entender, físicamente, que la proporción de la oreja, de modo que eso ya lo tienes ganado. Una vez comprendido el concepto de los bordes de la oreja, así como el de círculo interno y externo, tu siguiente paso es desarrollar la habilidad de distinguir si el borde se convierte en parte del círculo interno o externo. En algunos casos, el borde sobresale, y no pertenece a ninguna de

Proporciones de la oreja

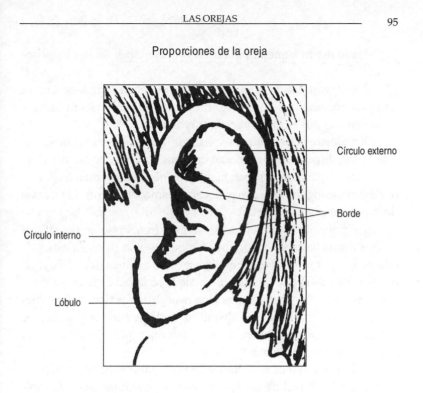

las dos posibilidades. En ese caso se trataría de un borde de oreja protuberante. Todas estas sutilezas son importantes.

P. Usted dice que son sutilezas. ¿Está bien pasarlas por alto si somos principiantes en este tema? ¿Qué pasa si la parte externa e interna de la oreja empiezan a marearte?

R. Sin duda. Sáltate esta sección hasta que acabes de releer este libro. En caso contrario, estos son los hechos de la vida respecto a las **proporciones del círculo de la oreja**.

– Los círculos internos **grandes** suelen ir acompañados de círculos externos **pequeños**. Al fin y al cabo, sólo tenemos un cierto espacio en la oreja.
– Y a la inversa, los círculos internos **pequeños** suelen ir acompañados de círculos externos **grandes**.
– O los círculos interno y eterno tienen una proporción **igual**.

De acuerdo, ¿qué le pasa a las proporciones de *tu* círculo de oreja? Las *proporciones de la oreja* bien merecen el tiempo que se tarda en encontrarlas porque te informan sobre la manera inconsciente en que una persona aborda la realidad.

En efecto, como humanos, hacemos que nuestra realidad sea más manejable especializándonos en distintas capas de esa realidad. (Las personas que no lo hacen bien viven permanentemente agobiadas e incluso algunas pueden padecer autismo, esquizofrenia u otros tipos de enfermedad mental).

La mayoría de las personas, sin embargo, abordan la realidad de una forma bastante coherente. Aunque no somos conscientes de ello, lo hacemos bien. De hecho, lo hacemos tan bien que la mayoría de las personas creen que su versión de la realidad es la única realidad verdadera. No obstante, los lectores de rostros tienen el privilegio de descubrir realidades distintas. Podemos incluso discernir, directamente de las proporciones de la oreja, qué tipo de realidad tiende a creerse la persona.

Así es cómo funciona: los *círculos internos* simbolizan el prestar atención a la realidad subjetiva, como los sentimientos, la espiritualidad y las creencias religiosas. Los *círculos externos* simbolizan el prestar atención a lo que se da en llamar realidad objetiva, como los datos sobre quién hizo qué, cuándo ocurrió y dónde. Los periódicos se ocupan de la vida objetiva. Las revistas literarias y otras publicaciones similares cubren la versión subjetiva.

¿Quién suele escribir para las publicaciones de tipo artístico? Suelen ser personas con círculos *predominantemente internos*: son los poetas, los artistas y los filósofos. Para estas personas profundamente sensibles, los sucesos tienden a ser metáfora. Piensa en los esfuerzos de John Bradshaw para popularizar el concepto de Niño Interior. Alguien con orejas iguales y opuestas diría: «¿Qué niño?, si tienes cuarenta años».

De modo que cabe esperar enormes círculos internos en personajes como W.B. Yeats o un Bertrand Russell, pero no en un George Washington.

El problema potencial de este rasgo es ensimismarse demasiado en uno mismo. Tal vez esa persona no crea demasiado en la «realidad», aparte de sus propias interpretaciones de ésta. Por ejemplo, considera por un momento la historia de una mujer cuyos círculos externos son tan pequeños que prácticamente no existen.

«Cuando tenía cinco años», contó Sally, «le dije a mi madre sin titubear: 'Si no me interesa una persona, para mí ni siquiera está en la habitación, eso es todo'».

A nadie le gusta sentirse ignorado. Alguien con círculos externos MUY predominantes tendrá dificultades a la hora de respetar a otras personas que no crean en la realidad objetiva.

Los *círculos de oreja predominantemente externos* revelan un talento en particular. Piensa en Mark Victor Hansen, el conferenciante que recopiló sus anécdotas en el libro *Sopa de pollo para el alma*. O más pintoresco, piensa en Betty Edwards, la educadora artística que anima a los estudiantes a observar antes de dibujar, evitando los símbolos y los atajos en su libro *Dibujar con el lado derecho del cerebro*.

En los círculos externos grandes, no obstante, no todo es de color de rosa. Es posible que no se valore la vida externa. Recuerdas cuando el candidato a la presidencia Michael Dukakis sostuvo un debate con George Bush? Cuando preguntaron cómo reaccionaría si su esposa fuera violada, Dukakis sorprendió a la nación con su respuesta tan poco emotiva. Pero nadie se habría sorprendido si hubieran tomado la precaución de leer sus orejas. Jamás he visto un ejemplo tan extremo de círculos externos predominantes.

Al igual que los políticos, los atletas profesionales dependen de su objetividad, y los círculos externos grandes son habituales, por ejemplo, en los atletas estadounidenses Babe Ruth y Ted Williams. El jugador de jockey Steve Cauthen pertenece a este grupo. Fuera del campo de juego, un magnífico ejemplo de orejas objetivamente densas es el explorador Thor Heyerdahl, medio atleta, medio explorador, y medio antropólogo.

Aunque las personas con enormes círculos externos tengan un problema con la sensibilidad, pueden gozar de un enorme éxito en su carrera debido a su afán por los datos. Prácticos, científicos y organizados: éstos son sólo algunos de los atributos de este rasgo.

Algunas de las orejas que observarás tendrán *un equilibrio entre círculos internos y externos*. Esto representa un talento para equilibrar la experiencia interna y externa. Si tú tienes este rasgo, tus amigos probablemente te alabarán como un interlocutor compasivo que utiliza sus conocimientos de manera práctica. El doctor Abraham Maslow tenía orejas así. Muy adecuadamente, él es el psicólogo que decidió centrarse en sujetos equilibrados en lugar de hacerlo en los enfermos. Se dio cuenta de que las «experiencias cumbre» (momentos de profunda realización subjetiva) pueden convertirse en una base para conseguir lo que se desee en la vida objetiva. Maslow se enteró de toda la historia.

P. ¿Y qué pasa con los bordes? Los míos parecen estar medio de vacaciones. ¿Debería preocuparme por ello?
R. Los *bordes de la oreja* representan un muro que separa la vida interna de la externa. Los *bordes de perfil bajo* no son motivo de alarma, aunque tienen que ver con hablar de cuestiones objetivas de manera personal, suponiendo también que tu verdad personal reviste un significado universal.

P. ¿Acaso esto no lo hacemos todos?
R. Sí, pero las personas con bordes de perfil bajo lo hacen con mayor frecuencia. Un ejemplo real de alguien con bordes de perfil bajo es James Whistler, famoso por su cuadro «Composición en gris y negro», más conocido como «La madre de Whistler». Las orejas del artista presentaban círculos internos muy profundos con bordes borrosos, lo cual ayudaría a explicar tanto su problema de subjetividad extrema (lo cual dio como resultado unos desafortunados pleitos) como su increíble sensibilidad a los matices de luz (que le dieron fama como pintor, la cual ha perdurado más que los interminables juicios). En cambio, las orejas de Ralph Waldo Emerson presentaban unos grandes círculos internos con *bordes MUY bien definidos*. Sus ensayos demostraron que era un maestro en validar la experiencia mística, ayudando a las personas a cambiar contextos y a aplicar su sabiduría de manera objetiva y práctica. Releed sus ensayos teniendo en cuenta esta observación y encontraréis muchas pruebas de ello.

Cuando el círculo de la oreja interna está definido con un borde MUY definido, es como si colocas un enorme cartel en el jardín de tu casa que advierta a los peatones: «No pasar». En la propiedad psíquica de esa persona, los espacios públicos y los privados no se invaden mutuamente. Este tipo de personas son muy buenas para mantener su visión personal en perspectiva. El poeta T.S. Eliot tenía unos enormes círculos internos protegidos por unos bordes monumentales. Este sentido innato de propiedad te ayuda a comprender cómo pudo haber escrito un verso titulado «¿Me atrevo a comer un melocotón?» El inventor Alexander Graham Bell tenía círculos internos MUY grandes protegidos por un borde igualmente bien definido. Resultó muy apropiado para el hombre que descubrió el teléfono, ya que demostró una capacidad profunda pero equilibrada para escuchar a los demás.

En cuanto al talento poco frecuente de un *borde de oreja protuberante*, simboliza una fascinación por las fronteras entre lo público y lo privado. Puedes observar este talento por televisión. En el programa de Oprah, la mujer que ha transformado los programas de entretenimiento. De manera consciente o no, su misión ha consistido en tomar sentimientos muy profundos y hablar de ellos de manera clara y contundente.

Oprah Winfrey elige a invitados cuyos testimonios rompen con las expectativas del espectador. Oprah ha hablado de temas tabú como el abuso sexual, el embarazo entre adolescentes, y los altibajos de las dietas para perder peso. Su don es crear un foro donde sea seguro reconocer la verdad, incluso si parece complicada, incoherente o caótica.

P. Mi abuela me contó que los lóbulos grandes significan sabiduría, y que por eso Buda suele representarse con grandes lóbulos. Otra persona me contó que los lóbulos grandes significan una larga vida. ¿Cuál de estas afirmaciones es cierta?
R. La parte más veraz de lo que acabas de decir es que, en efecto, las estatuas y cuadros de Buda suelen representarlo con lóbulos largos. En cuanto a la longevidad, recomiendo que investigues en una funeraria. Y en cuanto a la sabiduría, los lóbulos grandes significan sabiduría, pero también los lóbulos pequeños significan eso. Cada uno se especializa en un tipo distinto de sabiduría.

Para interpretar, ayuda saber que los *lóbulos* simbolizan prestar atención a la realidad física.

P. Pero yo creía que los círculos externos trataban de hechos. ¿Acaso no es lo mismo?

R. En realidad, no. La *realidad factual* trata de la importancia, el sudor, la masa, el vestido, los datos sobre estar en forma física. Por ejemplo, Taylor tiene el hobby de coleccionar estadísticas sobre baloncesto. Estos son hechos (cuestiones típicas de círculo de oreja externo) acerca de carreras completas, pases robados, etcétera.

En cambio, la *realidad física* trata del lado visceral. ¿Cómo está el campo de juego? ¿Cómo les quedan los uniformes a los jugadores? ¿Qué jugador parece pasarlo mejor escupiendo? Debido a las asociaciones terrestres con los lóbulos, vamos a reservar los detalles de este tema para el capítulo «Sexo».

ALERTA DE SIMETRÍA

Ahora que ya has descubierto dos tipos de misterios faciales, el de las cejas y el de las orejas, ya no eres un lector de rostros novato. Empiezas a captar información de partes del rostro que antes te parecían inesperadas. Creedme, la diversión acaba de empezar. Puesto que vuestra capacidad detectivesca va creciendo rápidamente, ahora es un buen momento para reforzar vuestras habilidades con un matiz extra. Quién lo diría: parte de vuestro trabajo detectivesco más impresionante tiene que ver con algo de lo que muchas personas se sienten secretamente avergonzadas, lo niegan, o simplemente no lo ven.

En una palabra, que la gente está «ladeada».

Antes de que empieces a gritar horrorizada y corras a esconderte, debes saber que, para un lector de rostros, esto no es necesariamente algo malo. Resulta fascinante, revelador y muy humano.

Los lectores de rostros lo llaman con el nombre técnico de **Asimetría**. Categoría por categoría, y rasgo por rasgo, los rostros presentan diferencias según observes un lado u otro.

El tuyo es asimétrico, por ejemplo. Demuéstratelo a ti mismo. Mírate en un espejo. Cubre un lado del rostro con una hoja de papel. Verás una ceja, un ojo, la mitad de la nariz, etcétera. Ahora cubre el otro lado con el papel. Los lados izquierdo y derecho son distintos, podrían pertenecer a personas distintas.

P. ¿Y por qué ocurre esto? ¿Debería acudir de inmediato al cirujano plástico más próximo?
R. Espero que no. La *asimetría* no es un error. Más bien se trata de un proceso de evolución. Las caras de los bebés casi siempre empiezan siendo asimétricas. El cambio se produce gradualmente. Y cada cambio tiene una razón de ser.

El *lado derecho* del rostro representa tu ser público, la primera impresión que das a los demás y cómo te relacionas con tu trabajo. El *lado izquierdo* revela tu ser privado, cómo te relacionas con tu familia y tus amigos.

Los bebés no gozan de mucha privacidad. Incluso cuando babean se convierte en una experiencia compartida. Pero a medida que crecemos adquirimos la habilidad de presentarnos en público. Una palabra que lo define es sofisticación. Otra es autoprotección. Durante tus años de adolescente, me apuesto algo a que te costó desarrollar una fachada social. Por tanto, por pura autodefensa, la gente desarrolla dos tipos distintos de actuación: una versión pública, para desconocidos; una versión privada, para los amigos.

Y esta es la parte más fascinante. Donde ambos estilos difieren, precisamente en la zona facial correspondiente, ahí es donde tu rostro presenta la asimetría. Cuando seas lector de rostros avanzado, querrás comparar y contrastar. Pero por ahora, la manera de abordar la simetría es mucho más sencilla:

– Para asuntos **comerciales**, lee la parte derecha del rostro.
– Para las **relaciones**, lee la parte izquierda.
– Y siempre, cuando observes el lado izquierdo y derecho de una persona que esté frente a ti, recuerda que debes cambiar la orientación mentalmente, como si te dieras la mano derecha con la mano derecha de la otra persona.

P. ¿Soy la única persona aquí que se siente abrumada? Ahora está la asimetría por encima de todo lo demás. ¿Cómo me las arreglaré para acordarme de todo?

R. Con paciencia. Aunque ahora estoy presentando una vista panorámica de todo, desarrollar la habilidad de la lectura del rostro requiere tiempo y práctica. Esta es la típica secuencia de aprendizaje:

1. Tienes la intención de realizar una lectura de rostro. Buscarás información física de un rasgo del rostro de manera exclusiva, de modo que deja las distracciones (como el pintalabios en los dientes de una mujer o los hábitos de mirada de tu viejo rostro preferido) para después.
2. Ve despacio, a fin de observar un rasgo cada vez y no te desesperes. Las orejas y otras partes del rostro te esperarán de una forma bastante tranquila.
3. Lee un lado del rostro cada vez, hasta que te sientas preparado para abordar la simetría. Para asuntos comerciales, lee el lado derecho del rostro. Para las relaciones, lee el lado izquierdo.
4. Observa si el rasgo que has hallado es MUY PRONUN-CIADO, lo cual influirá en tu interpretación.
5. Cuanto sientas que estás preparado, añade profundidad a tu lectura teniendo en cuenta la asimetría.

P. Por favor, ¿podrías darnos un ejemplo de cómo interpretar la asimetría?

R. De acuerdo, tú serás el ejemplo. ¿Alguna vez te has dado cuenta de que tus orejas tienen una posición distinta?

P. ¿Quieres decir que existe una razón por la cual mis gafas tienden a caerse hacia un lado? En efecto, tienes razón. El lado izquierdo es bajo, con el lóbulo que cae por debajo de la punta de la nariz. Pero el lado derecho es alto, queda por encima de la ceja. ¡Madre mía! ¿Qué quiere decir esto?

R. Durante tu actividad laboral tomas decisiones rápidas y apropiadas. Pero en elecciones personales, tales como si debes permanecer en ese trabajo, o dónde vivir, creo que eres mucho más minucioso antes de decidirte por algo.

R. Tienes toda la razón. Es curioso, la forma en que siempre me lo explicaba era que con las decisiones sobre mi vida personal me estoy gastando mi propio dinero, así que voy con más cuidado. ¿Qué opinas sobre este tipo de interpretación?

R. La vida consta de muchos niveles. La ventaja de interpretar desde el nivel de la lectura de rostros es que los significados se van sumando. De la misma forma que quieres acumular ahorros en tu cuenta bancaria, la lectura del rostro te ayuda a acumular riqueza en tu cuenta de sabiduría.

A partir de ahora, cuando conozcas a personas con orejas caídas, entenderás algo sobre cómo toman las decisiones. Esto será así tanto si se trata de personas ricas o pobres, consumistas o no. (Y el aspecto del consumismo, como verás, en realidad se refleja en una parte distinta del rostro).

Puesto que trabajas en el sector comercial, te ayudará saber cómo un posible cliente toma decisiones, y cómo se gasta el dinero. La suposición de que «la gente es prudente a la hora de gastar su dinero» no es necesariamente cierta siempre. Se trata de un aspecto del estilo personal, y ¿no te encantaría aprender a leerlo? Lo encontrarás en el capítulo sobre tipos de nariz. Antes, sin embargo, hablaremos del rasgo más popular.

6

LOS OJOS

Los ojos son muy especiales. Nos llaman la atención la mayor parte del tiempo, tanto si contemplamos románticamente su color o buscamos con afán su expresión o su mirada conmovedora. Pero, a menudo, la forma en que observamos los ojos nos limita. ¿Y las verdades que podemos leer si observamos ligeramente hacia otro lado, es decir, *alrededor* de los ojos? Las partes secas, la estructura, pueden contarnos mucho sobre los distintos aspectos de la persona. La «verdad» escrita por todo el rostro de una persona con su expresión puede ocultar, o incluso contradecir descaradamente a la verdad de la fisonomía, que es la verdad real y a largo plazo.

Tal vez no resulte muy romántico, pero si actualmente yo estuviera soltera, me fijaría más en los párpados que en los ojos de mis posibles parejas. E, independientemente de su estado civil, los oteadores de personas encontrarán en esta parte del rostro una fuente inagotable de fascinación: podrás comparar la expresión (que las personas se esfuerzan por controlar) con una realidad más profunda (que la mayoría de las personas no pueden en absoluto controlar).

Especialmente porque ya crees que sabes bastante sobre todo lo que hay que ver sobre ojos, este capítulo te hará pensar dos veces, quizás incluso parpadear dos veces. Lo más sorprendente de todo es que probablemente descubras cosas que jamás habías advertido acerca de *tus propios ojos*.

LA CURVA DEL PÁRPADO INFERIOR

La intensidad de la curva de tu párpado inferior es algo que no se suele advertir, a menos que seas una mujer decidida a causar una gran impresión embadurnando cada pestaña con rímel. Cuando estudies este aspecto infravalorado de los ojos, descubrirás que puedes cambiar con bastante facilidad la forma de esta curva. Hazte con un espejo y obsérvalo tú mismo como si estuvieras actuando en dos películas cortas, que yo dirigiré.

La película número 1 es un melodrama titulado «El orgullo, la gloria y la muerte espantosa». Tú, sea cual sea tu sexo, desempeñas el papel de hermosa heroína.

Se trata de una película muda y el argumento es bastante predecible, de modo que vamos a pasar a la última escena. Vaya, te han atado a la vía del tren. Cuando miras hacia arriba, ves al villano que se inclina hacia ti, aparentemente para reírse de tu dolor, pero principalmente para oirte pronunciar tus últimas palabras.

Lee lo siguiente con emoción:

«¡Bestia salvaje! Yo confiaba en ti. Ahora me doy cuenta de que mentías cuando me dijiste que querías utilizar la escritura de mis bienes para abanicarte. Por supuesto que rechacé tus propuestas de matrimonio. Pero tú, monstruo abominable, ignoraste mis negativa.s Y después, incluso peor que haberte quedado con mi hogar y mi ganado, cometiste lo imperdonable. Leíste mi diario. ¡Cómo vas a sufrir algún día!»

Este es el tema. Apretando tus delicados puños, observas al villano con todas tus fuerzas. Siente la indignación y la rabia.

Bien.

Ahora congela tu expresión. Mírate en el espejo y fíjate en la forma de tus párpados inferiores.

Respira hondo, devuelve tus partes faciales a la posición normal. Ahora prepárate para la película número 2, una agradable historia familiar titulada «Lujurioso frenesí en Villa Valentine».

Esta vez debes adoptar tu propio sexo y persuasión sexual. Una vez más, tú eres el principal objeto de amor. Y una vez más, el argumento es bastante predecible. A conoce a B. Se enamoran. Huyen. Ahora su pasión parece estar hirviendo a fuego lento, posiblemente se ha evaporado hasta el punto de quemar la sartén.

No os preocupéis, ahora viene la emocionante conclusión. De forma muy inesperada, tu otra estrella de reparto declara un amor apasionado, oculto y desesperado hacia ti.

Vaya, ¿mencioné que tú escogiste al otro protagonista? Haz que sea alguien absolutamente adorable. Imagínate que estáis juntos y fundidos en un abrazo. Estás en una posición ideal para investigar algunos datos concretos:

Imagínate que estás observando los ojos del objeto de tu amor mientras que formulas una pregunta muy importante: «¿Dices que de todas las personas que has conocido en tu vida, yo soy el más atractivo, inteligente, generoso, amable, creativo y santo? Dime, ¿cuándo te diste cuenta de ello?»

Siente la emoción, recuérdalo, siente la emoción.

Quédate quieto. Y fíjate en tus párpados inferiores en este momento.

Estas escenas tienen mucho que decirte acerca de la curva de tu párpado inferior. (Suponiendo que puedas gesticular mucho cuando actúas. De lo contrario, me temo que tendrás que volver a la escuela de teatro).

– En algunas situaciones, como en la película número 2, puedes lanzar una mirada sentimentalera. Los párpados inferiores *curvos* pueden curvarse mucho, hasta el punto de que parece que los ojos están rodeados. Generalmente, adoptas esta posición cuando estás enamorado, sientes curiosidad, eres vulnerable, o muy abierto emocionalmente.

– En otras situaciones, como las de la película número 1, puedes estrechar tus ojos. Esto crea unos párpados inferiores **rectos**, que reflejan cautela, sentimientos heridos, sospecha, timidez u otras emociones relacionadas con un desenlace emocional general.

– Sí, hay ciertas ventajas en tener los ojos completamente redondos (10 en una escala de 1 al 10), pero también existen ventajas distintas en ojos que son completamente rectos (1 en una escala de 1 al 10). Lo mismo ocurre con los ojos de posición media, que son **moderados** según el grado de rectitud o curvatura (5 en una escala de 1 al 10).

Querrás saber el significado de estas cantidades distintas de curva del párpado porque cada uno de nosotros presenta una forma «por defecto», como si fuera tu programa de procesador de textos favorito. Sin duda alguna, podrías cambiar a una fuente de treinta puntos. Pero probablemente un tipo de fuente más estándar, como una de doce puntos, aparecerá en pantalla y se quedará allí hasta que cambie la posición. Asimismo, tus párpados inferiores tienen una posición «por defecto». Y eso es a lo que os invito a leer ahora mismo. (Como siempre, recuerda que debes observar con sinceridad. Es importante). En una escala de 1 al 10, ¿cómo calificarías la cantidad de la curva en cada uno de tus ojos?

La curva de párpado, cuando no estás actuando, revela cuánto te extiendes emocionalmente ante nuevas personas que entran en tu vida. Tu puntuación de la curvatura del párpado derecho indica cómo tratas a personas desconocidas en tu ámbito de trabajo. La curvatura del párpado izquierdo simboliza tus relaciones con personas nuevas que pruebas como amigos.

Los párpados inferiores *curvados* oscilan en una puntuación de entre ocho a diez, siendo el diez la versión más curvada. Los párpados curvados indican una gran predisposición a «estar aquí y ahora» con otras personas, incluso con completos desconocidos. Tratan a todo el mundo como un potencial maestro y están dispuestos a aprender.

El presidente Franklin Delano Roosevelt ejemplificó esta actitud abierta. Se dice que llegó a conocer a cinco mil personas de una sola vez. Si nos remontamos más atrás en la historia, encontrarás una actitud igual de abierta en el hombre de la gravedad, Isaac Newton; en el experto de cielos e infiernos, Dante; y en Noah Webster, el autor del primer diccionario estadounidense. Un ejemplo más contemporáneo es el del activista argentino por los derechos humanos, Adolfo Pérez Esquivel; ha conseguido mantenerse abierto a pesar de todo el sufrimiento que tuvo que presenciar.

Así pues, ¿qué ocurre con los párpados inferiores curvados? A veces son crédulos. Y siempre son vulnerables. La sensibilidad infantil puede herir, y esta es la razón por la cual muchas personas han decidido perderla.

Curva del párpado inferior (en una escala de 1 al 10)

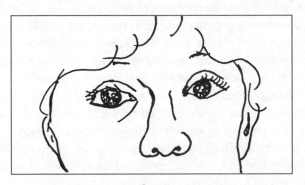

Curvado

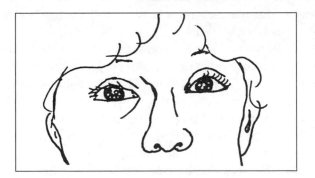

Recto

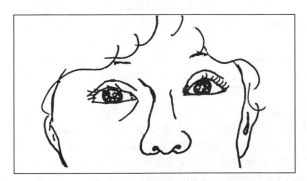

Moderado

Las personas con párpados inferiores *rectos* poseen un conjunto completamente distinto de talentos. En primer lugar, juzgan excelentemente lo que muchas personas tardarían mucho tiempo. Lo normal es que juzguen a desconocidos en el plazo de unos breves segundos, y la mayoría son de su agrado. ¿Por qué invertir en personas que son emocionalmente absorbentes o distraídas? El desafío, desde luego, es el riesgo de no sólo ser perspicaz, sino crítico. Algunas personas con un potencial perfectamente bueno pueden acabar en la basura. Pero, en la parte positiva, nunca tendrás un amigo más leal que un 1. Si tienes varios amigos con ese rasgo, sabrás por qué. Dado el examen que esas personas te piden que apruebes, si lo apruebas seréis amigos de por vida.

Aunque sólo sea para divertirte, pregúntale al próximo 1 que conozcas: «¿Durante cuándo conoces a tu mejor amigo?» «Desde el parvulario» es la respuesta típica.

Políticos con un 1 son el ex presidente George Bush y su vicepresidente Dan Quayle, ambos famosos por su extrema lealtad. Los párpados inferiores del reverendo Jesse Jackson te sorprenderán porque la parte superior de sus ojos es muy curva. Antes de leer un rostro, uno supone que los párpados inferiores y superiores presentan el mismo ángulo. Quizás empiecen así, pero en realidad se trata de una parte extremadamente flexible del rostro.

Cuando Hillary Clinton pasó a ser Primera Dama, la curvatura inicial de su párpado inferior era un 10. Cuando se marido inició su segundo mandato como presidente, el sector crítico del público estadounidense había trabajado incansablemente para humillarla; la confianza social de Hillary menguó... hasta el 1.

Puesto que los políticos son criticados con tanta frecuencia y brutalidad, no es sorprendente que desarrollen esa astucia. Lo que más sorprende es cómo muchas estrellas de cine conocidas por proyectar una imagen sexy, son igualmente inaccesibles. Kim Basinger, Madonna y Cher siguen el ejemplo prudente de Marilyn Monroe.

En cuanto a los hombres, esperarías ver un 1 en tipos duros como Clint Eastwood y Jack Nicholson, pero tendrás que fijarte bien para darte cuenta de que lo detectas en ídolos de cine como Tom Cruise y Luke Perry.

Las personas con curvatura *moderada* del párpado (4-7) han aprendido algunos trucos prácticos para protegerse a sí mismas. Se cierran durante la fase de examen cuando conocen a un persona, pero son abiertos para permitirse más amistades que las personas demasiado cautelosas. La estrategia para el éxito que defiende el psicólogo David Burns implica desarrollar una estrategia para Sentirse Bien con el fin de combatir la baja autoestima y la depresión. Burns enseña a sus clientes que deben estar abiertos, pero a un nivel *manejable*. Esto sigue el ejemplo de su curvatura moderada de párpado.

P. ¿Cómo puedo utilizar la información de la curvatura del párpado para mejorar mi vida social?
R. Fíjate en tus ojos y acepta los puntos fuertes de tu estilo personal.

- Si eres desconfiado, no quieras entablar una estrecha amistad al instante. La única forma en que alguien con 1 o 2 puede hacer eso es enamorándose de una fantasía. La gente debe ganarse tu confianza, que es una forma totalmente válida de funcionar.
- Y a la inversa, si la curvatura de tu párpado es máxima, debes saber que eres una presa fácil del amor. ¡Despacio! También, no te hará daño reflexionar y ver si sigues dolido por relaciones decepcionantes. Ese tierno corazón tuyo puede necesitar sanación a menudo.
- Con una curvatura mediana, felicítate por tu adaptación social. No esperes que todas tus citas desarrollen la misma facilidad al tratar con desconocidos. Míralos a los ojos y baja ligeramente la mirada. El grado de la curvatura te ayudará a saber cómo manejar el ritmo de la relación.

PESTAÑAS Y BULTOS

¿Recordáis a Puff, el Dragón Mágico? A pesar del tono alegre de su canción, generalmente los dragones no son famosos por su encanto. Es lo mismo que ocurre con los bultitos de piel que se forman sobre algunos ojos. Al igual que cualquier rasgo facial, simbolizan talento pero, en la mayoría de rasgos, se cobran un precio muy alto.

La mayoría de nosotros no tiene esos bultitos. No hay que confundirlos con rasgos oculares más habituales de los que hablaremos después: poco grosor del párpado, párpado único, y ojos hundidos. Esos bultitos son una capa extra de carne que nace por debajo de la ceja y cubren parte de lo que hay debajo.

- La capa **de nivel bajo** cubre parte del párpado.
- La capa **muy gruesa** ha crecido tanto que cubre parte del ojo en sí.
- Probablemente no tienes **ninguna** capa. Por encima de los párpados todo está libre. Incluso un día en que zonas por encima y debajo de tu ojo sobresalen un poco, no hay ninguna capa delicada de carne que tape parte de tus párpados o de tus ojos.

Lo más habitual es que la causa de esas pequeñas protuberancias sea una cierta dejadez de uno mismo por centrarse demasiado en otras personas, ya sea porque quieres su agrado, o porque deseas ayudarlas, o sacarles dinero, o lo que sea.

La persona que presenta estas capas o bultitos no presta atención a los pequeños mensajes de su cuerpo físico, como por ejemplo «quiero una siesta» o «salgamos de esta oficina o necesito jugar».

Si prosigue este descuido personal, esas capas se hacen más grandes. Esas bolas que cubren parte de los ojos significan una ceguera ante la propia salud. Si te sientes tentado a acudir corriendo a un cirujano plástico para que te lo arregle, ¿por qué no te planteas curar la causa de esa cascada facial? Las alergias no diagnosticadas, por ejemplo, suelen crear esas capas. Los acupuntores, los nutricionistas y los homeópatas pueden ayudarte a escuchar lo que tu cuerpo ha estado tratando de decirte, y a deshacerte de eso que acapara tu atención. (Esto es así tanto si tus ojos presentan estas capas por encima del ojo, o bolsas debajo).

Aparte de posibles avisos relacionados con la salud, esos *bultitos* demuestran una enorme implicación en tu carrera. Dan empuje a una persona, alguien dedicado a su logro personal. Irónicamente, el desafío relacionado con este rasgo también puede contribuir al éxito, aunque pocas personas lo elegirían voluntariamente: la irascibilidad. Un ejemplo de ello es Joe Girard, considerado el

Pestañas

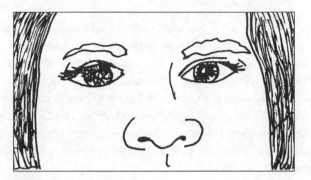

Ninguna

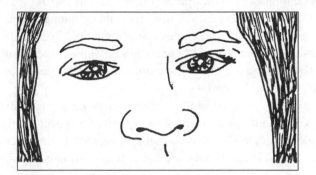

Nivel bajo

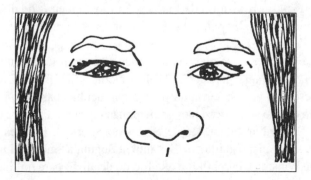

Muy gruesa

mejor vendedor del mundo en el libro *Guinness*. Su rostro indica que es un tipo encantador, pero que no es alguien que aguante tonterías.

Para capas de *nivel bajo*, interprétese una irascibilidad de bajo nivel. Los pequeños errores se encuentran con poca tolerancia. Algo bueno para corregir una gestión demasiado permisiva. Los críticos equilibran a las personas poco realistas. De modo que hay que dar las gracias a personas como Nancy Austin y Tom Peters, coautores de *Pasión por la excelencia* y ambos portadores de modestas protuberancias en los ojos. Tal vez una versión de este rasgo un poco más pronunciada ayudó al actor John Wayne a lanzar bravatas en los corazones norteamericanos.

¿Es casualidad que las páginas de *Forbes* estén llenas de fotografías de millonarios con ligeras protuberancias en los ojos? Creo que no, pero si deseas verificar la eficacia de un temperamento irritable, ¿por qué no se lo preguntas a sus contables? Podrías decirles que eres un estudiante que está haciendo una investigación sobre el tema. Necesitas saber si su temperamento se corresponde con sus abultadas cuentas bancarias.

La cosa es más confusa con las personas que tienen este rasgo muy pronunciado, hasta el punto en puede entorpecer la visión. Teniendo en cuenta el resto de la cara, puede representar una pasión por un elevado nivel de autoexigencia, junto con una irascibilidad crónica, estar siempre a la defensiva, e incluso egoísmo y deshonestidad. Puedes leer *todo* eso en el rostro de Rasputín, el siniestro monje ruso. En la historia de Estados Unidos, muchos de nuestros presidentes menos populares presentaban protuberancias enormes debajo de sus cejas.

La verdad es que algunas personas presentan las protuberancias más extravagantes, aunque las lucen con estilo. Ese rasgo puede ser esencial para su encanto, puesto que oculta el aspecto menos bello de cuánto se esfuerzan estas personas por tener éxito. ¿Habría creado Sir Arthur Conan Doyle el mismo Sherlock Holmes si no hubiera sido tan quisquilloso? Durante la Segunda Guerra Mundial, la ira de Winston Churchill fue una fuente de alivio para millones de personas.

P. Sin querer parecer sexista, me da la impresión de que los hombres suelen presentar este rasgo más pronunciado. ¿Existe algún equivalente femenino?

R. Bueno, todos tenemos nuestros malos momentos. Y tienes razón en que los hombres presentan este rasgo con más frecuencia que las mujeres, especialmente en su variedad más pronunciada. Sin embargo, mi sexo compensa esa diferencia con unas **pestañas finas**.

Para los humanos, las *pestañas* son como los bigotes de los gatos –sensibles mecanismos de exploración. En el caso de los humanos, no los utilizamos para explorar físicamente. Sin embargo, nuestras pestañas reflejan nuestra sensibilidad fisiológica. Cuanto más finas, más irascible es la persona.

Por tanto, una persona con pestañas *finas* está dispuesta a reaccionar, tanto si eso significa ser tan susceptible como un gato o ladrar como un gato... y concretamente quiero decir uno de esos perritos nerviosos que pueden ganarse el cariño siendo un «perro faldero», pero que también *muerde*. No es que estas señoras te vayan a morder, literal o figurativamente. Pero es posible que se pongan muy irritables. El talento es la sensibilidad, que puede expresarse de manera deliciosa, como el sentido exquisito del olfato de un gourmet o la capacidad de un pintor para elegir el color.

La distancia entre los ojos

Esta es tu oportunidad para adivinar un rasgo facial. Dado que la distancia entre los ojos guarda relación con... espera un minuto. Primero necesitas distinguir el rasgo físico.

- **Distancia entre los ojos** significa cuán cerca están los ojos entre sí.
- **Ojos con poca distancia** están muy juntos, a ambos lados de la nariz.
- **Ojos muy alejados** se separan como primos lejanos, uno bastante separado a un lado, y el otro en su lado contrario.

Recuerda, la mayoría de las personas tiene ojos **medios**, un rasgo que no vale la pena leer. Así que evita entrecerrar los ojos, echar un vistazo y medir desesperadamente con tus dedos para dilucidar una distancia entre ojos. A menos que la cercanía o la distancia sean muy evidentes, busca un rasgo distinto (también en una persona distinta, pues el desconocido cuyo rostro has estado midiendo con tu dedo probablemente habrá huido de la habitación temiendo por su vida).

Así pues, ¿qué opinas sobre el significado de la *distancia entre los ojos*? ¿Tiene que ver con algo sobre la perspectiva consciente, pero qué?

Anótate un punto si has adivinado lo de la amplitud de miras.

Si estás calculando con empeño cuántos milímetros corresponden a cada clase de distancia entre ojos, no te anotes ningún punto, pero probablemente habrá que reconocerte el mérito por tener *ojos juntos*. ¡Las personas con otra distancia de ojos dejarían de calcular los milímetros!

Cuando tus ojos están muy juntos, tienes la capacidad de concentrar tus esfuerzos. Con cualquier aspecto de la vida que te preocupe, no hay nadie que perciba más detalles que tú. Nada ni nadie se te escapa.

Por tanto, eres excelente con los trabajos artesanos o cualquier actividad que requiera concentración y discernimiento. Ejemplos de ello son el orfebre Paul Revere, el poeta William Safire, el autor de libros infantiles Dr. Seuss, la cantante Kiri Te Kanawa y el guitarrista Mark Knopfler.

Los jugadores de golf debéis saber lo siguiente: el único ejemplo que he encontrado de un rasgo facial relacionado con la excelencia en cualquier esfuerzo humano se aplica a vuestro deporte. Es difícil encontrar un jugador de primera categoría sin al menos un ojo muy cerca de la nariz. Ejemplos de ello son Tiger Woods, Nick Faldo, Jack Nicklaus, Amy Alcott y Tommy Armour.

P. ¿Y por qué el golf? ¿Por qué la distancia entre los ojos?
R. Los golfistas deben discernir detalles relativos a la potencia y la inclinación de sus golpes. Me imagino que las capacidades distintivas extrafinas de los ojos juntos compensan. Naturalmente,

Distancia entre los ojos

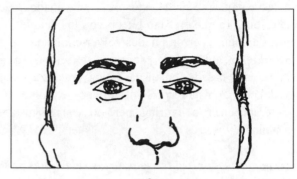

Cerca

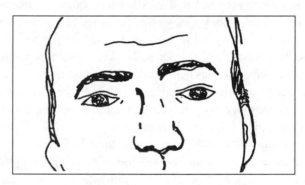

Lejos

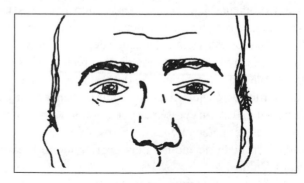

Distancia media

la corta longitud entre ambos ojos no garantiza el éxito en el golf. También tienes que saber darle a la bola. ¿Qué desventajas presentan estos ojos tan afinados? Cuidado con la crítica. Ya que eres tan bueno con los detalles, cuando empiezas a notar un error, puedes volverte impaciente y pesado. «Seinfeld», un exitoso programa de televisión, genera muchos chistes basados en buscar fallos, gracias a los ojos tan juntos del protagonista Jerry Seinfeld. Ver ese programa es una de mis terapias de risa favoritas, pero no sé si me gustaría quedar con él. ¿A vosotros sí?

P. ¿Qué nos puede decir en el terreno de las relaciones a quienes hemos dado el paso de casarnos con un marido de ojos juntos?
R. Asómbrate con su capacidad de observación. Y ríete del resto. En cuanto a cónyuges y otras personas con ojos separados, no esperes fijarte en los detalles y poner los puntos sobre las íes. Ya te basta con recordar acabar las frases con punto final. En cualquier caso, las personas con ojos separados dejan espacio entre palabras, especialmente si tienen cejas precursoras. Son buenos en eso, y convierten cualquier aparente ambigüedad en algo que merece la pena.

Son los guardabosques que ven toda la zona. Pensad en William Fullbright, un hombre con miras y ojos muy separados. Cuando fue presidente del comité de relaciones del senado de Estados Unidos, dirigió las críticas a la intervención militar extranjera. Margaret Sanger se situó a la vanguardia de su tiempo cuando entendió la necesidad de que los métodos anticonceptivos estuvieran al alcance de las mujeres. También la autora Marilyn Ferguson, una de las precursoras de la filosofía Nueva Era. La imaginación desbordada también ha guiado al escritor de ciencia ficción Arthur C. Clarke, muy conocido por su «2001, una odisea en el espacio». Kurt Gödel es un héroe para los matemáticos. La editora Grace Mirabella ha creado la revista de modas más gráficamente creativa de Estados Unidos.

Las personas con ojos muy separados pueden demostrar talento para sentar precedentes. La compositora Ellen Zwilich marcó el precedente de ser la primera mujer en ganar un premio

Nobel. Paul Laurence Dunbar se convirtió en el primer escritor afroamericano en alcanzar renombre nacional.

P. ¿Quiénes cree que son más románticos, los hombres con ojos separados o juntos?

R. Las citas con hombres de ojos separados serán más románticas, pero las de ojos juntos serán más prácticas. Suponiendo que tu romance dure una temporada, también esa cualidad te va a parecer encantadora.

La profundidad de los ojos

Mientras miras tus ojos en el espejo,merece la pena que observes **su profundidad**. La apreciarás más fácilmente de perfil. Sitúa la ceja. Debajo hallarás la parte superior de la cuenca orbital. ¿No te alegras de que tus globos oculares no tengan que cambiarse de vez en cuando como si fueran bombillas? Cuando te instalaron los tuyos, ¿qué ángulo formaban?

- En un extremo encontrarás los ojos **profundos**
- Los el otro extremo son **saltones**
- La mayoría de los ojos son de profundidad **media**, y es un rasgo que no merece la pena leer.
- ¿Ojos vidriosos? Tal vez sea un rasgo temporal, producido por ver demasiado la **televisión.**

P. ¿No es cierto que los ojos saltones están provocados por una enfermedad de la glándula tiroides?

R. Sí, podría ser. Recuerda, sin embargo, que la vida está compuesta de muchas capas. Lo importante, desde una perspectiva de lectura del rostro, es el significado de un rasgo. De modo que tus preocupaciones sobre los ojos saltones debes comentárselas a un médico pero, en calidad de fisonomista, debes aprender el significado interno del rasgo.

La *profundidad* de los ojos revela implicación al participar en una conversación. Este es un rasgo que normalmente guarda estrecha relación con el lenguaje corporal. El propietario de

Profundidad de los ojos

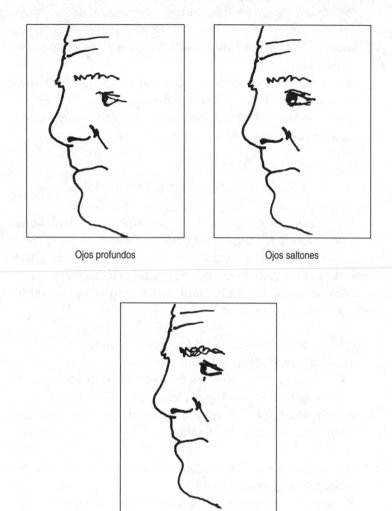

Ojos profundos   Ojos saltones

Profundidad media

ojos *profundos* entabla conversación con facilidad, como si se recostara en su silla mientras te escucha. Esto sugiere una implicación a la expectativa. Te advierto que también refleja cierta actitud fanfarrona, y no sólo cuando juega al póquer.

¿Cuál es la reacción interna de la persona? No se sabe. Detrás de esa sonrisa educada, tu amigo o amiga puede estar aburrido. Lo más habitual es que la emoción secreta oscile de un cauto escepticismo a un silencioso ridículo. No siempre hay engaño. Simplemente una brecha entre lo que se siente internamente y lo que se reconoce externamente.

P. Bien, ¿cómo hay que venderle a una persona con ojos profundos?
R. Ve al grano. Describe tu producto o tu servicio con el mayor número de datos posibles.

El desafío de las personas con ojos hundidos es que dejan una brecha demasiado grande entre la fachada que proyectan y su verdad interior. Cuando esa distancia es demasiado grande, pierden un tipo importante de autenticidad.

En cuanto a su lado positivo, esta facción de los ojos se relaciona con una reserva que puede ser especialmente útil en las ventas u otros aspectos del mundo comercial. A mí me encanta este comentario de Samuel Curtis Johnson, un hombre de ojos hundidos y una personalidad muy útil a la hora de diversificar los productos de su negocio familiar más allá de la cera Johnson's.

«Pulimos los suelos y los muebles, limpiamos alfombras, sacamos polvo, perfumamos ambientes y enceramos coches viejos. Y cuando te pica un mosquito, recuerda que sonrío».

Sin lugar a dudas, sonreirá en el interior, pero ¿mostrará su sonrisa? En cambio, alguien con ojos *saltones* te dejará ver cada milímetro de su sonrisa. Prefiere implicarse totalmente.

El lenguaje corporal podría postrar a alguien que literalmente se sienta en el borde de su asiento. Si perteneces a esta categoría, sabes que tu evidente interés por la conversación no es nada comparado con tu estado interior. Estás total y verdaderamente implicado en el momento.

Un consejo de sabios: cuando habla una persona con este grado de implicación, no interrumpas. De lo contrario, tus palabras serán interpretadas como un intento por acallar las suyas. Por ejemplo, la ex primera dama Barbara Bush, demostraba un alto grado de implicación personal cuando hablaba con la gente. Esa personalidad tan comprometida reflejaba su compromiso interno.

LA ESTRUCTURA DEL PÁRPADO

Si ahora estuvieras en mi clase, te invitaría a hacer una pausa conmigo. En mi programa de lectura de rostros profesional, uno de nuestros momentos más divertidos es caminar por la clase haciéndonos muecas.

Comparados con los niños, los adultos somos bastante inhibidos a la hora de hacer muecas, como aprovecharnos de las más de setecientas maneras de estrujar los labios; explorar los especiales efectos humorísticos que se crean cuando dejas que tus dedos participen de esas muecas; aparte de la deliciosa variedad de maneras en que puedes retorcer tus labios y tu nariz hacia un lado del rostro. Trata de hacer algunas muecas en este momento, si te atreves. Es algo bueno. No te creas lo te debieron decir de niño, «deja de poner esa cara o te vas a quedar así».

Sin embargo, ni siquiera los adultos más desinhibidos son propensos a experimentar con una mueca que es sumamente popular entre los niños. La próxima vez que conduzcas un coche lleno de críos, mira por el retrovisor lo que sucede cuando empiezan a tirar de los párpados hacia fuera. (Teniendo en cuenta que los adultos no tienen los cuerpos flexibles de los niños, este tipo de diversión puede ser peligrosa para nosotros; NO recomiendo que tú pruebes este truco, aunque tu niño interior esté muy liberado).

En general, los adultos ignoran los párpados. Muchos de nosotros todavía no nos hemos dado cuenta de que la **estructura del párpado** humano es de dos categorías distintas. Esto es, cuando observas cómo la piel del párpado se cierra, encontrarás alguna de las siguientes posibilidades:

– Un **único párpado**, donde la piel une directamente la ceja al ojo, o
– Un **párpado doble** que se dobla formando un pliegue en la cuenca del ojo.
– Si encuentras un pliegue **central**, es que te estás fijando en alguna foto de revista. ¡Sinceramente! Vuelve a la clase de rostros.

Estructura del párpado

Párpado único

Párpado doble

P. ¿Lo que tú denominas párpado único contribuye a tener ojos rasgados, como los los chinos?

R. Esto es lo divertido –aunque típicamente un debate sobre «ojos rasgados» es más ofensivo que divertido si tus ojos son los que se debaten. Lo que se da en llamar «ojos rasgados» no son así en absoluto. Como mínimo, no son más rasgados que los ojos marrón oscuro y enmarcados por piel morena. Teniendo en cuenta que eres humano y tienes un par de ojos, tendrán cierta inclinación. También la tiene tu boca, tus cejas y otras partes del cuerpo. Cuando más adelante hablemos del ángulo de los ojos, descubrirás que el ángulo es algo totalmente distinto de la estructura del párpado.

Cuando seas lo suficientemente valiente para mirar, realmente mirar sin estereotipos, no encontrarás nada raro en los ángulos oculares de tus amigos asiáticos. Lo que probablemente encuentres es un párpado único. En Estados Unidos, en comparación con ciertas zonas de Asia, tener este rasgo te ubica en un grupo minoritario. Si no perteneces a este grupo, fíjate discretamente en la próxima persona que sí pertenezca a esta categoría. Finalmente te acostumbrarás a ese rasgo.

La *estructura del párpado*, al igual que el grosor del párpado (a lo que pasaremos a continuación) da información sobre tu perspectiva vital.

Los *párpados únicos* tienen que ver con la expectativa de que, como persona, estás estrechamente vinculado con los demás. En cambio, los *párpados dobles* suponen que estás, ante todo, separado.

¿Es una coincidencia que Estados Unidos, el país de la libertad y el individualismo, fuera fundado por personas con párpados dobles? ¿Es una coincidencia que Japón, un país fundado por personas con párpados únicos, tenga en alta estima el llevarse bien?

Creo que no es coincidencia.

La forma de vida de una persona con párpado único puede parecer muy sometida y muy extraña a un ciudadano nativo de Washington. Desde la Declaración de Independencia, las cosas comunitarias no han sido nuestra máxima prioridad. Pero los americanos de origen asiático han enriquecido este país desde hace generaciones, y una perspectiva de párpado único es una parte sumamente importante, aunque a menudo ignorada, de esta contribución. Preguntadles a los grandes sabios iluminados de cualquier parte del mundo. Somos todos una familia. La toma de conciencia de esa unidad con los demás conduce a una profundización en la enseñanza espiritual.

Aun así, vivir con párpados únicos no significa necesariamente que hayas alcanzado la iluminación espiritual. Sinceramente, tal vez te sientas abrumado por todas tus obligaciones con el hermano mayor, el mediano y el pequeño (cada uno de ellos tiene un nombre especial, con su correspondiente distinción social, en ciertas lenguas asiáticas). Según describe el humorista Dave Barry (una autoridad sobre Japón), en su obra sociológica *Dave Barry Does Japan*, la canción más famosa del país es una canción popularizada por Frank Sinatra: «A mi manera».

Naturalmente, esto podría ser una idea nueva para alguien con párpados únicos. Pero si, al igual que Sinatra, tienes párpados dobles, el concepto de hacer cosas a tu manera es lo habitual desde tu más tierna infancia. ¿Cómo es posible no hacer cosas a tu manera? ¿Cuál sería el estímulo de hacer las cosas a la manera de otra persona?

Piensa en la canción popularizada por la hija de Frank, Nancy: «Estas botas están hechas para caminar. Y eso es lo que hacen. Algún día estas botas van a pasar por encima de ti».

Pues a eso es a lo que voy, la refrescante independencia de los tipos con párpado doble. A veces pueden ir demasiado lejos, con o sin botas. A medida que Oriente se encuentra con Occidente, y las personas con párpado doble se casan con las de párpado único, veremos si podemos crear un mundo donde se valoren ambos estilos, las agallas individuales con una amabilidad colectiva.

EL GROSOR DEL PÁRPADO

Ahora nos adentramos felizmente en territorio de los párpados. ¡Pero hay mucho más! Cuando hayas encontrado un párpado de doble estructura, puedes observar una categoría interesante: **el grosor del párpado**.

Observa el pliegue de piel que hay por encima de las pestañas. (Normalmente, los párpados con una única capa no son gruesos).

Los anatomistas tienen un nombre muy adecuado para el material que hay dentro de ese grosor del párpado: *pliegue tarsal*. De hecho, la mueca infantil que antes comentábamos en referencia al párpado implica jugar con el pliegue tarsal, una expresión que no fue pensada para utilizar en la misma conversación cuando hablamos de «ojos como platos».

Los adultos tenemos razones muy adultas para explorar nuestro grosor de párpado. Para reconocerlo, los cosméticos nos pueden ayudar. Mientras te miras en el espejo, imagina que has decidido embadurnar tus párpados con una sombra azul llamativa. ¿Cuánta sombra se verá al abrir los ojos?

– Para que te sea rentable la inversión, necesitas un **pleno** grosor de párpados.
– Cosméticamente, ¿qué le pasa a tu inversión cuando tienes párpados **finos**? No mucho.
– Si no tienes **ninguno**, no te molestes en aplicar sombra de ojos. La sombra sólo se va a ver cuando parpadees.

P. ¿Te estás refiriendo a ojos seductores? ¿Los párpados gruesos son ojos seductores, verdad?

R. Muéstrame una persona con párpados enormes, y seguramente será una persona con un gran problema físico. Pero, sí, es cierto que algunas personas tienen párpados muy grandes. Otros son muy cortos. Deja volar la imaginación. Luego mírate (equilibradamente, recuerda) y fíjate en cómo son tus párpados.

El *grosor del párpado* podría ser la categoría facial más importante de leer si eres soltero y buscas seriamente una pareja. Nos enseña cómo la persona define la intimidad.

Fíjate en ese chico tan guapo y soltero que hay al fondo de la sala. Sin duda alguna es atractivo, pero si tuvieras que compartir la vida con él, ¿cómo se aferraría a esa relación? O, en términos del lenguaje universal del amor (que evidentemente es nuestro alimento), ¿te será fiel como la mantequilla o como un espagueti cocinado *al dente* y arrojado contra una pared?

Toda pareja presenta un cierto grado de apego, pero puede variar de un extremo a otro. Algunas parejas están tan bien compenetradas que viven en un estado de cercanía continuo. Otras viven casi por separado: casi viven vidas paralelas. Pero el fisonomista cuenta con una ventaja. Para descubrir si el nuevo amor querrá compartir su

Grosor del párpado

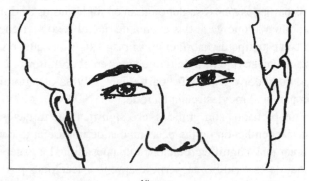

Ninguno

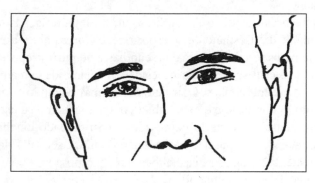

Delgado

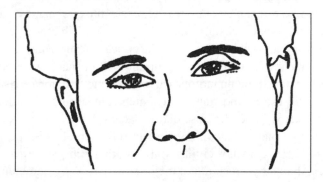

Grueso

castillo, no tienes que sacarlo al estrado para mirar cómo actúa. El grosor de sus párpados te dirá como es.

Los párpados *llenos* se denominan en inglés «ojos de dormitorio», suponiendo que ya te das cuenta de que el sexo no tiene nada que ver con este tipo de habitación. El rasgo significa que, en cuanto a la relación, se esperará de ti que *vivas* en el dormitorio. No hay salida al comedor o a tu baño particular. ¡Olvídalo! Viviréis una relación personal muy estrecha en todo.

Si tus párpados son grandes, eso significa que tú das y pides cercanía. Dependiendo de las necesidades de tu pareja, la cercanía podría crear una magnífica relación, o una pesadilla. La generosidad emocional de este calibre te permite aprender lecciones profundas sobre compasión y ternura. La trampa de todo ello es la codependencia.

¿Recordáis el juicio a O.J. Simpson? Su fotografía, a la mañana siguiente del asesinato de su esposa, reveló un cambio fascinante en su párpado izquierdo. Se hinchó hasta adquirir proporciones enormes, lo cual sugería una necesidad acuciante de cercanía. Su párpado derecho conservó su tamaño normal. Cuando Simpson alegó que era imposible que él hubiera deseado matar a su ex esposa, pensé en el comentario expresado por su párpado hinchado y relacionado con su pareja: «Mi relación con un ser querido está seriamente dañada». ¿Era casualidad que su esposa acabara de ser asesinada? Probablemente no.

Los párpados llenos a largo plazo, con su correspondiente estilo íntimo, se reflejan en el rostro del presidente que mantuvo unida a América, aunque costara una guerra civil. Mi historia favorita sobre Abraham Lincoln trata de la época en que finalmente la Confederación se rindió y le preguntaron qué música le gustaría que tocara la banda. Lincoln pidió la canción «Dixie» (región de Estados Unidos). Si eso no mostraba suficientemente su intención de permanecer cerca, ¿qué otra cosa podría hacerlo?

Los párpados llenos también han reflejado el estilo personal del líder de los derechos civiles Martin Luther King, y el reverendo Robert Abernathy, en su día el mejor amigo de King, también presenta el mismo rasgo. Igual ocurre con Donna Shalala, Secretaria de Salud y Servicios Humanos durante la administración del presidente Clinton. Todos estos defensores de la justicia social han tratado a las personas con la ternura que se espera de estos párpados grandes. En la política, me gusta especialmente contar la historia de Patsy Mink, una congresista hawaiana con párpados MUY grandes. Ella financió su campaña política completamente gracias a la ayuda de donativos y voluntarios. ¿Y quién fue su mejor voluntario? Su marido. Y ya que hablamos de esposos, las personalidades del espectáculo como Eva y Zsa Zsa Gabor están bien provistas de párpados. A lo largo de los años, ambas han sido entusiastas defensoras del matrimonio en segundas nupcias.

En el mundo de las artes, los párpados grandes se reflejaron en los estilos del novelista Boris Pasternak y el compositor Giacomo Puccini. En cambio, otro compositor de óperas, Richard Wagner, tenía párpados muy finos. Como no podía ser de otra manera, escogió argumentos relacionados con deidades nórdicas en confrontación en vez de los típicos amantes trágicos de Puccini. Por tener párpados moderadamente grandes, especialmente durante mis años de adolescente, sobreviví al instituto escuchando la primera cara del disco de la ópera *La Bohème*. Me gustaba escuchar canciones de amor, llorar un rato y seguir luego con mis deberes. (Sigo sin saber exactamente qué pasa en el resto de la ópera, aunque he oído rumores de que la pobre Mimi murió).

P. ¿Qué significan los párpados finos? He estado esperando con ansiedad durante un buen rato, pensando que esos son los párpados a los que te estás refiriendo.

R. En este rasgo se deja entrever una actitud de yo-primero. Vuelve a replantear la pregunta para obtener una respuesta.

Lo que es maravilloso de los párpados *finos* es la independencia. No importa cuánto ames, con qué profundidad, durante cuánto tiempo, siempre sigues siendo tú. Dile a tu ser querido, desde el principio, que siempre necesitas mucho espacio emocional –tus cosas, tu vida, y probablemente tu propia habitación. Sigue el consejo de las mujeres con párpados MUY finos: Melody Beatty, autora del libro *Libérate de la codependencia*, y Robin Norwood, autora de *Mujeres que aman demasiado*. (¿Cómo eran sus párpados antes de llegar al punto en el que escribieron estos libros extraordinarios?) No me sorprendería que ambas tuvieran párpados mucho más llenos).

Al elegir una pareja o un socio para un negocio, el grosor del párpado puede ayudarte a mantener los lazos personales con los que te sientas a gusto.

La forma de amar típica de los párpados pequeños acentúa la independencia si también tienes una señal intrínseca de fronteras limitadas, que es un pliegue doble en el párpado. Si presentas esta combinación, cuenta con dos bendiciones: puedes prosperar estando solo. Puedes cosechar un éxito forjado por ti mismo. Si estás casado, puedes amar apasionadamente a tu cónyuge sin la lacra de la codependencia. Y la autosuficiencia emocional te ayudará a asumir la responsabilidad en todas tus relaciones.

P. ¿Qué quiere decir con «asumir responsabilidad»? ¿En qué, si se tienen párpados muy finos?

R. Pongamos por caso que tú y tu esposa vais a una fiesta de Halloween. ¿Qué te pondrás? Si tus párpados son grandes, probablemente llevarás algo que a tu mujer le agrade. Cuando ella te comunica que te verías bien disfrazado de Mickey Mouse, quizá te mueras internamente de vergüenza por ponerte las orejas, pero probablemente estás acostumbrado a comprometerte mucho porque piensas en términos de «nosotros» en lugar de «yo».

De modo que vas a la fiesta vestido de Mickey. Francamente, los resultados son decepcionantes. Aunque tu esposa, vestida de Minnie, no para de recibir halagos en toda la noche, la gente te ve y pasa de largo.

¿Qué aprenderás tú, la persona de párpados gruesos, de esta experiencia? Has complacido a tu esposa, que será lo más importante para ti. Sin embargo, en cuanto a la elección de vestuario, no has aprendido mucho porque no te implicaste especialmente en elegir el disfraz. Toda la creatividad, el cálculo social, etcétera, lo realizó otra persona.

En cambio, ¿qué dirías si fueras un marido de párpados finos y tu esposa se acercara sigilosamente a ti y dijera: «Cariño, por favor, vístete de Mickey». Olvídalo. Eres tú el que va a sudar debajo del disfraz. Eres tú el que va a tropezar con las paredes con tus enormes orejas.

Así que para ti, contestar «sí» sólo querrá decir una cosa. Que tú, personalmente, eliges ser Mickey. Suponiendo que tu disfraz fracase, será sólo culpa tuya. Asimismo, en situaciones y consecuencias más serias, con párpados pequeños sopesarás tus lecciones más objetivamente que si simplemente eliges agradar a otra persona.

P. Mi jefe tiene grandes párpados pero ojos MUY juntos. Él se ocupa de nosotros, pero su capacidad para detectar errores está, también, a la orden del día. Su lema en la oficina es «relajaos. Confío en que haréis las cosas bien». ¿Cómo puedo interpretar todos estos mensajes contradictorios sin confundirme del todo?

R. Equilibrar la complejidad que se refleja en los rasgos faciales es difícil, especialmente al principio. Aun así, a largo plazo tendrás la capacidad de entenderlo y no vas a sentirte confundida. Un mayor conocimiento te dará más opciones.

La compasión extra es una de esas elecciones. Tal vez tu jefe dice lo que dice precisamente porque está tratando de superar las tendencias críticas que se reflejan en sus ojos juntos. Apuesto a que uno de sus grandes conflictos es equilibrar la gran cercanía que siente hacia las personas con una tendencia igual aunque contraria, a criticar sus defectos.

P. ¿De modo que no es necesariamente un hipócrita?

R. No lo califiques de hipócrita a menos que no tengas otra elección. Ver a las personas como malas acarrea consecuencias contrarias a lo que ocurre cuando estás dispuesta a ver a las personas como básicamente buenas. Además, cuando alguien con ojos MUY juntos aprende la lección vital sobre ser crítico, podría convertirse en la persona menos crítica que jamás hayas conocido.

P. Por cierto, ¿la hipocresía se refleja de alguna manera?

R. Parte de ella sí. Sé cauteloso con personas con un párpado MUY lleno y el otro no. Por ejemplo, un párpado grande a la izquierda y otro pequeño a la derecha muestra a alguien que está extremadamente apegado a los demás en su vida personal y al mismo tiempo tiene una versión comercial de sí mismo que es estrictamente «yo primero».

P. ¿Y hay lo contrario?

R. Un párpado derecho MUY grande demuestra una cercanía (o al menos, aparente) a las personas con las que trabajas junto con una perspectiva egoísta en tu vida personal.

En cualquier caso, especialmente con esta simetría yo sería muy cautelosa. Tampoco es cierto que todos los párpados grandes sean sinónimo de tejemanejes. Pero la combinación de ambos extremos en un rostro sí puede ser sinónimo de engaño emocional.

UN TRABAJO DETECTIVESCO PARA LECTORES DE ROSTROS

¿Y si anhelas saber la verdad? ¿Qué ocurre si deseas utilizar la lectura de rostros a fin de complementar todas las demás estrategias que utilizas para detectar la mentira?

¿Hay algún rasgo que te indique de forma segura si alguien está mintiendo?

La verdad es que no es así de sencillo. Pero si deseas llevar a cabo un complejo trabajo detectivesco relacionado con la fisonomía, puedes recabar información muy útil.

La mentira se refleja cuando la expresión de una persona se contradice claramente con un rasgo MUY marcado. Por ejemplo, si alguien con una curvatura de párpado inferior muy baja se presenta como excesivamente simpático, yo me preguntaría cuál es el motivo de ello. O me preocuparía si alguien que posee una versión extrema de un rasgo bucal al que nos referiremos después y que refleja aversión contar aspectos personales, me contara voluntariamente información demasiado personal.

¿Por qué? Me preguntaría. ¿Cuál puede ser el propósito que se esconde detrás de toda esa emoción?

Hace varios años, un candidato a gobernador en Virginia presentó una foto de campaña que suscitó este tipo de curiosidad. El hombre en cuestión presentaba un rasgo dental relacionado con el instinto asesino, el mayor nivel de competitividad que puede reflejarse en un rostro. (Hablaremos de este rasgo en el capítulo sobre «solución de problemas»). Este rasgo se apreciaba claramente cuando el hombre reía. Pero la expresión que proyectaba en su sonrisa era totalmente contraria al mensaje de sus dientes.

«Confiad en que haré todo lo que me pidáis», proclamaba su sonrisa juvenil. «Soy muy tierno y tranquilo, tu humilde servidor público».

Con un rostro distinto, quizá lo hubiera creído, pero con esos dientes, nunca. Durante esas elecciones, fui entrevistada por un periodista para el *Washington Post*. Junto con otros comentarios relacionados con la fisonomía, no pude evitar expresar mis comentarios sobre este candidato, quien me parecía claramente un lobo con piel de cordero. El periodista rió de buena gana. «Tengo un amigo que cubre la campaña electoral de este candidato y no oculta que le encanta hacer campaña. Justo ayer mismo mi amigo le oyó decir: 'Sabes, me encanta la lucha que se produce en la campaña. Más que cualquier otra cosa, me gusta una buena pelea'».

P. ¿Recomiendas que utilicemos la lectura del rostro para evitar a las personas peligrosas, sólo fijándonos en estas contradicciones?

R. En realidad, mi respuesta es un NO. Si deseas una señal de alarma que te avise del peligro, mejor que te dediques a la lectura de auras en lugar de a los rasgos faciales, el lenguaje corporal o la expresión. El libro *La lectura del aura* contiene tres detectores distintos de mentiras, cada uno de ellos muy sencillo de aplicar y los tres altamente fiables.

El mayor peligro para la mayor parte de nosotros no procede de los criminales. La sospecha es un enemigo mucho peor. Una de las preguntas más habituales que me formula la gente cuando conocen la fisonomía es: «Dime cómo detectar a un mentiroso. Enséñame a descubrir a los sinvergüenzas».

¡Qué tragedia! Recuerdo que hablé en una ocasión con Wendy, una futura estudiante que estaba muy animada con la idea de detectar a mentirosos. Yo contrarresté su entusiasmo explicándole la parte que *a mí* me apasiona: cómo la lectura de rostros podía ayudarla a alcanzar cotas más profundas de la naturaleza humana, recibir compasión, reconocer sus mejores talentos. Después de haberle revelado este mundo encantador de sabiduría, me miró decepcionada. «¿Quieres decir que no me ayudará a detectar sinvergüenzas?»

Si yo vendiera alarmas, o miedo, habría sido fácil satisfacerla. Pero como busco la sabiduría, fue una conversación difícil. ¿Sabéis lo de la profecía que se cumple simplemente porque creemos en ella? Lo que esperamos de las personas suele corresponderse luego con la realidad. Por tanto, si constantemente buscamos a sinvergüenzas, los hallaremos. Lo mejor que encontraremos en los demás es que no son sinvergüenzas. Y a la inversa, ¿qué ocurre si elegimos investigar rostros para hallar en ellos sabiduría y talento? También eso lo podemos encontrar.

En realidad, las posibilidades de que hoy seas atacado por un asesino son relativamente escasas. Sin embargo, con una actitud recelosa, te *garantizas* que vas a encontrar al demonio en cada esquina. Así pues, para proteger tu calidad de vida, la mejor manera de utilizar la lectura de rostros es NO desviarte de tu camino a fin de buscar mentiras. Busca la vida.

7

LA NARIZ

Dibújame una carita feliz. Ya sabes, ese símbolo que encuentras en todas partes —en notas escritas a mano, en sobres, en pegatinas, en iconos de ordenador, etc.

Tanto si te encuentras animado como si no, esas pequeñas caras insufribles te sonríen. Así que estoy segura de que sabes a lo que me refiero. Venga, dibuja una.

Ahora, en calidad de fisonomista prometedor, podrás ayudarme a contestar las siguientes preguntas:

¿Qué falla en este dibujo?

Que no hay **nariz**, ¡eso es lo que falla! ¿Es por casualidad? Creo que no. ¿Qué representa la nariz?

Todos los rostros felices tienen ojos y boca. Por ahora sabes que los ojos indican perspectivas. Aunque todavía no hemos llegado al capítulo sobre bocas, apuesto a que puedes imaginarte lo que representan las bocas... comunicación. Simbólicamente, un rostro feliz tiene una actitud y puede hablar. No escucha a los demás (orejas), ni tiene pensamiento (cejas), no tiene nada que entorpezca la experiencia de la dicha. Y posiblemente lo peor de todo, desde el punto de vista de este lector de rostros, hay una omisión importante: ¿dónde está la parte del rostro que representa al trabajo y la relación con el dinero? ¿Vamos a dejar esa parte para mañana? No, la nariz es un rasgo muy importante. Conforma un rostro serio.

Y tú pensabas que era difícil dibujar una nariz. Después de este capítulo, es posible que sigas sin querer dibujarlas. Pero vas a saber más sobre narices que nunca, y además tendrás muchas razones para entusiasmarte con tu nariz, tenga la forma que tenga.

LONGITUD DE LA NARIZ

Ya que antes nos referíamos a la nariz, os formulo otra pregunta. ¿Qué clase de **longitud de nariz** se supone que es más aristocrática, la larga o la corta? La larga, evidentemente. Pero, ¿sabes por qué?

¿Las narices largas se transmiten como el nombre de una familia, junto con el testamento y la cubertería de plata? ¿Puedes distinguir una nariz de este tipo a simple vista? Lo siento, la cosa no es tan simple. Pero al menos sí que es fácil detectar la longitud de una nariz:

– Las narices **cortas** son cortas.
– Las narices **largas** parecen largas, en comparación con el resto de la cara.
– La longitud de nariz **moderada** es la de esa nariz a la que miras, preguntándote si será larga o corta.

Yo interpreto el significado de la *longitud de nariz* de esta manera: la respiración es una función humana básica. Todo el mundo debe obtener la misma cantidad de aire para su organismo, la cantidad suficiente para vivir. Algunas narices están pensadas para llevar a cabo esta tarea directamente. Estos modelos sin adornos son las narices cortas y que van directas al grano.

Otras máquinas de respirar están pensadas para llevar a cabo su función de forma más decorativa. El estilo es importante. Así pues, algunas personas presentan un tipo de nariz más larga y ornamental. Sus hábitos de trabajo también se corresponden con ello: menos prisas, y más estilo.

Por tanto, el regalo que encontrarás con las narices *cortas* es un talento para el trabajo duro pasado de moda. Lo que los americanos alabaron en su día como dedicación se mira con recelo hoy en

Longitud de la nariz

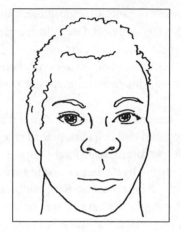

Corta

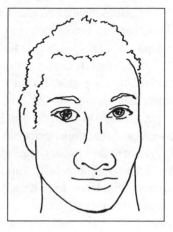

Larga

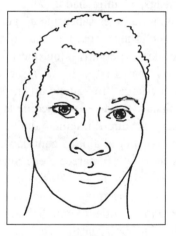

Moderada

día. Es lo que se llama un «adicto al trabajo». Lo llames como lo llames, las personas con nariz corta van al trabajo y producen como locos. Pueden seguir una rutina. No se distraen, y acaban las tareas.

Os propongo un reto. Buscad una empresa. Independientemente del puesto de sus trabajadores, del linaje social o del sueldo, las personas que más trabajan, día sí y día también, son las que lucen una nariz pequeña.

El reto potencial es que te tomen el pelo. «Desde luego que John lo hará. Ése es su trabajo». «No hay necesidad de agradecerle a Sheila sus largas horas extras. Trabaja como una burra». Si eres una de esas personas tan trabajadoras, ésta es mi recomendación. Da pistas. Envía memorandos y solicitudes para un aumento de sueldo.

En cuanto al mito de que las personas trabajadoras con nariz pequeña andan siempre estresadas y están mal pagadas, piensa en el «Gordo» Getty, hijo del legendario petrolero Jean Paul Getty. El Gordo ha duplicado la fortuna familiar hasta llegar a unos tres millones de dólares. Joan Kroc, viuda del empresario Ray, también trabaja mucho en el campo de la filantropía. Es tan rica que ha creado un fondo para becas de un millón de dólares. Tanto si el atleta superestrella dirige su nariz corta hacia el deporte o hacia el entrenamiento de deportistas, es un luchador nato.

Aquí lo más importante es saber que ninguna parte del rostro, incluida la longitud de la nariz, predice cuánto dinero vas a ganar. Así que olvídate de las expectativas de que las narices largas se corresponden con fortunas aristocráticas. ¿Cuál es la especialidad del trabajador de nariz larga? Imagínate un empleo donde fichas a las nueve de la mañana y te vas a las cinco de la tarde. Tu objetivo es producir, producir y producir. La mitad del tiempo, tu jefe nunca te cuenta el trasfondo de tu trabajo. La cantidad de cosas que llevas a cabo en un día es enorme. ¿Te parece bien? Sin duda alguna, en el caso de que tu nariz sea corta. Es la historia de tu vida. Pero para un trabajador de nariz larga, será un trabajo horrendo.

Una nariz *larga* indica talento para la planificación y la estrategia. Cuando los de nariz larga trabajan, necesitan tiempo para desplegar toda su creatividad.

P. Espera un minuto. ¿Estás diciendo que no puedo trabajar creativamente por culpa de mi deliciosa nariz pequeña?

R. Todo el mundo posee creatividad. La longitud de la nariz tiene que ver con la creatividad para manejar el alcance de un proyecto. La versión de nariz pequeña encuentra la manera de ser eficaz y estar motivado. Compites contra el reloj. Compites contra ti mismo. Manejas todos los aparatos, te ocupas de las facturas, y todo lo que produces se convierte en una fuente justificable de orgullo.

En cambio, la versión creativa de la nariz larga consiste en concebir todo el proyecto, asegurarse de que es único, y luego seguirlo de principio a fin. Tus objetivos son una fuente de orgullo, aunque quizás con cierta ingenuidad.

P. Sí, ¿pero qué pasa si combinas una nariz larga con cejas precursoras? Durante toda mi carrera he trabajado con alguien con estos rasgos (yo).

R. Las cejas predicen lo meticulosamente que tú, a nivel personal, sigues el proceso de una iniciativa o de un proyecto. La longitud de la nariz muestra cómo defines y concibes tu trabajo. De modo que tu combinación indica que prefieres planificar un proyecto entero, no sólo una parte. Cuando trabajas en él, al principiotienes un gran estallido de creatividad. Cuando ha pasado esa fase creativa eres muy bueno delegando tareas, si es que puedes, o encontrando una tarea que precise de ti únicamente en la fase de arranque del proyecto.

Con una nariz MUY larga, es vital que encuentres un empleo donde puedas ser estratega, independientemente de cómo tu personalidad maneje los detalles. Ejemplos de personas que han hecho esto son el hombre pájaro John James Audubon; el hombre del Renacimiento Sir Francis Bacon; el capitán Joseph, uno de los mejores estrategas nativos americanos; y Walter Bagehot, fundador de la sociología política británica.

Puesto que el típico estilo de la nariz larga es disfrutar de los aspectos teóricos del trabajo al menos tanto como el aspecto práctico, no es de extrañar que tantos físicos destacados tengan nariz larga, entre los cuales figura Louis de Broglie, P.M.S. Blackett y Nicolaas Bloembergen.

P. ¿Está diciendo que mi ex marido, de nariz larga, no es el vago que creo que es?

R. La vagancia es una cuestión de elección personal. No hay nada en el rostro que la refleje, excepto la mirada ausente de quien prefiere estar en el séptimo cielo. La asesora profesional

Marsha Sinetar dijo algo muy importante sobre la motivación en el título de su libro *Trabaja en lo que te gusta y el dinero llegará solo*. El dinero te llega porque estás dispuesto a trabajar. Podría ser que encontrar el tipo de trabajo que te motive fuera especialmente importante para alguien con una nariz larga, como es el caso de tu cx marido. Cuando él no puede conectarse con sus objetivos laborales generales, es como si su forma de trabajar fuera a cámara lenta. Cuando no puede seguir creciendo en su trabajo, mata la chispa vital, la esencia. Y su trabajo se resiente.

En cambio, tú tienes una nariz MUY corta, lo cual indica que sea cual sea el trabajo que realices, lo convertirás en algo significativo e importante sumergiéndote en él. Esto es una ventaja para ti. Así que, ¿no te puedes permitir el lujo de ser generosa? Independientemente de los defectos de tu ex marido en otros sentidos, su estilo laboral es distinto del tuyo –no necesariamente holgazán, sino distinto.

Cuando tienes una nariz MUY larga o corta, es fácil no comprender a las personas que se encuentran en el extremo opuesto. ¿Y los afortunados que tienen una nariz *moderada*? Su tiempo es flexible. Realizan bien los proyectos a largo y a corto plazo. Piensa en el doctor Deepak Chopra: autor prolífico, conferenciante muy cotizado y médico que es capaz de llevar a cabo proyectos con todo tipo de limitaciones haciendo que todas sus actividades parezcan fáciles.

Puesto que el alcance del trabajo no es un problema para este tipo de personas, los de nariz moderada pueden calificar con facilidad a sus compañeros de vagos y holgazanes. Y hablando de críticas...

El perfil de nariz

Dedico la próxima sección de este libro a los muchos millones de personas que *odian y se quejan de su nariz*. Considero mi misión personal actuar como una especie de consejera matrimonial entre tu nariz y tú. En parte, la razón por la cual somos una civilización que odia sus narices se debe a nuestra peculiar cultura popular, con su suposición de que la única nariz adecuada es la recta y corta. Si de pequeño te empapaste de dibujos Disney, has recibido el tratamiento completo: tu subconsciente sabe que la virtud y lo sexy son inversamente proporcionales al tamaño de la nariz de una persona.

¿Y cuántas películas, de todo tipo, viste antes de recibir el mensaje sobre perfiles? ¿Por qué casi siempre muestran hermosas narices rectas? Evidentemente, debe de ser porque otras formas de nariz no son lo suficientemente atractivas para una estrella de cine que se precie.

¡Tonterías! Consideremos al menos este condicionamiento cultural. Te invito a que reúnas toda la valentía necesaria, y simplemente abordemos el delicado tema del perfil de una nariz.

- Si el perfil de tu nariz es **recto**, el curiosear te resultará fácil. De lo contrario, ¡sigue leyendo hasta que encuentres a tu verdadera nariz!

Por cierto, ¿es una coincidencia que la palabra *nosología* sea un término científico para clasificar *enfermedades*? ¿Qué pasa con todas estas connotaciones negativas de la nariz? ¿Por qué no podemos pensar en palabras más positivas, como «nosetalgia», un anhelo de los momentos en los que te sentiste feliz, como la última vez que viste tu nariz en el espejo?

En cualquier caso, no te avergüences de esta parte tan importante de tu vida. Hónrala, colocando dos espejos juntos para obtener una buena visión.

- Tal vez descubras que tu nariz es **respingona**, que se desvía de su estado recto inclinándose hacia dentro. La curvatura puede ser muy pronunciada o sólo un poco, y ocurra donde ocurra (puede ser en cualquier parte de la nariz desde el puente hasta la punta).
- La tercera posibilidad en el perfil de una nariz es una forma **arqueada**. La curva puede darse en cualquier sitio entre el puente y la punta, y se contará como un arco.

Perfil de nariz

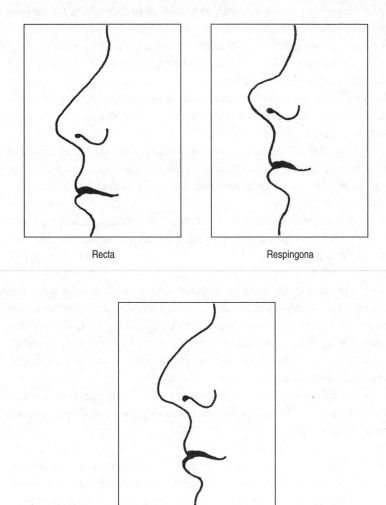

Recta

Respingona

Arqueada

P. ¿Puede un bulto en mi pobre nariz considerarse un «arco»?
R. Algunas de estas protuberancias son más visibles que otras, pero casi nunca son verdaderos bultos. Esa es una crítica típica a las partes de la nariz.

Una nariz desigual tiene una protuberancia definida, como si fuera un guisante en un plato. Sólo tendrás uno si te has roto la nariz de una determinada manera.

P. ¿Estaba a punto de preguntar cómo leería usted una nariz como la mía, porque la tengo rota?
R. Hay que leerla como cualquier otra nariz.

P. ¿Pero no es el modelo original, verdad?
R. Lo importante es la forma que tienes ahora. Lo que le pasó a tu rostro para moldearlo de esta manera es parte de tu historia, interesante como historia pero irrelevante para leer tu rostro actual.

El *perfil de la nariz* revela tus talentos más destacados con relación al trabajo. Es como llevar una tarjeta identificadora de tu trabajo.

Una nariz *recta* dice: «*Las listas de control aquí*». Trabajas tan sistemáticamente, que estás en tu salsa cuando puedes empezar por el principio y continuar hasta el final de tu listado, tachando de él las tareas que ya has completado.

¡Qué afortunado! Los típicos lugares de trabajo industrial occidentales, con su énfasis en los procedimientos, están diseñados por personas de nariz recta... para personas con ese mismo tipo de nariz.

En consecuencia, tu único desafío es esa estupidez de falta de tolerancia hacia el resto de la humanidad. Ya sabes, esos «vagos» que trabajan contigo –comparados contigo, casi todo el mundo trabaja de una forma que no parece muy sistemática.

Especialmente si tu nariz es MUY recta y larga (lo que yo denomino *implacablemente recta*), tus niveles de rigurosidad pueden ser sumamente altos. Este tipo de nariz está detrás de personas de altos vuelos, por ejemplo: Charles Lindbergh, cuya nariz debió de ser su brújula durante el primer vuelo individual tripulado trasatlántico; Francis Crick, descubridor del código genético y Ernest Hemingway, uno de los novelistas más influyentes de la literatura mundial.

Finalmente, adivina qué nariz afilada diseñó los elevados rascacielos del World Trade Center de Nueva York. Anótate un punto si crees que fue alguien con una nariz recta.

El tipo de *nariz respingona* también demuestra cierto talento para el trabajo, pero no esperes que sea como el tipo de nariz recta y estrecha. Estas personas diseñan tarjetas de visita del tipo: «Valentine está trabajando. Aquí son muy importantes los sentimientos». En realidad, tu gran talento profesional, si perteneces a esta categoría de nariz, implica una toma de contacto con tus sentimientos. En lugar de las pausas oficiales para el café, necesitas un contacto no oficial.

«Hola, intuición. ¿Cómo va ese trabajo? ¿Hay algo en él que no marche bien? Si es así, ¿cómo puedo arreglarlo?»

Las conversaciones de este tipo pueden parecer absurdas, pero qué ocurre si *no* tenerlas es probablemente más absurdo. Cuando no te permites estos espacios para la intuición, te retrasas mucho. Me imagino que tu alma se para a propósito porque no quiere que acabes un trabajo hasta mostrar en él tu auténtico talento.

También observarás que cuando únicamente sigues procedimientos como un trabajador de nariz recta, te sientes profundamente frustrado. ¿Coincidencia? Date el beneficio de una pausa intuitiva y fíjate cómo desaparecen esos nubarrones de frustración. De repente, estás bajo un cielo azul, bajo la brisa otoñal más refrescante (o cualquiera que sea tu paisaje preferido).

Por cierto, ¿no has captado cierto aire poético en el tratamiento de este tipo concreto de nariz? Esto puede deberse a que te reconoces en esta descripción. O puede ser que tú me reconozcas en ella, porque mi nariz es MUY propensa al trabajo intuitivo.

Al igual que el cuerpo, los trabajadores de nariz respingona necesitan alabanzas para funcionar mejor; somos especialmente vulnerables a la crítica. Nuestro compromiso emocional en el trabajo nos ayuda, sin embargo, haciéndonos poderosos transmisores de sentimientos. Ejemplos de ello son los actores Tom Hanks y Mary Tyler Moore, la perenne titiritera Shari Lewis, el guitarrista Andrés Segovia y la novelista Willa Cather. Cuando al difunto cantante de nariz respingona John Denver le preguntaron por qué era única su obra, él respondió que simplemente cantaba sobre lo agradable que era sentirse vivo.

Norman Cousins debió su salud, así como su enorme fama, al descubrimiento de que la risa puede cambiar la siniestra lógica de la enfermedad. La sanadora de la Nueva Era Louise Hay, autora de *Usted puede sanar su vida*, ha ayudado a millones de personas a *interpretar* la enfermedad en lugar de simplemente diagnosticarla. En cuanto a la interpretación del trabajo en sí, hay una segunda manera de distraerse a la hora de concentrarse en la tarea que se está realizando. Se trata de la creatividad. Y eso se muestra en la nariz *arqueada*. Si tienes ese tipo de nariz, tu tarjeta de presentación debería decir: «Persona creativa buscando trabajo». En efecto, cuanto más profunda sea la curva exterior de tu nariz, mayor es tu talento (y la necesidad) de trabajar creativamente.

P. Un momento...
R. ¿Te refieres a la nariz? Creo que la tuya se aguanta bien sin mi ayuda.
P. Empezamos de nuevo. Mi nariz es muy curva. También da la casualidad de que soy físico. ¿Quieres decir con ello que debo empezar a tocar el acordeón o a pintar óleos?
R. No es necesario que la creatividad se exprese de estas maneras tan visibles. La creatividad significa encontrar una solución única a un problema. Ves los recursos que están a tu disposición. Sabes adónde quieres llegar. Y tu creatividad implica encontrar una forma única de utilizar lo que tienes. Los economistas dirán que eso es sacarle rentabilidad a tus bienes. Como físico, preferirás llamarlo elegancia.

P. ¿Está usted dando a entender que, con una nariz no curva, estoy condenado a no ser nunca creativo?
R. En realidad, cada forma de nariz se relaciona con un tipo concreto de creatividad –y, recuerda, esto sólo se aplica a tu conducta en el trabajo. Otros aspectos de la creatividad se reflejan en tus cejas, el nacimiento del pelo, las proporciones de los labios y en otros lugares.
La razón por la cual considero que las narices arqueadas implican una creatividad especial es que, si posees este rasgo, *necesitas* trabajar creativamente. No es algo opcional, al menos, no si quieres ser feliz con tu trabajo.

P. Así pues, ¿qué tipo de creatividad se relaciona con mi nariz recta?
R. Aplicas la creatividad al adoptar una rutina y ceñirte a ella. ¿Cómo puedes llevar a buen término toda una serie de procedimientos? ¿Cuántas veces puedes hacerlo en un día? Utilizas la creatividad para sentirte motivado.

Con la nariz respingona, la creatividad procede de encontrar el modo de aplicar tu intuición a la realidad.

En cambio, la creatividad de la nariz arqueada implica prestar más atención a los recursos disponibles. ¿Qué personas, talentos, materiales o conceptos pueden mezclarse de forma poco frecuente? ¿Cómo puedes llevar a cabo tu labor de manera única? Los músicos dedican su creatividad a formas de producir sonidos, los coreógrafos a los elementos del movimiento, etcétera. Las narices que «buscan por ahí» parecen corresponderse con una sensibilidad especial con lo que «eso de ahí» puede contribuir al medio del artista.

Pensad en violonchelista Pau Casals, el compositor Aaron Copland, la coreógrafa Agnes de Mille, el poeta Pablo Neruda, el novelista Mikhail Sholokhov y la cantante y compositora Aretha Franklin. Una de las narices más famosas en el mundo de la música pertenece a Barbra Streisand. Otra, que merece igual fama, pertenece a Gordon Parks, versátil creador de belleza que ha destacado no sólo como músico, sino también como poeta y fotógrafo.

P. ¿Qué significa que la nariz presente una protuberancia, no un arco?
R. Que tu trabajo fluye a trompicones. Con cada proyecto que aceptas, tendrás al menos un estallido de gran creatividad.

El desafío es que tu personalidad es demasiado fuerte como para que otros la acepten con facilidad. Desde luego, también es posible que puedas convertirte en otro Duke Ellington.

EL GROSOR DE LA NARIZ

¿De qué está compuesta una nariz? Hay carne, sangre y cartílagos, aparte de los mocos ocasionales. Cualquiera que sea la imagen que te venga a la cabeza, apuesto a que no era una de las caraterísticas más importantes de una nariz: su grosor. Esta característica se refiere a la cantidad de carne que contiene una nariz, desde el puente hasta la punta, visto desde una perspectiva frontal.

P. ¿Quiere decir si una nariz es ancha o estrecha?

R. Prefiero no utilizar la palabra «ancha» porque está muy cargada de connotaciones relacionadas con un estereotipo étnico. Además, «ancha» no es un adjetivo lo suficientemente específico. ¿Está la nariz igual de llena en el puente y en la punta? ¿Se incrementa o se reduce este grosor a medida que avanza la nariz? Eso es lo importante. Además, el concepto de amplitud pasa por alto una sutileza de gran interés para los lectores de nariz: algunas narices presentan un hueso estrecho hasta el centro. Cuando ocurre eso, se considera que la nariz tiene poco grosor, aunque por lo demás sea gruesa. Estas son algunas de las especificaciones:

– Un grosor **pequeño** de nariz significa que el hueso de la nariz es muy visible; podrías considerarlo una nariz relativamente desnuda.
– Un grosor de nariz **grande** significa que no ves el hueso y, en cambio, ves la anchura.
– Cuando una nariz tiene un hueso estrecho en la parte superior, y luego se amplía al descender, se considera un grosor **triangular**. En ocasiones este rasgo es muy pronunciado, y en otras es menos extremo. Pero por ahora estás acostumbrado a apreciar los rasgos extremos, que pueden aplicarse en este así como otros tipos de grosor dentro de esta categoría.

P. Siempre creí que tener una nariz ancha era como una especie de gordura que se transmitía hereditariamente. ¿Quieres decir que este «grosor» tiene algún significado?

R. Cuando un rasgo se transmite en tu familia, presta atención a quién lo tiene. ¿Quién se escapa de ese rasgo y presenta algo distinto? Si un miembro de tu familia realmente comparte un rasgo facial contigo, compartirás un estilo personal similar relacionado con ese rasgo. Pero es menos habitual de lo que la gente se imagina.

Grosor de la nariz

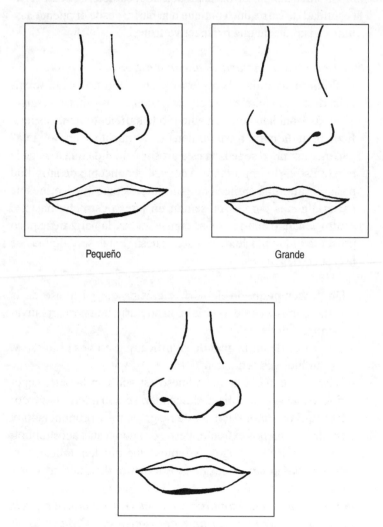

Pequeño

Grande

Triangular

P. Así pues, ¿todos estos años en los que decía que mi padre y yo teníamos exactamente la misma nariz, era mentira?

R. A menudo, los miembros de una familia no se parecen tanto físicamente como se imaginan. Comparando las fotografías de tu padre con la forma de tu nariz, ¿puedes apreciar las diferencias? Yo diría que él comparte el perfil de tu nariz, pero no su longitud. Tu grosor de nariz también es distinto.

El grosor de la nariz se refiere a tu número preferido de personas con quienes deseas compartir un asunto profesional. ¿Con qué número te sientes cómodo?

Si prefieres empezar un proyecto en solitario, continuarlo solo, e incluso acabarlo solo, probablemente tengas un grosor muy pequeño de nariz. Es una forma especializada de independencia relativa al trabajo. Y comprender este aspecto del estilo personal puede ayudarte a sacarle partido a un magnífico talento. Aunque sólo detecto una pega: ¿Acaso te gusta que un jefe te supervise y te pregunte: «¿Has acabado ya el proyecto? ¿Cuándo lo vas a terminar? ¿Lo estás haciendo como te dije?»

Los de nariz estrecha son alérgicos a las órdenes del jefe. Dile lo siguiente a todo aquél que trate de microcontrolarte:

«Cuando me comprometo con un trabajo, soy de las personas más motivadas que jamás hayas conocido. Me esfuerzo más de lo que tú serías capaz. Dejadme solo y trabajaré mejor».

También te convendría decir que molestarte no es más efectivo que azotar a un caballo muerto, salvo que en tu caso se parece más a azotar a un caballo de carreras. Afortunadamente, Gutenberg no tuvo este problema en su carrera. Aunque los documentos laborales de hace quinientos años no están del todo claros, creo que podemos suponer que nadie miró por encima del hombro a este gran hombre cuando inventó la imprenta.

La actriz Greta Garbo tenía la nariz perfecta para hablar con personas como tú cuando pronunció la famosa frase: «Quiero estar sola». En la vida real, Garbo murió recluida. ¿Coincidencia? No, pero no hay que preocuparse. Garbo presentaba otros rasgos faciales que contribuyeron a su extrema soledad. Es poco probable que, incluso con una versión igual de prominente de este rasgo, tengas la misma cara que Garbo: una pérdida para el cine, quizás, pero para ti es una ventaja psicológica.

En el extremo opuesto está un *gran grosor* de nariz. Para describir tu versión de «infierno profesional» utilizaría dos palabras: confinamiento solitario.

Para ti un buen día laboral es cuando entablas contacto con otros seres humanos. ¿Por qué necesitas este contacto? Porque las personas te aportan energía. Sin ellas, el trabajo te consumiría. Un ejemplo de ello es Jack Canfeld, co-autor del best seller *Sopa de pollo para el alma*, que no es una receta, y ni siquiera un libro, sino una auténtica cadena de restaurantes del mundo editorial. Es una persona que se alegra de trabajar con otras personas.

En cuanto al grosor de nariz *triangular*, prefieres empezar proyectos independientemente. Pero a medida que el proyecto cobra impulso, te sientes más cómodo llevándolo a cabo en grupo o delegando. ¿Cómo de cómodo te sientes? Fíjate en la anchura relativa de la nariz. La triangulación más espectacular muestra que te sientes especialmente atraído hacia el trabajo con un grupo numeroso de personas.

P. Mi nariz hace algo realmente raro. El hueso por debajo del centro sobresale, pero a ambos lados hay mucha carne. ¿Cómo debo interpretar una nariz que tiene un grosor muy pequeño y al mismo tiempo abundante?

R. Esto tiene que ver con la diferencia entre la impresión que das a los demás y un aspecto más privado del estilo personal. Esto es lo que creo que pasa: en el trabajo, haces que otras personas crean que eres un jugador de equipo, y hasta cierto punto lo eres. Sin embargo, en secreto prefieres hacer las cosas a tu manera. Internamente, esto puede conducir a sentimientos de conflicto pero, si te sirve de consuelo, la complejidad podría ser una ventaja. Cuando la gente mira, eres el señor Jugador de Equipo. En privado, haces las cosas a tu manera. Y nadie sabe que tienes ese lado implacablemente antisocial, ¿verdad?

R. No. Me interno en mis asuntos personales sólo cuando nadie del equipo mira. ¡Ahora el secreto ya se ha desvelado!

El ángulo de la punta de la nariz

Sin duda alguna, sabes que se requiere cierta habilidad para hacer girar una moneda. Ahora trataremos un truco todavía más difícil, hacerla girar en la punta de tu nariz.

La razón por la que hablo de este truco es que la punta de la nariz proporciona información sobre dos aspectos totalmente distintos de la vida. Así pues, nos fijaremos en la punta de la nariz desde el costado; al tener en cuenta el ángulo de la punta de la nariz, leeremos la última información sobre nuestro *trabajo*. Después, con un hábil giro hasta la parte frontal del rostro, descubriremos las noticias relacionadas con el *dinero* que también se encuentran en esa misma punta. (Naturalmente, ya sabías que esa parte se relacionaba con el dinero, ¿verdad?)

Para comprobar tu **ángulo de la punta de la nariz**, necesitarás dos espejos. La **punta** es donde tu nariz acaba en un punto. La **base** de tu nariz se encuentra entre las fosas nasales. Para ver el ángulo de la punta de la nariz, compara la altura de la punta en comparación con la base.

- Si la punta es alta, el ángulo de la punta de la nariz mira hacia **arriba**.
- Si la punta es baja, o estás boca abajo o tienes una auténtica punta de nariz hacia **abajo**.
- Y si se te rasca la cabeza (o la nariz) preguntándote por el ángulo, probablemente sea **igualado**.

El ángulo de la punta de la nariz se relaciona con el tiempo, especialmente en cuanto a los avances en tu carrera. La punta de la nariz hacia arriba tiene que ver con un habla impetuosa, avances impulsivos en tu carrera y una cierta capacidad para pasarlo siempre bien. También, una cierta dificultad potencial para mantener un secreto. (Adivina qué ángulo de nariz tengo).

En una ocasión estaba en una firma de autógrafos. Una mujer que se identificó como bibliotecaria me dio una pequeña y encantadora conferencia sobre cómo la curiosidad era la cualidad más importante que se podía tener en la vida. Lo que hizo que sus palabras fueran doblemente encantadoras para mí fue su ángulo de la punta de la nariz, el más elevado que jamás he visto.

P. No acabo de entender cómo esto puede tener relación con avances impulsivos en la carrera. ¿Podría explicárnoslo? Estamos hablando de la punta de mi nariz.

R. Pongamos un ejemplo. Supongamos que trabajas para un departamento de transporte público de una gran ciudad. Eres joven e idealista. Al igual que todos tus compañeros de trabajo, consideras que los coches son motores odiosos de contaminación. Cuando nadie mira, les escupes.

Una forma en que te distingues de los demás tiene que ver con tu punta de la nariz MUY elevada. Eres extremadamente curioso. Tus compañeros han aprendido a preguntarte todos los cotilleos de la oficina. Así pues, eres uno de los primeros en saber que tu jefe ha dejado su bicicleta para venir en coche, y no se trata de un coche nuevo, sino de un modelo famoso por ser muy contaminante. Ahora, pasemos a un test:

¿Qué harías tú, basándonos solamente en el ángulo de la punta de la nariz:

a) ¿Salir y escupir a más coches, para desahogarte?

b) ¿Considerar la posibilidad de venir en coche mañana, y aparcarlo cerca del coche de tu jefe, tanto mejor para meterse con él?

c) Ir directo a la oficina de tu jefe, decirle cuatro cosas, y marcharte.

Si eliges la opción b, probablemente la punta de tu nariz mira hacia abajo. La respuesta c muestra un atributo hacia arriba.

Si deseas otro ejemplo de cómo reaccionan las puntas de la nariz, volvamos a esa época emocionante del pasado, si no tan lejos como «*el Llanero Solitario*» al menos remontémonos a la época de Doris Day y a sus películas de finales de la década de los cincuenta y a principios de los sesenta. En estas películas, la carrera de una mujer consistía en conseguir y conservar a un hombre.

Ángulo de la punta de la nariz

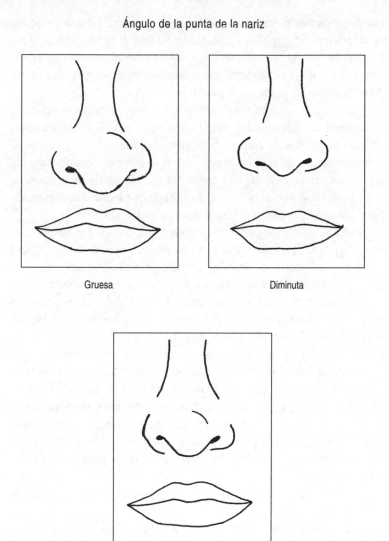

Gruesa   Diminuta

Media

Es posible que recuerdes el estilo del personaje que encarnaba Day: impetuosa, independiente y poseedora de una resistencia imperturbable.

La nariz corta, estrecha y respingona de Day la convertía en la actriz perfecta para ese personaje. En cambio, me parece misterioso que prácticamente cada nariz de las primeras feministas más destacadas tuviera un ángulo de punta de nariz equilibrado y recto. Este rasgo se relaciona con una decisión sobre la propia carrera más deliberada y en ningún caso impetuosa. Se asumirán riesgos, pero no sin plena conciencia de su coste potencial. Las puntas de nariz que miran hacia abajo presentan un estilo deliberado en sus avances profesionales. Cuando estas personas definen sus planes de carrera, no esperes que se desvíen de ellos. Si tú entras dentro de esta categoría, sabes la importancia de tratar de ser el Número Uno. Independientemente de tu ángulo en la punta de la nariz, aquí hay una cuestión relacionada que te encantará preguntarle a la próxima persona que conozcas con este rasgo:

«La mayoría de personas o bien no han oído hablar de marcarse objetivos profesionales o no se molestan en hacerlo. ¿Crees que marcarse objetivos sería importante para tu carrera?».

Si sus ojos no responden con un destello, comunícamelo.

Para un gran líder político, como Lech Walesa, el interés de un grupo de personas puede tratarse como una preocupación personal. Richard Nixon, el único presidente de Estados Unidos que se vio forzado a dimitir para impedir que lo procesaran, también demostró una tenacidad en sus objetivos profesionales. Este aspecto fue muy extremo en su caso cuando se tiene en cuenta otro rasgo de la nariz, su nariz respingona, lo cual indica una orientación emocional hacia el trabajo. (Recuerda su breve retirada de la vida política, cuando reveló a la prensa que ya no verían a Nixon «por ahí»). En alguien cuya vida interior era su talento como trabajador para mentir repetidamente sobre el caso *Watergate* cuesta imaginar que se retirara, salvo por la tenacidad personal que se refleja en la punta de la nariz de Nixon que mira hacia abajo.

En general, este ángulo de la punta de la nariz puede indicar sagacidad, incluso la persecución de las ambiciones personales de manera despiadada. Podríamos llamarlo la «Ventaja de Maquiavelo». (Sí, el creador de *El príncipe* también tenía esa nariz). El desafío potencial con este rasgo es vigilar el comportamiento que otros tildarían de egoísta.

En cuanto a la punta de la nariz MUY hacia abajo y puntiaguda, el interés propio en las elecciones profesionales está muy acentuado. No es un rasgo de fácil convivencia, pero este tipo de nariz le resultó útil a Basil Rathbone, el actor que tenía la nariz perfecta para su papel de Sherlock Holmes, un sabueso intelectual.

¿Recuerdas la punta de la nariz de la malvada bruja del oeste en «El Mago de Oz»? ¿O la de la madrastra asesina en la «Blancanieves» de Disney? Las narices largas y puntiagudas con punta inclinada hacia abajo reflejan un egoísmo hacia la conciencia colectiva. Para las escasas personas que tienen esta nariz, el desafío no será tanto la maldad, como la necesidad de refutar constantemente esta expectativa de egoísmo.

Por este motivo, mi ejemplo predilecto de este tipo de nariz pertenece a la autora Ayn Rand, quien descaradamente predica la virtud del egoísmo.

P. ¿Qué ocurre si mi nariz es puntiaguda y mira hacia arriba? ¿Qué significa?

R. Una nariz *puntiaguda*, sea cual sea su ángulo, refleja un alto grado de sensibilidad hacia tu entorno laboral. Sufrirás más que los demás por cualquier molestia en el lugar de trabajo, desde un mobiliario ruinoso a las pulgas o a las políticas sucias de oficina. Ése es tu desafío potencial. Pero la buena noticia es que los trabajadores con el extremo de la nariz puntiagudo también realzan su lugar de trabajo. Tu nivel alto puede incluso volverse contagioso.

Con una nariz *puntiaguda y respingona*, estás de suerte. Tienes la famosa nariz de periodista. Tiene sentido, ¿verdad? Al fin y al cabo:

– Eres una persona curiosa.
– Eres sensible a lo que ocurre a tu alrededor.

¡Vigila a todo aquél con secretos sucios que esconder! Ralph Nader husmeó hasta descubrir un fraude a los consumidores. Los autores Langston Hughes y Anne Morrow Lindbergh buscaron la verdad. ¿Cuál es el mejor lugar para encontrar esta punta de nariz tan exótica? Busca en tu periódico local. No contrates ningún anuncio, simplemente entra a hurtadillas en la sala de redacción y observa a los periodistas.

EL TAMAÑO DE LA PUNTA DE LA NARIZ

En este momento de la historia tenemos ideas extrañas sobre el **tamaño de la punta de la nariz**. ¿Algunos de tus amigos han ido corriendo al cirujano plástico porque las puntas de sus narices parecían demasiado pequeñas?

No, aparentemente el problema son las puntas de nariz grandes, un atributo facial perfectamente bello que ahora se considera indeseablemente «étnico». Lo curioso es que, no importa la clase racial a la que pertenezcas, las personas de una misma raza pueden tener distintos tamaños de punta de nariz. ¡Fíjate bien!

– Una punta de nariz **gruesa** es lo contrario a una punta de nariz **diminuta**. Tu punto de referencia es el rostro de la persona. ¿Cómo es el tamaño de la punta comparado con el resto de la nariz, con la anchura de la boca, con la longitud de los ojos?

– Si la respuesta no resulta obvia de inmediato, considera que es una punta **media** de nariz.

Venga, sé valiente. Observa la punta de tu nariz en el espejo. *El tamaño de la punta de la nariz* muestra cuál es tu relación con la seguridad financiera. Las puntas *gruesas* revelan que ahorrar para el futuro es una gran inquietud para ti. ¿Cuánto dinero está realmente en el banco? Lo siento, la punta de la nariz no te lo dirá. El deseo de seguridad material no se corresponde necesariamente con el tamaño de los ahorros del sujeto.

¿Has visto alguna vez los anuncios de los Travelers Checks de American Express, protagonizados por Karl Malden? ¡Qué casting más inspirado! Su punta de nariz muy grande decía, «No salgas de casa sin dinero, mucho dinero». Normalmente, encontrarás que las puntas de nariz *medias* y gruesas son más comunes que las pequeñas. Teniendo en cuenta que lo MUY equivale a MUY, debería quedar claro que cuanto mayor sea la punta de la nariz, la persona piensa más a menudo (o se preocupa o se regocija) acerca de sus ahorros personales.

Cuando lees la sección de economía del periódico o ves programas sobre economía, encontrarás a muchas personas con puntas

Tamaño de la punta de la nariz

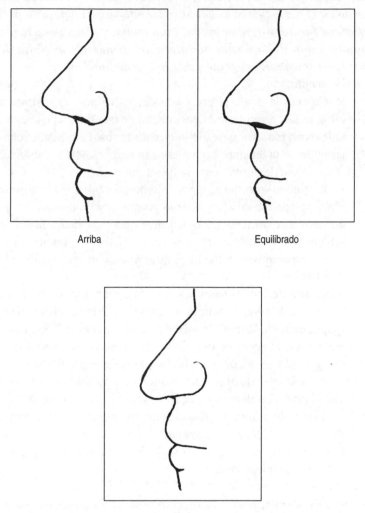

Arriba   Equilibrado

Abajo

de nariz gruesas. ¿Quién piensa con frecuencia en los ahorros? Las personas pobres, también las personas que son ambiciosas, codiciosas, filantrópicas, coleccionistas de arte o que tienen varios de estos atributos a la vez. Cuando leas los Secretos, descubrirás que las personas ahorradoras proceden de toda clase social y de toda herencia étnica.

P. Ayer mismo discutí con mis padres sobre el tema del dinero.
«Tienes casi 30 años», me dijeron. «Todavía no te has casado y tu
sueldo en el periódico es ridículo. ¿Cuándo vas a empezar a pla-
nificar tu futuro?» Tenían razón. Pero también usted tiene razón
cuando habla de la punta diminuta de mi nariz y mi falta de
interés en los ahorros. ¿Qué pude haber dicho a mis padres en
defensa propia?

R. Cuando la gente te pone a la defensiva por ser distinto a
ellos, ayuda considerar la posibilidad de que sus estilos personales sean radicalmente distintos a los tuyos. Esto puede reba-
jar parte de la tensión. La punta de tu nariz es MUY *diminuta*.
¿Qué clase de punta de nariz tienen tus padres?

R. La tienen enorme, especialmente mi padre. Pero lo que
ellos dijeron me dolió, y no sólo porque soy un mutante en lo
concerniente a mi nariz. Usted dice que cada rasgo facial se
relaciona con un talento. ¿Qué puede haber de bueno en la
actitud irresponsable que tiene que ver con mi punta diminuta
de nariz?

R. Aparte de los factores sociales que mencionas acerca de
esta punta de nariz, ella tiene un significado maravilloso. ¿Has
oído hablar de la **conciencia de la prosperidad?** Significa
tener una comprensión espiritual del dinero como símbolo: de
energía, de talento, de trabajo, de agradecimiento. El dinero es
un flujo, en vez de algo para acumular, y no fluirá con mayor
abundancia debido a la preocupación.

Aunque todo el mundo puede esforzarse por creer en la abundancia, tú no tienes que trabajar en ello, ¿verdad? ¿No es cierto que para ti siempre habrá suficiente? ¿Y no crees que, de
algún modo, siempre se te da?

P. Sin duda alguna, esa es la razón por la cual no me preocupo,
aunque mi entorno cree que estoy loco.

R. ¿Ves? Tienes una propensión natural a la conciencia de la
prosperidad. Y la ventaja de ello es la libertad en tu propia vida
más la oportunidad de enseñar a otras personas esta comprensión espiritual del dinero. Para otros, entre ellos tus padres, tú
ejemplificas una clase importante de intrepidez. Así que no te
avergüences de ti mismo por no preocuparte por el dinero.

El tamaño de las fosas nasales

Respira hondo. Y traga saliva, si es preciso. Estamos a punto de adentrarnos en el terreno de las fosas nasales. Ya sé, este rasgo puede parecer el no va más en partes faciales engorrosas antes de ser considerado un fisonomista en toda regla. No es de extrañar que el tema también se considere tabú. Incluso tus amigos más cercanos serán reacios a hablar de lo que significa el tamaño de las fosas nasales. Pero estoy impaciente por mostrártelo. En parte, porque todos los que se dedican a las ventas tienen una necesidad imperativa de saber algo sobre las fosas nasales. Y en parte, porque las fosas nasales a nivel físico no me preocupan con los temores habituales sobre higiene o modales. Más bien me recuerdan la lúcida inteligencia de mi hijo.

Cuando Matt era pequeñito, uno de sus pasatiempos preferidos era tocarse la nariz. Las reprimendas paternas no parecieron surtir efecto. Durante una conversación entre Matt y mi marido, Mitch, su concierto con la nariz había durado ya mucho rato. De modo que Mitch dijo educadamente: «Ese no es lugar adecuado para tu dedo, hijo. Por favor, sácatelo de ahí ahora mismo».

Matt obedeció al instante, retirando su dedo y metiéndoselo directamente en la nariz de su padre.

Nuestras lecturas de rostros no serán tan radicales. Pero a nuestra manera más reservada, vamos a pasar directamente a hablar de las fosas nasales.

¿Cómo calculas el **tamaño de una fosa nasal?** No te preocupes. No necesitas nada voluminoso, como una regla. Simplemente observa la fosa nasal desde delante, en ángulo medio.

— Cuando puedes observar la forma entera, se trata de fosas nasales **grandes**.

— Agujeritos que apenas puedes ver significan unas fosas nasales **pequeñas.**

— ¿No ves ningún agujero? O estás observando a una muñeca Barbie, o se trata de una persona con fosas nasales MUY pequeñas.

Tamaño de las fosas nasales

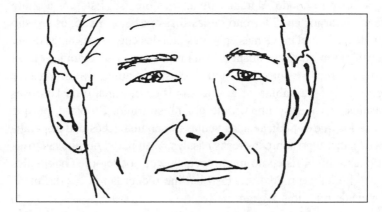

Grande

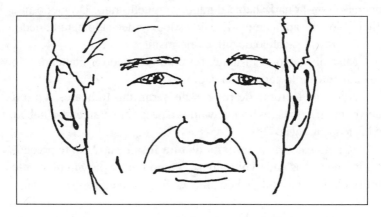

Pequeña

El *tamaño de las fosas nasales* puede compararse con la capacidad de retirada de fondos de un banco. ¿Recuerdas las huchas en forma de cerdito? Tienen una ranura estrecha para depositar monedas. La mayoría de nosotros introducimos el dinero suelto que nos sobra en un recipiente con un acceso más sencillo, como por ejemplo un bolsillo. Asimismo, en términos físicos, algunos de nosotros hemos elegido una ranura que facilita el alcance del dinero. Otros han decidido hacer más difícil sacar el dinero.

¿Y cuándo se produjo esta trascendente decisión? Personalmente, creo que cada alma establece un contrato sobre los rasgos faciales más importantes antes de emprender una vida –véase la sección sobre «La paradoja del talento». Pero si prefieres imaginártelo como una especie de juego cósmico, siempre puedes pensar que ¡tus fosas nasales vinieron directamente de una máquina tragaperras!

Sea cual sea la explicación última, durante miles de años los fisonomistas han hallado una correlación clara: las fosas nasales *grandes* se relacionan con gastar mucho, con bolsillos de fácil acceso. Los que gastamos menos tenemos fosas nasales *pequeñas*. Somos como pequeñas huchas andantes.

P. Vaya. ¿Cómo se combina esta manera de gastar con la necesidad de una seguridad financiera? ¿Las puntas de nariz grandes se corresponden automáticamente con fosas grandes?

R. Puede ser cualquier cosa. De hecho, algunos de los personajes más ricos de Estados Unidos tienen grandes puntas de nariz con fosas diminutas. Alexander Hamilton, el primer Secretario del Tesoro en Estados Unidos, tenía una nariz de ese tipo. La tradición prosiguió con muchos grandes empresarios: el empresario Andrew Carnegie, el banquero J.P. Morgan, el magnate ferroviario James J. Hill.

Pero en cuanto a la manera de gastar, al igual que con los rasgos faciales físicos, no puedes dar nada por sentado. John D. Rockefeller, tal vez la persona rica más famosa en la historia de Estados Unidos, tenía rasgos opuestos a los mencionados anteriormente. La punta de la nariz de Rockefeller era considerable. Sin embargo, sus proporciones no tenían comparación con las fosas nasales más grandes que jamás he visto. Y quizá no lo sepáis, pero este magnate del acero no sólo se hizo famoso por su fortuna sino que también se convirtió en un apasionado filántropo.

A los recaudadores de fondos para caridad y a los vendedores, antes que empiecen a babear, debo decirles que el receptor del gasto no es tan sencillo de predecir. El tamaño de las fosas nasales no puede decirte si las personas ricas te considerarían a ti o a tu empresa un objeto merecedor de su caridad. Las fosas nasales grandes sólo garantizan que un gran porcentaje del dinero de una persona va a ser gastado. Los gastadores compulsivos igual prefieren gastárselo consigo mismos. Igual de impredecible es la nariz de Andrew Carnegie: una punta grande de nariz y unas fosas nasales pequeñas. Como probablemente sabes, Carnegie era una persona frugal y filantrópica. Lo más habitual es que las personas con este tipo de final feliz en su nariz sean generosas principalmente con sus *consejos* sobre dinero.

P. ¿Y Gandhi? ¿Su punta de nariz era considerable, verdad?
R. Para alguien que elige el sendero espiritual de la renuncia, su manera de gastar adopta la dirección de ayudar a los demás de la misma manera en que te ayudarías a ti. Mahatma Gandhi, al igual que la Madre Teresa, se convirtió en un defensor de los pobres y los desposeídos. De este modo, las puntas de nariz grandes y las fosas pequeñas pueden traer bendiciones a millones de personas.

LA FORMA DE LAS FOSAS NASALES

Ahora bien, si no eres muy quisquilloso, sigamos con el tema de las fosas nasales. Podemos hallar cuatro modelos principales de **formas de fosas nasales**, no todas ellas en la misma nariz, por supuesto. Sin embargo, no es raro hallar dos fosas distintas en una misma nariz. Así pues, cuando observes tu nariz en el espejo, mira si puedes fijarte en una fosa y luego en otra. Igual descubres dos formas distintas.

– Las fosas nasales **redondas** muestran una forma circular. (Sólo la parte inferior es redonda. Ninguna fosa tiene forma completamente redonda).
– Las fosas **rectangulares** tienen una forma recta y larga. Suelen ser de tamaño pequeño.
– Las fosas **acampanadas** pueden ser las más difíciles de reconocer. Pero adquirirás mucha práctica al observarlas

porque esta forma es la más habitual. Busca fosas nasales que empiecen rectas, y luego se curvan cuando suben hacia las orejas.

– Las fosas **triangulares** son las más inusuales. Son como vagar por las dunas del desierto de Egipto y toparse con una pirámide. Algún día, te sorprenderás al ver un par de fosas que son como pirámides diminutas, y sabrás que has encontrado un par triangular.

¿Este rasgo no te aporta un nuevo concepto de aventura? Piensa en ello. ¡Algún día tal vez te conviertas en una especie de agente de viajes nasal!

Aunque he tratado de convertir la lectura de este rasgo en una aventura, es posible que todavía no estés del todo convencido de que la lectura de las fosas es una forma excelente de ver el mundo. Yo, vuestra profesora, puedo hacerme cargo de esto. Sé que cuando aprendas el verdadero significado de la forma de las fosas, te encantarán.

Éste es el trato: la *forma de las fosas nasales* te informa sobre la manera de gastar. Vendedores, os interesa ser más amables con los clientes de fosas *redondas*. Si el Señor ama a los que dan alegremente, estas personas deben tener los bancos delanteros de la iglesia reservados en el cielo. Su modo de gastar es ingenioso, y se especializan en encontrar formas creativas de administrar su dinero.

En definitiva, las personas con fosas nasales MUY grandes y redondas son los que más gastan. Cuando una mujer con esta combinación se inscribió en uno de mis talleres, se lo comenté. Le dije que sus fosas nasales redondas también se correspondían con una habilidad para administrar sus deudas. Se rió tan fuertemente, que se cayó de la silla. Cuando pudo hablar de nuevo, comentó:

«Tengo 22 tarjetas de crédito, y todas ellas cargadas al máximo». En mi taller siguiente, una mujer con fosas nasales idénticas a las anteriores se sentó en la misma silla. Hice la misma valoración. Ella también se puso a reír histéricamente, pero no se cayó de la silla.

«Yo también tengo 22 tarjetas de crédito» comentó al grupo. «Pero no todas están cargadas al máximo».

Las identidades de estas mujeres deben permanecer anónimas. Pero Mary Hunt, con fosas nasales similares, hizo público que en

Forma de las fosas nasales

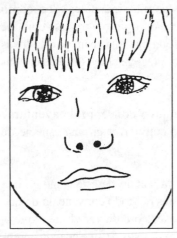

Redondas

Rectangulares

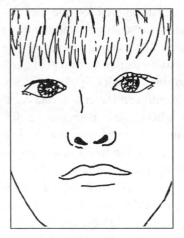

Acampanadas

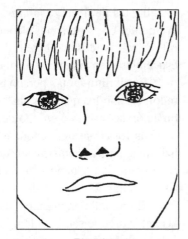

Triangulares

una ocasión se endeudó mucho (una deuda de cien mil dólares). Actualmente enseña recursos financieros como editora de la publicación *Cheapskate Monthly*.

Las fosas nasales *rectangulares* se corresponden con un gasto analítico. Las personas con este rasgo prefieren elaborar presupuestos (advertencia: a las personas con este rasgo que además sean ricas es posible que les encante ocultar el monto de su fortuna. Y sabes, como lector de rostro, que puedes disfrutar igual tratando de dilucidar la verdad. Sus rasgos los delatarán).

Las fosas nasales *acampanadas* se corresponden con un gasto arriesgado. Si te gusta algo, lo compras, independientemente de si es el tipo de adquisición práctica que gustará a tu jefe de fosas rectangulares.

Las fosas *triangulares* se corresponden con una conciencia altamente desarrollada de cuánto dinero puedes gastar. El desafío potencial es la tacañería, al menos desde un punto de vista externo. Una opinión más compasiva de un lector de rostro es que la vida de esta persona se ha caracterizado por la escasez. El presidente de la compañía Wal-Mart no tiene problemas de dinero actualmente, pero no me sorprendería saber que ha conocido la presión financiera. Me quedé muy sorprendida al ver sus fosas nasales cuando buscaba fotos en un artículo de revista sobre los nuevos presidentes de compañías. Allí estaba, junto con Jeffrey Immelt (de General Electric), Steve Ballmer (de Microsoft), Robert Nardelli (de Home Depot) y Craig Barret (de Intel). Todos los demás presentaban las fosas nasales casi invisibles que cabe esperar de los responsables de grandes empresas. Las fosas de Scott me hicieron dudar, puesto que eran moderadamente grandes.

Luego me fijé y vi que eran de forma triangular, especialmente la que se relaciona con la carrera. ¡Vaya! Los instintos de un gastador moderado serían equilibrados por una manera de gastar que roza el control estricto.

P. Pensé que lo que usted enseña servía para mejorar la autoestima. Resulta que yo siempre he odiado mis feas fosas nasales triangulares, pero ahora descubro que tienen que ver con la tacañería. ¡Fantástico! ¿Qué se supone que debo hacer con esta información, construir mi carácter?

R. El rasgo de las fosas nasales triangulares es probablemente el más desafiante que puedes hallar en un rostro. Pero piensa en su significado. Estamos en el Planeta del Aprendizaje. En lo que a mí respecta, tus fosas nasales son el equivalente de una medalla de honor militar. Has aprendido lecciones duras sobre cómo administrar el dinero, ¿verdad?

R. Sí.

R. No infravalores la sabiduría y la compasión que has adquirido. María Antonieta es célebre por la falta de compasión financiera que mostró cuando, después de que le comunicaran que su pueblo no tenía pan, contestó: «Pues que coman pasteles». No eres propenso a hacer este tipo de comentarios ácidos, por muy segura que sea tu situación financieramente. En comparación con las otras formas de fosas nasales, tienes un radar mucho más agudo para encontrar a personas que, secretamente o no, andan mal de dinero. Tu compasión alivia su dolor; nunca sabrás cuánto.

P. ¿Cuándo vas a recomendar el mejor tipo de fosas nasales para mujeres solteras como yo que quieren ligar? ¡Tengo muchísima curiosidad!

R. Si el dinero es una gran preocupación, recomiendo que examines cuidadosamente las fosas nasales de un posible candidato a pareja (bueno, no tan cuidadosamente, si no perderás la cita ya que él pensará que eres un poco rara). Luego piensa en lo que quieres, a corto y a largo plazo.

Quizás un noviazgo salvaje y sin reparar en gastos satisface tu sensación de diversión... y a tus fosas nasales. Sumérgete en una relación con alguien con grandes fosas redondas; te lo pasarás estupendamente. Pero, ¿te casarías con él? Los factores que deben influir en esta decisión dependen de tu forma de gastar y de la presencia o ausencia de una gran confianza. Los ligues con fosas rectangulares probablemente no vivirán este período de noviazgo con tanto desenfreno, pero si tienes problemas financieros, agradecerás cómo tu pareja hace presupuestos.

Los secretos sobre trabajo y dinero convierten a la nariz en una parte verdaderamente encantadora del rostro. Tanto si eliges una cita o un trabajo, o bien cierras un gran negocio o te dedicas a hacer recados sin importancia, ahora puedes hacer un alto en el camino para husmear las narices. Tienen mucho que decirte, y aportan más poder a todas tus relaciones. Ahora pasaremos a la parte del rostro que más directamente nos informa del poder.

8

LAS MEJILLAS

¿Muestran tus **mejillas** que eres una persona poderosa? ¡Desde luego! Todo rostro humano presenta al menos un talento para relacionarse con los demás.

En cuanto a rostros no humanos, no hay buenas noticias. Los Donuts, por ejemplo, tienen un agujero donde deberían estar las mejillas (también donde deberían estar la nariz, las cejas y la boca, de existir estos rasgos). ¿Es casualidad que nunca hayas visto a un Donut trabajando como presidente? Creo que no.

Afortunadamente, eres un ser humano, lo cual significa que puedes materializar tus deseos. ¿Se trata de peso político? ¿Un mayor estatus social? ¡A por ello! Puedes incluso celebrar una justa, aunque el equipo necesario es difícil de conseguir actualmente. Al menos el suministro de mejillas que te han dado está totalmente actualizado y es de primera calidad.

Las vas a necesitar. Si trabajas en el campo de las ventas, así como en tus relaciones, las luchas de poder pueden resultar desalentadoras. Un día malo te puede parecer que has librado una batalla con un villano de armadura impenetrable; tu autoestima necesitará una buena reparación, no un escudo.

En uno de esos días, lee este capítulo y repasa el esplendor de tus mejillas.

PROMINENCIA DE LAS MEJILLAS

La **prominencia de las mejillas** significa cuánto sobresalen tus mejillas.

– En un extremo se encuentran las mejillas **prominentes**, que son como estructuras visibles que llaman tu atención y te hacen exclamar.

– En el otro extremo, las mejillas **retraídas** no te sorprenden, a menos que las busques a propósito (como cuando lees con atención un libro sobre fisonomía). En cualquier caso, tu incapacidad para hallar una parte de la mejilla que sobresalga del resto del rostro de hará exclamar. Bien, considera esa exclamación como un grito de victoria, porque significa que has identificado estas mejillas retraídas.

P. ¿Pero usted promete que hay algo bueno en tener este rasgo, verdad?

R. Sí, y dedico esta información a todas mis hermanas de mejillas retraídas que han tenido decepcionantes rojeces y erupciones. Cuando hojeas revistas femeninas y llegas a la inevitable sección sobre trucos de maquillaje, encontrarás deprimentes instrucciones para resaltar las «manzanas» de tu rostro. El artículo te indicará que sitúes estas misteriosas manzanas succionando parte de la piel, y algunas de nosotras tenemos que recurrir a la fuerza de un aspirador para notar algo.

Después embadurnamos de maquillaje esa supuesta estructura. Y cuando finalmente liberamos nuestras mejillas y admiramos el efecto, ¿qué resultado obtenemos? Es como una bonita pintura, con rayas y borrones, cuyas coloridas vetas resaltan nuestro interés en la autodecoración, no en el lienzo que hay debajo. A menos que pretendas quedar como un cuadro, ¿por qué preocuparse por las mejillas? Con el tiempo, algunas de nosotras nos damos cuenta de que podemos estar bellas sin fingir mejillas prominentes. (Las mejillas planas significan menos competencia para tus ojos y esas hermosas mandíbulas). Ahora puedes ponerle un nombre a tu rasgo, que es el de mejillas retraídas.

Prominencia de las mejillas

Prominentes

Retraídas

Puesto que una *mejilla* prominente muestra estilo de liderazgo, probablemente puedes adivinar que las mejillas *prominentes* se corresponden con un estilo de perfil elevado de liderazgo. La personalidad, no sólo las mejillas, puede destacar en una multitud. ¿Por qué tantos actores tienen estas mejillas prominentes? La pasión por estar en el candelero les ha ayudado a elegir esta profesión. En cambio, entra en un lugar de trabajo donde a las personas se las recompense por estilos de poder menos visibles, por ejemplos los navegantes anónimos de internet. Encontrarás a personas con las mejillas de incógnito que presentan la mayoría de la gente. Actuar requiere valor. Para que no te olvides, te invito a una habitación llena de desconocidos y trata de hechizarlos con tu canto, tu baile o tu actuación. Catherine Hepburn, célebre por sus mejillas muy prominentes, sobrevivió al comentario abrasador de Dorothy Parker, según el cual, «ella recorre todas las emociones, de la A a la B». Hepburn también libró una valiente batalla con una enfermedad paralizante. Durante años, actuó con una voz y un cuerpo limitados, manteniéndolos a base de fuerza de voluntad y dejándose ir sólo cuando el temblor de su voz y su cuerpo creaba un efecto dramático. Otro par notable de mejillas valientes pertenecen a Katharine Graham, quien tomó una decisión arriesgada pero histórica cuando publicó las primeras conclusiones del caso Watergate en el periódico *The Washington Post*.

P. *Ya que hablamos de política, no he observado muchos cargos electos con grandes mejillas. ¿No se suponía que eran líderes? ¿Cómo se explica esto?*

R. Recuerda, hay más de un camino hacia el poder. El estilo de perfil alto que se corresponde con mejillas prominentes puede intimidar a la gente. Así pues, ¿es casual que nunca hayamos elegido a Robert Redford? No, y suspiro, como cualquier idealista frustrada. El presidente con las mejillas más pronunciadas fue JFK, cuyas mejillas mostraban prominencia sólo cuando sonreía, no el resto del tiempo.

Las mejillas retraídas se corresponden con una versión más humilde de la búsqueda de poder. Si tienes este rasgo, no has observado una gran mejilla sobresaliendo de tu cara, pero apuesto a que has advertido que tu estilo implica pedir consejo u opiniones a terceras personas. Llámalo humildad, llámalo democracia, y alienta a las personas a confiar en ti.

Cuanto más de cerca observas este aspecto altamente social de las mejillas, notarás que su prominencia suele relacionarse con el temido tema del grosor de las mejillas.

El grosor de las mejillas

Incluso los niños mayores de cuatro años odian cuando se acerca su abuela, les pellizca una mejilla, y dice algo como: «¿Quién es el niño más mono?»

Mucho después de la tierna infancia, la carne de la mejilla sigue planteando un problema, al menos si eres sensible hacia la enfermedad más temida en Estados Unidos. ¿Será la caries dental, la caries moral, la falta de realización de tu potencial vital o una enfermedad? No. Estamos aterrados ante la idea de ser gordos. Y para muchas personas, la carne en el rostro significa que también somos gruesos en el resto del cuerpo.

Pero, ¡sorpresa! **El grosor de mejilla** no está necesariamente relacionado con la obesidad. Cuando un cuerpo engorda, es posible que no engorde la cara, y a la inversa. He leído a clientes muy delgados con mejillas muy gruesas, y clientes robustos con poco grosor en las mejillas.

Si puedes calmarte y afrontar este asunto emocional, te darás cuenta de que cuando las mejillas sobresalen, no se vuelven necesariamente gruesas.¿Cómo averigüar el grosor de tu mejilla? Hemos descartado medir los michelines de tu cintura y de otros puntos hacia el sur. Ve directamente a una de tus mejillas superiores (es decir, por encima de tu cintura). Aférrate a ellas como un abuelo, y pellizca.

Fíjate en el trozo de carne que se aprecia en el espejo.

– Si es mucho, tienes una mejilla **gruesa.**

Grosor de las mejillas

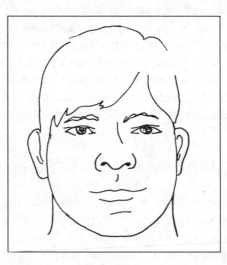

Grande

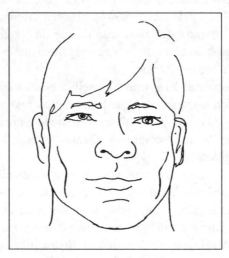

Pequeño

– Si el esfuerzo te hace daño y te das contra las encías, admítelo. O estás imitando sádicamente a tu abuela o tienes una mejilla **fina**.

Ahora pasemos a considerar de qué va todo esto. Podríamos decir que las mejillas *gruesas* son como «cojines de poder». Cuanto más suaves y mullidos sean tus cojines, menos amenazados se sentirán los demás por los juegos de poder. Una mejilla gruesa se corresponde con un estilo de poder que te aporta mucho apoyo: cuanto más física sea la mejilla, más apoyo tendrás, así que es un motivo para alegrarte.

Este rasgo marca un estilo de liderazgo conciliatorio, y hace que todos los miembros del equipo se sientan importantes. La pionera ecologista Rachel Carson suavizó su estilo de liderazgo con el grosor de sus mejillas, al igual que Helen Keller, cuyo enfoque poco amenazador contribuyó a obtener el reconocimiento para todas las personas discapacitadas físicamente.

Un grosor de mejilla *pequeño* presenta un estilo totalmente distinto con el poder. Se trata de una persona que prospera trabajando sola. Puedes tener problemas a la hora de delegar tareas, quizá porque crees profundamente que puedes hacer un trabajo mejor que la persona en quien delegarías. De hecho, posiblemente tengas razón. Así que el desafío de este rasgo no es tanto el engreimiento como los celos hacia los demás. No dejes que esto te consuma.

P. Pregunta sobre la cuestión de delegar: tengo esas mejillas huecas de las que hablas, pero también el tipo de nariz triangular que acostumbra a delegar. ¿Qué se saca en claro de todo ello?

R. Los rasgos de la nariz se relacionan con el trabajo. Los rasgos de la mejilla se aplican al resto de tu vida: a parejas y compañeros de piso, a relaciones con la familia, las personas con quienes pasas las vacaciones, compañeros de la iglesia, de tu club deportivo, o del lugar donde vas a bailar. Por ejemplo, cuando llega a la hora de arreglar la secadora de tu casa, ¿qué tono de voz utilizarás cuando hablas con el fontanero? Cuando tratas de este tema doméstico, tendrás un tono de voz. Si el fontanero viene a tu casa, el tono será muy distinto.

Como ves, es demasiado simple calificar a una persona de «buena delegando». La lectura de rostros te muestra todos los entresijos, cuándo una cualidad se aplica y cuándo no.

P. ¿No es una contradicción que una persona presente un grosor pequeño de mejilla (y por tanto MUY poco apoyo de los demás) y algo parecido a una nariz triangular (que según usted se relaciona con un talento para el trabajo en grupo?)

R. La nariz muestra estilo de trabajo en grupo, mientras tienes un trabajo remunerado. Las mejillas muestran tu estilo de poder durante el resto del tiempo. El letrista Woody Guthrie, por ejemplo, invitó a gente a participar en sus canciones (nariz triangular) pero, en lo más profundo de su ser, era un solitario (con mejillas MUY poco gruesas). Con las combinaciones de rasgos faciales, créeme, todo es posible.

P. Entonces, ¿qué son los pómulos altos? ¿No es una especie de relleno en la mejilla?

R. No necesariamente. Estás pasando a la categoría de par de mejillas, que puede ser difícil de apreciar al principio. Pero sé que lo aprenderás. Prepárate.

EL PAR DE MEJILLAS

«Pómulos altos» es uno de los términos que hay que desechar relacionados con la lectura del rostro. La gente utiliza «pómulos altos» para decir cualquier cosa, desde mejillas prominentes hasta mejillas sin relleno o atractivo general. Con claros estereotipos étnicos, la gente dirá que alguien tiene mejillas altas porque es indígena americana o mongol, pero bien podrían decir que es de cualquier otro lugar del planeta.

Para entender los rasgos del pómulo, debes desarrollar un ojo para determinar **el par de mejillas**. ¿Dónde sobresale más este par?

– Sobresale debajo de las órbitas del ojo, en cuyo caso la persona tiene pómulos **altos**.

- ¿O esta protuberancia se aprecia en dirección contraria? Algunas mejillas sobresalen sorprendentemente hasta la parte inferior del rostro, más cerca de la boca que de los ojos. Es lo que llamo mejillas **bajas.**

- Otra posibilidad son las mejillas **alejadas**, un rasgo que se muestra más comúnmente cuando las mejillas también son prominentes y sin relleno. En efecto, son los mismos rasgos que la mayoría de las personas que todavía no son fisonomistas calificarán erróneamente como «pómulos altos».

- O serás bendecido con mejillas **juntas**, donde el mayor grosor está cerca de la nariz.

Si el poder es importante en tu carrera o tus relaciones, querrás ser capaz de dilucidar la verdad sobre el par de mejillas.

P. ¿El par de mejillas se aprecia porque los huesos sobresalen, o porque el relleno sobresale?
R. Cuentan tanto los huesos como el relleno, sea lo que sea lo que resalte más.

El *par de mejillas* informa sobre el empuje del poder de una persona. Se muestra en distintas direcciones, tanto figurada como imaginariamente.

Los pómulos *altos* quizá se persigan en el saber popular, pero no estés muy dispuesto a ponerte implantes de mejilla. Puede ser un rasgo muy difícil para convivir con él. Se refiere a utilizar tu cobertura social para luchar por tus valores. No permitirás a nadie con quien estés relacionado que haga cosas que crees que son incorrectas.

P. ¿Quiere decir lo que motivó que me echaran?
R. ¿Qué ocurrió?
P. Algunas de las personas más ambiciosas de la empresa hicieron algo poco ético. Yo fui el único que lo denunció. Ellos contestaron: «Lo que estamos haciendo puede estar mal, pero es legal. Si no te gusta, no te metas». Me imaginé que lo que ocurrió estaba relacionado con el hecho de que yo era la única directiva mujer de la empresa. Pero tú dices que no se trata de una cuestión de sexo, sino de una cuestión de estilo personal.

Par de mejillas

Alto

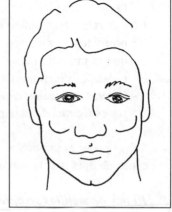

Bajo

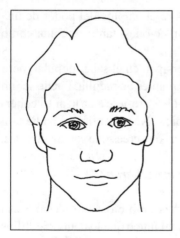

Alejados

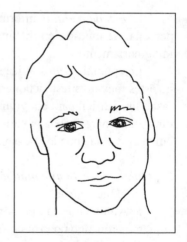

Juntos

R. Tanto en hombres como en mujeres, las elevadas expectativas éticas de los demás se corresponden con pómulos altos. Otras personas se molestarán igual por un comportamiento incorrecto, pero no arriesgarán su trabajo diciendo la verdad. ¿Quién armaría un lío? Los pómulos te lo dirán.

P. Me he metido en problemas por culpa de mis pómulos. Y lo curioso es que normalmente lo último que hago es pelearme con la gente. Soy el tipo de persona que odia provocar. ¿Qué pasa con todo este asunto de las mejillas?

R. Aunque tu rostro no presente ningún otro rasgo relacionado con el conflicto, los pómulos altos muestran que pelearás por tus valores. Y cuanto más huesuda sea esa estructura, más llanamente se expresarán tus valores.

P. ¿Merece la pena tanta pelea? Fíjate en mis pómulos. Verás por qué te lo pregunto.

R. Ser justo es un trabajo difícil, pero alguien tiene que hacerlo. En tiempos de conflicto, tal vez halles consuelo con el éxito de John Calvin, el pilar del protestantismo con pómulos altos y huesudos. La escritora Louisa May Alcott también presentaba este rasgo, y se especializó en novelas que mostraban valores familiares ejemplares como *Mujercitas*.

¿Y las personas en el extremo opuesto, gente con mejillas *bajas*? La gente con este rasgo muestran gran tolerancia hacia las opciones de otras personas. Por cierto, esto no significa que no seas una persona moral. Pero ya sabes que aquí estamos en el Planeta del Aprendizaje, y el objetivo es aprender. Tú aconsejarás y dejarás hacer. Crees, en el fondo de tu ser, que las elecciones morales son algo personal, no algo que deba imponerse a otros.

Las mejillas *alejadas* pueden ofrecer una magnífica oportunidad para una controversia pública a largo plazo, especialmente cuando las mejillas también son prominentes y sin grosor. Espera una valentía imperturbable que con el tiempo no hace más que crecer. Ejemplos de ello son el ex presidente sudafricano Nelson Mandela; Jerónimo, el gran guerrero apache; Clara Barton, la mujer solitaria que fundó la Cruz Roja; la cantante y destructora de prejuicios Marian Anderson; y el heroísmo maratoniano de la Madre Teresa. Todos estos líderes se pusieron a prueba a sí mismos con el paso del tiempo, llevando a cabo hazañas que costaron décadas en vez de años.

Una guerrera menos conocida con enormes mejillas separadas es la doctora Elisabeth Kübler Ross. Sus pioneros estudios sobre la «conciencia de la muerte» han ayudado a millones de personas, empezando por la superación de una negación –una tarea temible en toda regla.

P. ¿Qué puede decirnos sobre las mejillas muy juntas, que tenemos lo contrario a la valentía? No me gusta el aspecto de mis mejillas, y ¿eso querrá decir algo desagradable, también?

R. Las mejillas *juntas* se corresponden con una habilidad para administrar crisis a corto plazo. Tal vez nunca hayas admirado tus mejillas físicas, pero, ¿no estás orgullosa de lo bien que manejas una situación de presión? Cuando surge una crisis, *tú* eres la que saldrá airosa en cada momento.

¿Cuál es el desafío correspondiente? Evitar ponerte en situaciones donde tengas que recurrir a esta habilidad. Sólo porque salgas airosa de cada situación crítica no significa que el estrés continuado en el trabajo no repercutirá en tu salud.

P. Soy director de una empresa. ¿Me recomendaría que tuviera en cuenta la disposición de las mejillas cuando señale fechas y plazos de entrega?

R. Por supuesto. Sería algo especialmente inteligente de hacer con trabajadores que tengan mejillas muy juntas o separadas. Deja las causas de tres o treinta años para tus corredores de fondo. Asigna las tareas de tres días a los velocistas con mejillas juntas.

Proporciones de la mejilla

¿Te has identificado con algunos de los rasgos de mejillas que hemos comentado hasta ahora? «Prominencia-no prominencia» habrás susurrado cuando te miras en el espejo en vano, en busca del equivalente facial de unos picos de montaña. En cuanto al grosor de las mejillas y la disposición de éstas, es posible que no los detectes, pero no te preocupes. Sin duda alguna tienes **proporciones de mejilla** generales, lo más importante de todas las categorías de mejilla.

Formúlate esta pregunta cuando te miras al espejo: «Espejito, espejito de la pared, ¿cuál es la mayor anchura de mi cara?»

Si una voz del espejo te contesta algo, estás atrapado en un cuento de hadas. ¡Corre!

- Pero lo más probable es que te conteste tu propia voz. Quizá diga que tienes el rasgo de **mejillas muy anchas**, donde tu rostro se estrecha por debajo de los pómulos.
- En cambio, **anchura por debajo de las mejillas** significa lo contrario. Por debajo de los pómulos, tu rostro se amplía.
- **La anchura de frente** es un rasgo relativamente poco común en el que las mejillas no parecen especialmente anchas porque tu frente todavía lo es más.
- Y la anchura **media** es el rasgo más común en esta categoría. Significa que la anchura de tu rostro está bastante equilibrada desde la mejilla hasta la línea de la mandíbula. Para que esto ocurra, no importa si la anchura general es estrecha o no. En cualquier caso, la anchura permanece constante.

Las *proporciones de la mejilla* revelan cómo tus rasgos de liderazgo actúan en un grupo de personas. La *anchura de mejillas* se corresponde con un **estilo de poder de «liderazgo»**. Aquí mis comillas pretenden ser irónicas porque hay otras muchas formas eficaces de ser un líder además de esta. Pero la gente tiende a suponer que la única clase de liderazgo que cuenta debe ser altamente visible. Otros estilos de liderazgo que consideraremos en este capítulo pueden ser igual de efectivos. Pero no son tan llamativos.

Sin embargo, los rostros con aspecto de líder siempre cuentan con una ventaja en lo que se refiere a causar una fuerte *primera*

Proporciones de la mejilla

Mayor anchura de mejillas

Mayor anchura debajo de las mejillas

Mayor anchura de frente

Equilibradas

impresión. (También atraerán muchos celos). Las personas con este rasgo son consideradas líderes natos. Y un aspecto curioso que habrás advertido, si perteneces a esta categoría, es que no tienes que decir ni una palabra. La gente te encontrará de todos modos. Allí estarás, colgado en una reunión de tu club favorito, cuando la gente se gira para mirarte y señalarte. Vaya, una vez más te han nominado para presidente del Club de los Optimistas, o cualquier otra posición de responsabilidad que nunca pretendiste.

Algunas personas con liderazgo acogen este talento; otras quizá pasen años luchando contra él. Pero si tienes mejillas MUY estilo liderazgo, a menos que lleves una bolsa tapándote la cabeza la gente recibirá el mensaje de tu imponente presencia. E incluso con esa bolsa, añadiría yo, probablemente tu aura mostrará la misma energía. No obstante, una bolsa alrededor de tu cabeza actuará como un elemento disuasorio bastante efectivo para las presidencias no deseadas,

La *mayor anchura debajo de las mejillas* muestra un estilo de liderazgo totalmente distinto, el **estilo de poder pacifista.** Si tienes este rasgo, lo habrás notado: cuanto más tiempo te conocen las personas, más te respetan. Y te lo demuestran de la forma más agradable. Te arrojan sus problemas a ti. Es como si te hubieras convertido en una madre honoraria. La gente acude a ti con sus problemas, con un montón de quejas; y esperan que los escuches.

Recuerda, por favor, que debes tomártelo como un cumplido. La gente sabe que puedes manejar sus problemas porque, en cada grupo al que perteneces, actúas como una mecedora. Dirás algo divertido o tenderás un abrazo o simplemente una oreja compasiva. Con el tiempo, las personas que se quejan demasiado se marcharán. Sus rostros mostrarán sonrisas brillantes. Sus corazones se aligerarán y mostrarán un respeto aún mayor hacia ti.

Leo Buscaglia, autor del libro de auto ayuda *Amor*, tiene esas proporciones de mejilla. Su título oficioso es «Señor Abrazo». La gente siente su amor y le corresponden a ese amor.

Desgraciadamente, puede haber un problema con el estilo de poder pacifista. ¿Qué ocurre cuando tú necesitas desahogarte? Las personas con tu estilo de poder se preocupan mucho más por mantener la armonía en las relaciones. Por tanto, tu desafío es la asertividad. Un ejemplo:

Vendes sillas en unos grandes almacenes. Cuando tu mejor cliente te da un golpecito en la espalda, sin saber que sufres dolores de espalda, tu primera reacción sería decir: «Quieto, que me duele». Pero eso supondría herir sentimientos, y repercutiría en el negocio. Así que sufres en silencio.

La próxima vez que este cliente hace lo mismo con tu espalda, rechinas los dientes pero sigues sin decir nada. ¿Por qué causar problemas?

Esta costumbre de tu cliente prosigue durante varios años, y tú te sientes enfadado con él. Finalmente, llega el día en que simplemente pierdes el cliente. El cliente te pega otra palmadita. Y tú explotas de rabia.

Las explosiones de este tipo son inevitables hasta que aprendes la lección vital de afirmarte a ti mismo antes de desarrollar un gran cambio emocional.

En el extremo opuesto están los rostros que, en lo referido a mejillas, cuestan trabajo de comprender. *Incluso* la anchura se relaciona con un **Estilo educado de poder** que es, igualmente, poco llamativo. Pero no se queda corto. Si perteneces a esta categoría, sabes cómo accionar el sistema. Los resultados te importan más que llamar la atención sobre lo magnífico que eres.

El único desafío de este estilo es que te vayas apagando en un trabajo rutinario. Recuérdale a tu jefe, de vez en cuando, que eres la persona que forjó esos espléndidos resultados.

¿Qué estilo de poder es el mejor? Admitámoslo, el estilo liderazgo recibe más reconocimiento del que merecería. La carrera del actor Michael Landon no despegó realmente hasta sus implantes de mejilla. Eso, por cierto, es lo que compra la cirugía estética –no una nariz– cuando quieres un mayor reconocimiento social. Sin embargo, si deseas ganarte una reputación por tus acciones loables, estarás bien con uno de los estilos de poder menos llamativos.

P. Uno de mis mayores vendedores tiene una frente muy amplia. Pero no estoy seguro de que tenga razón sobre la idea de la pasión del poder. ¡Si pudiera ver su lenguaje corporal! Es un hombre que no se inmuta. ¿Está dispuesta a aceptar que no ha acertado en este caso?

R. No en cuanto a esta persona. He leído rostros de vendedores que trabajan al nivel más alto de ventas. El estilo de la pasión está desproporcionadamente representado en este ámbito, y los vendedores de alto nivel han desarrollado una gran habilidad para ocultar su intensidad. Pero les gusta ser descubiertos por un fisonomista que les entienda. Esto es algo que puedes decir, en un momento relajado, para reforzar tu relación personal con un individuo así:

«He estado estudiando fisonomía y no pude evitar fijarme en las proporciones de tu frente. Según mis estudios, alguien como tú es secretamente intenso todo el tiempo y nunca cesa. Esto no se refleja en tu lenguaje corporal, pero, ¿es así, verdad?»

Prepárate para recibir una sonrisa astuta y de complicidad.

9

LA BOCA

¿Por qué miramos tan fijamente a los ojos y sin embargo retiramos la mirada cuando llegamos a la **boca**? Generalmente evitaremos quedarnos allí a menos que una mirada rápida muestre una cálida sonrisa. Es como uno de esos carteles de las tiendas en los que leemos: «Abierto».

Las sonrisas muestran que el establecimiento está abierto al público, mientras que otras expresiones muestran que el dueño de la boca se ha ido de pesca o ha cerrado la tienda por alguna otra razón. Las buenas maneras exigen que evites quedarte abstraído mirando los labios, a menos que te reciban con una sonrisa, un poco de conversación o un beso.

¿Cuándo fue la última vez que te tropezaste con una amiga que iba caminando solitaria, perdida en su mundo personal? ¿Recuerdas lo que ocurrió? La resonancia de tu «Hola» actuó como el timbre de un despertador. Ella puso atención y reordenó su rostro, haciendo que sus labios adquirieran una expresión pública.

Curiosamente, las bocas nos dicen mucho aunque no traten de comunicar verbal o no-verbalmente. Como lector facial, te divertirás mucho con todo lo que te contarán las bocas sobre los estilos de *autoexpresión* de sus dueños.

El grosor de los labios

El **grosor de los labios** nos indica lo llenos, e incluso gruesos, que son unos labios. Para leerlo, tendrás que resistirte a la tentación de verlos simplemente como grandes o pequeños. Tendrás que separar el grosor de los labios de la longitud de la boca, que consideraremos separadamente.

– Los labios **llenos** están en un extremo del grosor labial.
– Los labios **finos** están en el otro.

Cuando compruebes tu propio equipamiento labial, por favor, evita la tentación de sonreír ante el espejo. Sabemos que te gustas a ti mismo (o al menos eso esperamos), pero la sonrisa altera el aspecto de tu boca (o, al menos, eso esperamos).

Pregunta: ¿Importa si detestas tu propia boca? ¿Siempre he sentido vergüenza de mis labios finos y delgados?

Respuesta: Tanto más motivo para echar la inhibición a la basura y decirle al mundo: «Mira mis labios». El *grosor labial* está relacionado con lo que uno está dispuesto a revelar de sí mismo. ¿Le gusta al individuo hablar de cosas personales, como secretos emocionales, traumas psicológicos (sean pequeños o grandes), experiencias religiosas, preferencias sexuales, preferencias en cuanto al sabor de los helados, por qué los calcetines que lleva puestos no hacen juego y lo que todos los demás podrían aprender de esta experiencia...? ¿Te haces una idea? Hay muchas cosas que divulgar respecto a mí-mí-mí. Y el grosor de los labios muestra cuál es tu área de comodidad personal al hablar y al escuchar estos asuntos. En este sentido, el grado de grosor de los labios de un desconocido te dice más de cómo va a ser su discurso personal que preguntarle si es de California.

Los labios *llenos* son geniales para abrir completamente una conversación. El reto consiste en evitar avergonzar a los demás, especialmente si se está ante un público. Recuerda el revuelo que se produjo cuando Jimmy Carter, que tenía los labios llenos, confesó a un reportero de *Playboy* que había sentido

Grosor de los labios

Finos

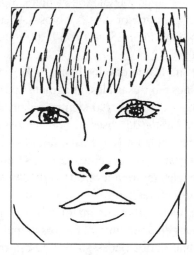

Llenos

«lascivia en su corazón». Las personas con labios relativamente *finos* no tienen que preocuparse de crear una imagen de besa-y-cuéntalo. Su reto consiste en revelar, incluso en pequeña medida, sus asuntos personales. Por ejemplo, piensa en el primer Presidente Bush: ¿Puedes imaginártelo contándole a cualquier reportero, y menos a uno de *Playboy*, que sentía lujuria en cualquier dirección?

Por suerte, *hablar* de sexo no guarda una relación directa con lo bien y frecuentemente que uno funciona como amante. Es innegable que los labios muy finos son de gran ayuda para los políticos, los vendedores y otros profesionales del mundo de los negocios. Tal vez sus finos labios ayudaron a George Bush hijo a ganar la campaña electoral de 2000, pues eran mucho más finos que los de Gore. Y, basándose únicamente en el grosor de los labios, adivina qué candidato presidencial se sentiría más cómodo plantando un gran beso a su mujer cuando fuera nominado en la convención de su partido, Bush o Gore.

La aventura de Clinton con Monica Lewinski no habría alcanzado unas proporciones semejantes en la prensa si ella no hubiera necesitado contárselo todo a una amiga... pero hay que considerar el gran grosor de sus labios. (Además de ese labio superior tan lleno, relacionado con la franqueza, como leerás más adelante.)

Volviendo a la idea de que los labios finos podrían ser ventajosos para fines empresariales, imagínate que estás en una reunión de altos ejecutivos. No sientes absolutamente ninguna necesidad de hablar de cosas personales para dar una sensación de «autenticidad». No te hace falta revelar cosas íntimas para sentirte cerca de la gente; tu escasa comodidad en los temas personales te lleva a otro tipo de conversaciones completamente diferentes.

Legalmente, no hay nada de malo en hacer algunos comentarios personales en una reunión. Éste es un país libre. Pero basta con que uno de los peces gordos de esa reunión tenga los labios finos para que las palabras reveladoras hagan temblar a todos los reunidos.

¿Puedes imaginar a Lee Iacocca, uno de los ejecutivos más famosos del país, tomándose un descanso durante una reunión de negocios para hablar de su anhelo de inmortalidad? Tampoco es probable que el huraño autor Don DeLillo, que tiene unos labios MUY finos, tenga ese problema. Según informa el *Washington Post*, durante veinte años ha llevado tarjetas que tenían impreso el mensaje: «No quiero hablar de eso».

P. ¿Y qué pasa si tienes una boca rara, y el grosor de tu labio superior e inferior es totalmente distinto?

R. En la boca, casi todo el mundo tiene este tipo de «rareza». Leer el grosor de los labios implica hacer una valoración general de lo llenos que parecen ambos labios como estimación media. Pero ahora que dominas este rasgo, puedes dar un salto adelante, hacia las proporciones labiales.

LAS PROPORCIONES LABIALES

Para leer las **proporciones labiales**, lo único que tienes que hacer es comparar el grosor del labio superior con el inferior.

- La mayoría de la gente tiene el labio inferior algo más lleno que el superior, lo que yo denomino un **labio inferior moderadamente más lleno**.
- Los labios que difieren de esta norma son todavía más divertidos de leer. Un *labio inferior extra-lleno* es aquel que está dos, tres o más veces más lleno que el superior.
- Y tener un **labio superior extra-lleno** significa que el labio superior es tan grueso como el inferior.

P. ¿De modo que el labio superior no tiene que ser dos o tres veces más lleno para contar como rasgo especial, como le ocurre al labio inferior?

R. Así es. Créeme, un labio superior igualmente lleno o ligeramente más lleno que el inferior ya es mucho labio que manejar para su poseedor.

Las *proporciones de los labios* muestran el contraste entre la cantidad relativa de discurso sobre cosas factuales y objetivas

Proporciones labiales

Labio inferior moderadamente
más lleno

Labio inferior extra-lleno

Labio superior extra-lleno

(representadas por el labio inferior) y la cantidad relativa de discurso sobre asuntos subjetivos e intuitivos (representada por el labio superior).

P. Espera un momento. ¿Estás diciendo que un labio superior lleno está relacionado con hablar de manera emocional?

R. No. Con cualquier proporción labial se puede expresar un discurso que tenga gran intensidad emocional, o que no tenga ninguna. La plenitud del labio superior se relaciona con el discurso especializado en temas internos, personales, e incluso secretos.

Como la mayoría de la gente *tiene un labio inferior moderadamente más lleno*, se suele hablar más de los hechos que de los matices.

En cambio, un *labio inferior extra-lleno* es algo extraordinario. Y saber de él es algo tan especial que la información siguiente por sí sola vale sobradamente todo el precio de este libro.

El significado de esas proporciones labiales especiales es capacidad de persuasión. Lailan Young, el más famoso practicante de *Siang Mien* desde la muerte de Timothy Mar, ha acuñado el término perfecto para ellos: **Labios Blarney**. ¿Has oído hablar alguna de vez de besar la piedra de Blarney? Según el folclore irlandés, se debe besar esa piedra porque concede el don de la elocuencia. Desde el momento en que la besas, tu discurso convencerá y encantará a quien lo escuche, independientemente del tema tratado.

¿Por qué es tan importante leer la capacidad de persuasión? Como consumidor, puedes ponerte en alerta cuando alguien con labios Blarney está tratando de venderte algo, tanto si es un cortador de hielo para los esquimales, el último invento desde el rebanador de pan, o un trabajo maravilloso en el que haces nuevos amigos mientras ganas un montón de dinero... en telemárketing.

Manifiesta tu escepticismo rápidamente en cuanto contemples esos labios. No es que quienes los tengan sean necesariamente deshonestos, simplemente tienen una gran capacidad de convicción. Cuando la revista *Washington Magazine* publicó una lista de los 50 periodistas más influyentes del país, yo observé que 46 de ellos tenían labios Blarney, y en la mayoría de ellos éste era un rasgo muy destacado. Como media, probablemente encontrarás un par de labios así por cada 50 personas, y un par de labios MUY así, por cada 500.

Más adelante doy una lista de personajes conocidos con bocas muy persuasivas. Si eres tú quien tiene los labios Blarney, felicidades. Eres tan persuasivo que probablemente no te has parado a pensar en ello. Este rasgo, más que ningún otro, te augura éxito. Simplemente recuerda que has de acompañarlo con integridad.

En cuanto a tener un *labio superior extra-lleno*, otro nombre para tu don facial es **franqueza perceptiva**.

Este don tiene tres componentes:

1. Sabes verdaderamente lo que ocurre detrás del escenario.
2. Sabes expresarte. Puedes encontrar palabras para expresar los matices.
3. Quieres contarlo todo.

Esta última parte es delicada, porque la persona a la que se lo estás contando podría no querer escuchar. Tu reto consiste en saber cuándo contenerte, aunque lo que tengas que decir sea importante. De otro modo, te encontrarás con actitudes defensivas; incluso antes de que abras tu boca altamente precisa, la gente sospechará.

No obstante, a la gente valiente con franqueza perceptiva a veces se le premia por decir la verdad. El jefe Seattle es el único nativo americano que ha dado nombre a una gran ciudad del país. El físico Chen Ning Yang ganó el premio Nobel; la novelista Arundhati Roy ganó el codiciado Booker Prize por *El Dios de las pequeñas cosas*... pequeñas, sí, pero Roy las describió de todos modos.

P. ¿Y que pasa si, como yo, trabajas de comercial y tienes esos labios de franqueza perceptiva? ¿Debería someterme a una operación quirúrgica para convertirlos en labios Blarney?

R. Puedes tener éxito con cualquier rasgo facial. Éste es el mensaje subyacente de la lectura facial, junto con el recordatorio de hacer que cualquier cosa que tengas opere a tu favor.

P. Pero yo suelo decir lo que pienso, y digo cosas que hacen temblar a la gente. Es la historia de mi vida. ¿Cómo podría ser eso una ventaja en el departamento de ventas?

R. Para empezar, elige sabiamente lo que vendes. Es posible que te sea más fácil vender servicios que productos, porque

Bocas muy persuasivas

Elvis Presley	Un cantante de fama inmortal (y, como dirían algunos, de cuerpo inmortal).
Pat Buchanan	Candidato presidencial sin éxito cuyo libro: A Republic, Not an Empire, dio el argumento revisionista más convincente que probablemente oirás para tratar delicadamente a Hitler.
Margaret Thatcher	Primera ministra británica durante largo tiempo.
Keokuk	Jefe tribal.
Bill Gates	Actualmente dirige la tribu informática mundial.
Andy Warhol	Artista pop que entra en nuestra lista.
Pablo Picasso	Artista expresivo, aunque sólo pintara en azul.
Marlon Brando	Un actor convincente incluso cuando está en silencio.
Harrison Ford	El actor más taquillero de la historia del cine.
Rush Limbaugh	Presentador radiofónico que ha llegado a comercializar pegatinas que ponen: «Rush tiene razón».
Larry King	Un rey de los programas de variedades y entrevistas.
Al Capone	Un rey del mundo del hampa.
P.T. Barnum	El empresario circense que afirmó: «Cada minuto nace un papanatas.»

puedes sacar a relucir las necesidades inexpresadas de tus clientes.

Además, los vendedores de todo tipo necesitan mirar a sus clientes directamente a la boca. Los labios llenos de tu cliente significan que ganarás puntos contando voluntariamente algunas experiencias personales. Tu cliente se abrirá, y se sentirá seguro revelándote sus cosas. Sin embargo los labios finos de tu cliente significan: «No abras demasiado esa boca o perderás la venta.»

LA LONGITUD DE LA BOCA

Ahora que te has graduado en el grosor de los labios, con todas sus variantes, estás preparado para considerar la longitud de la boca.

– Asegúrate de aprender a leer los labios **cortos**.
– Admira la relativa rareza de los labios **largos**.
– Y presta atención a la gente con labios de longitud **media**.

¿Por qué no compruebas la longitud de tu propia boca ahora mismo? Cuando lo hagas, por favor toma la precaución de *no* sonreír. Debes tener la boca en reposo para poder leer este rasgo con precisión.

La *longitud de la boca* te habla de cuál es la cantidad de público que a la persona le resultará más cómoda. Tal vez hayas leído que, según las encuestas, el primer miedo de los occidentales es el miedo a hablar en público. ¡Figúrate! Incluso está por encima del miedo a la muerte.

Lo comprendo. Como la mayoría de la gente, tengo labios *cortos*, que acompañan a la preferencia por comunicar de uno en uno. Aprender a hablar en público puede ser un gran desafío para gente como nosotros. Me encontré con este problema cuando estudiaba para hacerme profesora de meditación. Tenía que dar conferencias ante el público. Después de meses de practicar angustiada, di mi primera conferencia. Aunque todos los demás miembros del público también estaban estudiando para ser profesores de meditación y prácticamente habían memorizado esa misma conferencia, no me atreví a mirar a nadie. Simplemente leí las notas que tenía escritas.

Después levanté la vista y finalmente me atreví a establecer contacto visual con mi público. Me habían escuchado quince personas. Cada una de ellas estaba temblando, temblando físicamente. (Hmmm, parece que había comunicado mi terror con gran eficacia.) Tardé años en poder usar mis dotes de oradora con un propósito. Tras superar el reto, ahora puedo beneficiarme de los dones que acompañan a los labios cortos: sinceridad y amor a la verdad.

Otro de los nombres que se da a este don es el de amabilidad. En este caso el reto consiste en no convertirse en un camaleón social, diciendo cosas que encajan bien en el grupo y después justificarte

Longitud de la boca

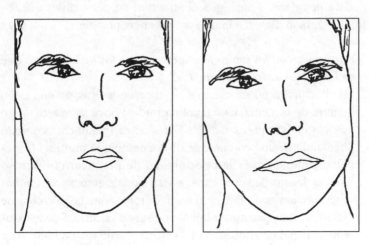

Corta   Larga

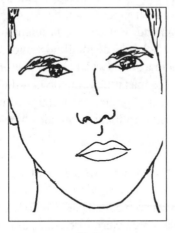

Media

pensando que lo que has dicho es lo que realmente crees. En cualquier caso, ¿qué es lo que crees realmente?

Cuando la actriz Julia Roberts se casó con el cantante Lyle Lovett, fue un gran emparejamiento de labios MUY largos. Aunque sus conversaciones conyugales parecen no haber funcionado, su duradera popularidad atestigua el atractivo de unos labios que, en sentido figurado, llegan a la mayor audiencia posible.

P. *¿Y qué pasa con los labios mediocres como los míos? ¿Para qué sirven los labios de longitud media?*
R. Por favor, no subestimes el valor de los rasgos que están dentro de la media. Con una longitud de boca *media*, tu rango de comunicación es flexible. Te sientes igualmente cómodo hablando de uno en uno que dirigiéndote a la multitud (especialmente si tienes la oportunidad de practicar el discurso media docena de veces o más). Tu modo de autoexpresión más fuerte es la sinceridad, pero mientes mejor que las personas de labios cortos, que normalmente no saben hacerlo. Puedes asumir el papel de animador de la fiesta, como los de la tribu de bocas largas, pero te resultará más fácil que a ellos compartir la atención del público cuando estés bajo los focos.

En general, un estilo de discurso adaptable te facilita la vida. El único reto que afrontas es la falta de tolerancia hacia el resto de la humanidad. Entretanto, la adaptabilidad no es nada desdeñable. Unos labios de longitud y anchura media hicieron un buen servicio a Johnny Carson, el presentador del programa de variedades más influyente de la televisión y el que más tiempo estuvo en pantalla. No le ha ido mal con sus labios medios, ni a Dustin Hoffman, admirado como actor entre actores.

DONES LABIALES ESPECIALES

Y tú que sólo creías en el hada de los dientes... También hay un hada de la boca. Ella otorga ciertos dones de comunicación a personas especiales con labios extremos. Tú podrías ser una de ellas.

Estos son los dones de la boca que todavía no hemos comentado:

– Labios MUY largos y finos.
– Labios MUY largos y llenos.
– Labios MUY cortos y finos.
– Labios MUY cortos y llenos.

Unos labios MUY largos y finos indican que su poseedor tiene una boca de millonario. George H. Bush los tiene; el hombre que ha sacado de apuros a la Chrysler, Lee Iacocca, los tiene.

La boca de millonario es genial para la política, para los negocios o para el humor negro, porque significa que puedes hablar con cualquiera de cualquier cosa (siempre que no se trate de temas personales). Las palabras no tienen por qué ser, en realidad, verdaderas. Pero llegarán a todos los miembros del grupo, por numerosa que sea la reunión.

Como no avergüenzan a los clientes potenciales con confidencias, las bocas de millonario pueden amasar sus fortunas discretamente, como lo ha hecho Sam Walton, fundador de Wal-Mart, que en el momento de su muerte era el hombre más rico de América.

Las personas más exuberantes con las palabras son las que tienen los labios **MUY largos y llenos**, lo que yo llamo el orador nato. Piensa en la conocida autora de *best sellers* Amy Tan, que cuando quiere relajarse toca en una banda de rock and roll.

Resulta difícil encontrar a alguien con este rasgo labial que no tenga un sentido del humor excéntrico, del mismo modo que Eddie Murphy sería inimaginable con una boca fina y corta.

Pero **los labios muy cortos y finos** también tienen su particular excelencia. Yo los llamo los **labios de la privacidad**. Sí, sus dueños pueden contener sus sentimientos, repetir viejos insultos y frustrar a sus amigos con su ánimo taciturno. Pero las palabras que salen de sus labios conllevan tal poder que conmueven el corazón de la gente. Algunos ejemplos son el compositor y cantante Bob Dylan, la magnate de la cosmética Mary Kay Ash y Giorgio Armani, diseñador de modas.

No olvidemos otro ejemplo de un tipo de boca extremadamente interesante. Los **labios muy cortos y llenos** son **labios de mejor amigo**. Sugieren una disposición a decir la verdad, toda la verdad, sin restricción. Esto con un matiz: los temas más jugosos sólo se compartirán con un único amigo. La promesa terriblemente tentadora de estos labios intensos ayudan a explicar la popularidad de actores como Richard Gere y Michael Keaton.

P. Es hora de confesarse, ¿de acuerdo? Aún detesto mis labios. Nunca me ha gustado su aspecto, y después de todo lo que has dicho sobre ellos siguen sin gustarme. ¿Qué tienes que decir a eso?

R. Nadie puede obligarte a que te guste tu cara. A la mayoría de la gente le basta con comprender el significado de los rasgos que no le gustan, lo que, por así decirlo, da un nuevo giro a ese rasgo. No obstante, en el caso de tu cara y tú, parece que vamos a tener que recomendar algo más drástico: una operación.

P. ¿Te refieres a una operación de cirugía estética?

R. No, el nombre de este procedimiento viene de la cirugía estética, pero ésta es una operación muy rápida en la que no tendrás que derramar ni una gota de sangre. Es una operación que entra estrictamente en la categoría del hágalo-usted-mismo. Yo la llamo labio-succión. Para esta versión de la operación no necesitarás anestesia, ni nadie que extraiga tejido de tus muslos. El único equipo necesario es un espejo. Sostén uno en la mano ahora mismo. ¿Preparado?

Mete los labios hacia dentro con toda la fuerza que puedas. Presiónalos contra los dientes y absorbe con todas tus fuerzas, como si fueras a librarte de ellos para siempre. Congela la escena.

Ahora mírate detenidamente. ¿Te gusta más tu cara con este aspecto? Si es así, puedes recurrir a este método siempre que te mires en el espejo. Si no es así, admítelo: tus labios están perfectamente tal como están. De modo que relájate y disfrútalos.

10

MANDÍBULAS Y MENTONES

Posiblemente da la impresión de que las mandíbulas y los mentones no son tan espirituales como los ojos, pero forman el contorno inferior de la cara y revelan información vital sobre los principios del individuo, su ética, las elecciones que hará y sobre cómo *gestionará los conflictos.*

A estas alturas no te sorprenderá aprender que las mandíbulas y mentones son muy importantes, ¿cierto? De hecho, ya estás tan acostumbrado a que las partes de la cara adquieran vida propia que podrías encontrarte con el señor Cabeza de Patata caminando por la calle y no parpadear, aunque quizá pensarías que es un adulto humano un poco bajito. Y si él te lanzara una oreja o una nariz de repuesto, probablemente te las meterías en el bolsillo tan contento, pensando que algún día podrían venirte muy bien.

Ésta es la sabiduría del lector facial: sabes que no hay partes de la cara que puedan descartarse ni considerarse insignificantes. Todo cuenta. Y eso incluye los mentones, aunque, por lo general, no se les quiere ni se les respeta lo suficiente.

De hecho, en este capítulo tengo el placer de devolver el buen nombre a lo que se conoce común e insultantemente como un mentón «débil». ¿Débil respecto a qué?

Este análisis te va a sorprender, pero antes vamos a alejar nuestra atención del mentón para llevarla a la mandíbula: exploremos esta fascinante estructura ósea, tan completa que trae incorporada su propia bisagra.

ANCHURA DE LA MANDÍBULA

Justo cuando pensabas que ya era seguro volver al agua, ¡vaya!, es la hora de medir la **anchura de la mandíbula**.

– Para empezar, ¿cuán **anchas** son las mandíbulas anchas? Digámoslo así: puedes almacenar dentro de ellas varias pastillas de chicle que nadie llegará a verlas. Pero, por favor, al menos una vez en tu carrera de lector facial concédete el beneficio de probar una forma de medir la anchura mandibular que prescinde de la goma de mascar: encuentra a alguien cuyas mandíbulas parezcan anchas vistas de frente (alguien con el pelo corto), y observa a esa persona desde atrás. ¿Ves cómo sobresalen los extremos de la mandíbula? ¡Vaya, eso es anchura!

– Las mandíbulas **estrechas** son más difíciles de reconocer, incluso por delante. No atraen la mirada del mismo modo que las mandíbulas anchas. Es más probable que las pases por alto. Pero, como lector facial, préstales atención.

– La mayoría de la gente tiene mandíbulas de anchura **media**. Cuando observas la anchura general del rostro, las mandíbulas son proporcionales y encajan agradablemente sin sobresalir de la zona que está justo debajo de los pómulos.

Las **mandíbulas** simbolizan dos aspectos relacionados de la vida: el *vigor físico* y la *tenacidad* psicológica.

Con algunas excepciones, las mandíbulas *anchas* son casi un requisito laboral para el hombre profesional, constituyendo un rasgo muy común entre los jugadores profesionales de fútbol americano, por ejemplo. En Mick Jagger, legendaria estrella del rock cuyos conciertos son un prodigio de resistencia aeróbica, la mandíbula es un rasgo entrañable. Los hombres profesionales que no poseen grandes mandíbulas tienen que compensar dicha carencia con otros rasgos faciales que expresen fuerza o atractivo sexual.

Anchura de la mandíbula

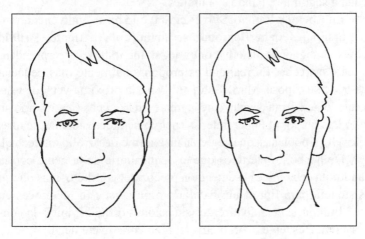

Ancha   Estrecha

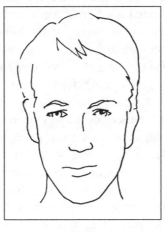

Media

    Tomemos a Superman, por ejemplo. El personaje original del cómic tiene una mandíbula enorme, como Christopher Reeve, el Superman que más éxito ha alcanzado hasta el momento en la gran pantalla. Desde el accidente que le dejó paralizado, Reeve ha confiado en un talento psicológico reflejado en su mandíbula: la tenacidad le ayuda a seguir ampliando sus límites.

En Rocky y Rambo, Sylvester Stallone ha seguido encontrando personajes para flexionar su mandíbula batiente. Arnold Schwarzenegger es justo lo contrario: su mandíbula es sorprendentemente estrecha. En realidad es proporcionalmente más pequeña que la de su esposa, Maria Schriver. Pero, la próxima vez que veas su cara, date cuenta de que tiene la frente MUY ancha (léase como un estilo Pasión por el Poder, intensa energía psíquica) además de unas cejas MUY pobladas, que sugieren un enorme desarrollo intelectual.

De hecho, lo cierto es que el punto fuerte de la gente con la mandíbula *estrecha* es la detección precoz del conflicto, más que su resistencia para librar una batalla prolongada. ¿Te reconoces en esto? Entonces, cuando afrontes situaciones difíciles, inicia la conversación. Resuelve el problema rápidamente o vete de allí.

En cambio, las personas con mandíbulas anchas revelan una tendencia a permanecer y a soportar las circunstancias más adversas. Los héroes de la Segunda Guerra Mundial, Sir Winston Churchill y el Presidente Eisenhower, fueron capaces de cumplir las promesas contenidas en sus anchas mandíbulas. El lugar donde vives podría ser ahora un barrio nazi si Churchill no hubiera tenido la actitud que, en una ocasión, él mismo describió con estas palabras: «Nunca te rindas. Nunca te rindas. Nunca, nunca, nunca, nunca —en nada, grande o pequeño, importante o nimio— nunca te rindas excepto ante convicciones de honor y buen sentido.»

Por supuesto, los hombres no son los únicos cuyas carreras profesionales pueden beneficiarse de la dureza reflejada en las mandíbulas anchas. Algunos de los especímenes femeninos más destacados son los pertenecientes a Sally Ride, la primera mujer astronauta americana; la coreógrafa Paula Abdul; la profesora de yoga Lilias Folan; y Sally Field, una actriz de popularidad muy duradera. Kay Shirley es una comentarista financiera de anchas mandíbulas que aboga por enriquecerse *lentamente*.

P. Es divertido que hables de mandíbulas en términos de aguante o resistencia, en lugar de potencia de arranque. Aunque llevo 12 años casada, mi marido todavía me toma el pelo por lo mucho me costó comprometerme en esta relación. ¿Algún comentario?

R. El compromiso es un asunto importante para alguien con la mandíbula ancha como tú. Sí, la dificultad reside en la agonía que se sufre a la hora de asumir un compromiso. ¿Sabes por qué? En el fondo, sabes lo que te espera... si decides comprometerte, te mantendrás en esa relación, o en ese trabajo, «hasta que la muerte (u otra catástrofe) te separe».

Por otra parte, solté una carcajada cuando el vi el rostro del autor Carl Sewell. Su especialidad consiste en convertir a los clientes que han comprado por primera vez en *clientes para toda la vida*. Las mandíbulas anchas tienden a ir acompañadas de sentencias vitalicias autoimpuestas. Aunque cures el sufrimiento de la agonía, vas a mantener esa magnífica lealtad, y otros valorarán ese rasgo en ti...

Excepto, por supuesto, esos afortunados que disfrutan una anchura *media* de mandíbula; a estas alturas ya te sabes la historia de los rasgos que ocupan la banda intermedia. Si tienes una mandíbula así, los compromisos no serán una agonía. Tu capacidad de resistencia funciona perfectamente, y tu única dificultad potencial es que cuestionas las extrañas conductas que te rodean. ¿Por qué no gestionar un conflicto, cualquiera que sea, durante una cantidad de tiempo razonable, y después pasar a otra cosa? Pero no es fácil definir «razonable» en nombre de otros, como tampoco lo es reconocer nuestro sigiloso problema, la falta de tolerancia hacia el resto de la humanidad.

LA PROMINENCIA DEL MENTÓN

¿Cómo se lee la **prominencia del mentón**? Empieza por observar el rostro de perfil, por supuesto. A continuación, mira su distribución general, y no sólo el mentón. Puedes dibujar una línea imaginaria empezando en la frente, saltándote la nariz y continuando en el labio superior, para bajar después hacia el cuello. ¿Qué ángulo forma esa línea?

– Cuando los mentones apuntan **hacia fuera** (ángulo hacia fuera), como hacen la mayoría, la persona tiene un mentón muy prominente.

Prominencia del mentón

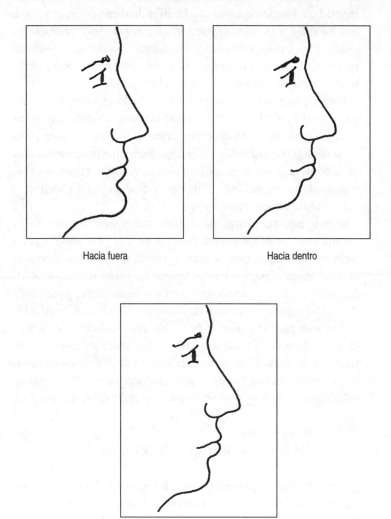

Hacia fuera　　　　　　　Hacia dentro

Equilibrada

– Algunos mentones tienen el ángulo **hacia dentro**, lo que a veces se denomina mentón «retrocedente». No me gusta esta expresión, porque implica que la barbilla se está alejando de la orilla, y es algo parecido a una línea capilar «retrocedente».

Pero los mentones y las frentes no son playas, con sus inevitables mareas. Sus contornos tienen significado. De hecho, la prominencia del mentón tiene tanto significado que es uno de los pocos rasgos faciales que apenas cambia a lo largo de la vida. A veces, cuando el mentón tiene el ángulo hacia dentro se le llama «débil» o «retrocedente». Y en ocasiones a un mentón pequeño también se le llama «débil». Ninguno de esos rasgos merecen desprecio; muy al contrario, como veremos más adelante.

– Los mentones **igualados** son los más raros de todos.

¿Qué tipo de mentón tienes tú?

P. Pero, ¿qué ocurre con el factor prominencia cuando la gente saca voluntariamente el mentón?

R. También cuenta. Hacer que sobresalga la parte inferior del rostro es un conocido acto de provocación. Me parece que cualquiera que esté dispuesto a pasar el día y la noche proyectando su mentón se ha ganado el estatus honorario de mentón prominente.

Asimismo, es bien conocido que un mentón *MUY sobresaliente* guarda relación con el espíritu competitivo. Durante las campañas presidenciales, siempre es divertido observar a los contendientes... y a sus esposas. Hasta el momento, no he visto a nadie que supere a Jacqueline Kennedy Onassis.

Marianne Williamson tiene muchos rasgos faciales que demuestran sensibilidad y delicadeza. Esto está equilibrado por la prominencia de su larguísimo mentón, cuyo valor le ha ayudado a tomar un texto espiritual relativamente desconocido, *Un Curso de Milagros,* y conseguirle (y a sí misma) muchos seguidores en todo el mundo.

La actriz Drew Barrymore no se sentía con el suficiente valor para representar a su personaje en «Los ángeles de Charlie», de modo que, lejos de la mirada de la cámara, se obligó a saltar desde una cascada. Sin duda, su mentón le abrió el camino.

Pero el mentón más prominente que he visto en el mundo del espectáculo (y en realidad en cualquier otro lugar), es el de Jay

Leno. Su charla de cómico, constante y rápida como el fuego, expresa perfectamente su estilo agresivo. El hombre no para hasta haber conseguido que el público se ría tanto y durante tanto tiempo que todo el mundo se quede sin aliento.

La dificultad potencial de los mentones con el ángulo hacia fuera es la agresión innecesaria. ¿Adivinas quién percibe más esa desventaja? La gente con el mentón hacia dentro.

¡Qué gran error sería llamar «débiles» a estos mentones! Sin embargo, la terminología es reveladora. Demuestra que el público puede infravalorar un rasgo honorable. Los mentones con el ángulo *hacia dentro* demuestran espíritu comunitario. En lugar de arriesgarse a que el conflicto destruya relaciones, la gente con este tipo de barbillas eligen ceder y conciliar. Están más dispuestos a dedicar unas horas extra a un proyecto que a recibir reconocimiento inmerecido.

¿Cuál es el reto que se les presenta? Conseguir el respeto, de sí mismos y de los demás, en una sociedad que infravalora la comunidad y sobrevalora la agresión. Joseph Lieberman, el primer candidato judío a vicepresidente, se ha ganado el respeto del Senado americano por su estilo suavemente conciliador, y sin embargo muchos comentaristas le consideran un orador incompetente frente a Cheney, de mandíbula prominente.

Cuando empieces a leer esta faceta de los mentones, comprobarás que los sujetos con el ángulo hacia dentro tienden a ser almas sensibles. El filósofo Henri Bergson tenía un mentón así, y también la angelóloga Jane Howard.

En cuanto a los *mentones de ángulo equilibrado*, suelen ir acompañados de una perspectiva equilibrada y natural sobre las actitudes de ceder o agredir. Estos individuos ni se aprovechan de otros, ni se dejan pisotear. Almas afortunadas, su única dificultad es la habitual ausencia de tolerancia hacia el resto de la humanidad.

P. ¿Y qué pasa con los que se ponen a la defensiva? El ataque ofensivo no es el único modo de ganar la batalla, como tampoco lo es la conciliación.

R. Exactamente, tienes toda la razón. Para distinguir a los que se especializan en aguantar, mira la barbilla de frente. Como en el caso de la boca, hay dos conjuntos de rasgos principales: el vertical y el horizontal.

La longitud del mentón

El modo más simple de leer la **longitud del mentón** es mirarlo desde el ángulo recto, habitual en el lector de caras. Toma rápidamente una decisión respecto a la longitud del mentón con relación al resto del rostro de la persona.

– ¿Parece el mentón más bien **largo**?
– ¿O **corto**?

La *longitud del mentón* refleja la capacidad de correr riesgos, y también de recuperarse ante la adversidad.

Un mentón *largo* indica que la persona está dispuesta a asumir riesgos físicos. También sugiere que, cuando sobrevienen desgracias, la persona puede «tomarlas en su mentón». Literalmente, disponen de abundante mentón para «asumirlas».

El inmenso prestigio de Patricia Neal como actriz rivaliza con la admiración que ha despertado el coraje demostrado en la recuperación de un ataque de apoplejía que le impedía hablar, leer y caminar. El cantante Ray Charles ha luchado durante más tiempo todavía, con magnífico coraje, contra la ceguera física, la inestabilidad emocional y el difícil mundo del espectáculo.

¿Y la barbilla *corta*? ¿Merece el nombre de *débil*? Sí, en caso de que lo que valores sea la capacidad de asumir riesgos *físicos*. Pero las barbillas cortas van acompañadas de la capacidad de asumir riesgos *emocionales*.

La fortaleza ética es otro factor. Si tienes el mentón corto, habrá coherencia entre lo que haces y lo que dices. La ética dominical no se limita al rato que pasas en la iglesia. De hecho, es posible que hagas grandes esfuerzos por dar cumplimiento a tu ética personal.

Digamos que coges un bolígrafo del banco porque tienes la mente en otra parte, y te das cuenta cuando ya estás en casa. ¿Qué ocurre? Si tienes un mentón largo, pensarás: «Es una pena. Bueno, lo cierto es que no puede costar más que veinticinco céntimos. Y además tienen muchos.» Pero con la conciencia resplandeciente de un mentón corto, es más fácil que te preocupes: «Abraham Lincoln habría vuelto caminando hasta el banco para devolver el bolígrafo, aunque estuviera a veinte kilómetros. Tengo que devolver el bolígrafo.»

Longitud del mentón

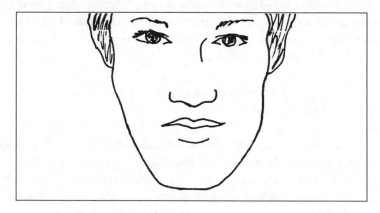

Largo

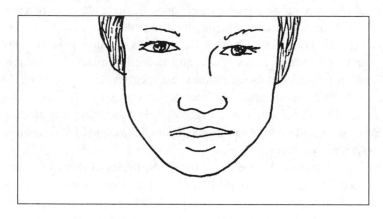

Corto

Otro modo de describir la sonora voz de Pepito Grillo dentro de ti es decir que estás *equipado para sentirte culpable*. Y no sólo pecados de omisión, como el robo accidental de un bolígrafo, pueden activar tu alarma. También la activan las críticas de otras personas. Considérate avisado. Pero por el mero hecho de estar equipado con todos esos circuitos de culpabilidad no tienes que ponerlos en funcionamiento. ¿Por qué torturarte? Sin embargo, la reticencia a criticar no hace que todos los poseedores de un mentón corto sean necesariamente débiles. Piensa en mujeres que han competido en campos muy prestigiosos y dominados por hombres, como la doctora Chien-shiung Wu. A pesar de su diminuto mentón, se ha ganado el prestigioso título de «reina de la física nuclear». Y también está la astronauta Mae C. Jemison. ¿Crees que la multitud de aspirantes masculinos a astronauta le habrán tomado el pelo alguna vez?

P. ¿Qué pasa si te dejas crecer la barba? ¿Cuenta eso como un alargamiento de la barbilla hasta el punto de capacitarte para asumir más riesgos físicos?

R. Sí, cuanto más te dejes crecer la barba, más atrevido te vuelves físicamente; simplemente, evita la tentación de usarla como cuerda para saltar al vacío.

ANCHURA DEL MENTÓN

Tras haber aprendido a ver la longitud del mentón como un rasgo aparte, ahora estás preparado para dirigirte a la horizontal y apreciar la **anchura del mentón**. Para ser capaz de percibir esto, tal vez te ayude el uso de un nuevo término: jarra. ¿Has oído hablar de beber de una jarra (de cerveza, por ejemplo)? Bien, con el ojo sofisticado del lector facial, descubrirás que los contornos de la parte inferior de la cara pueden recordarte a jarras y otro tipo de vasijas.

– Algunos mentones son pequeños cuando se les mira de frente, por muy largos que sean. Estos mentones pueden parecerse a pequeñas tazas de té o a las piezas que usan para servir media taza. Se les llama mentones **estrechos**. También son estrechas las versiones alargadas que se parecen más a jarras plenamente formadas (sólo que no tienen mango).

– Los mentones **anchos** se insertan firmemente en la mandíbula, como algunas piezas de cerámica que se ponen debajo de otras piezas del servicio. A veces son cortas y anchas, como platillos gruesos; las más largas y anchas tienen la misma forma que los platos que se ponen debajo de los cuencos en los restaurantes elegantes, o incluso del cuenco que va debajo de otro cuenco, lo cual es demasiado sofisticado para los restaurantes que acostumbro a visitar, pero va muy bien para describir algunos mentones; y ni siquiera estoy hablando del doble mentón. Incidentalmente, si lo que ves en la parte inferior de ese rostro te hace pensar en un *platillo volante*, es que has trascendido el rostro completamente.

P. Estos comentarios sobre los mentones están haciendo que me dé cuenta de que suelo pasar por alto esta parte de la cara. Sólo me fijo en los mentones largos y hermosos. Pero los cortos, tanto si son anchos como estrechos, son como un nuevo mundo para mí. ¿Somos muchos los que inicialmente ignoramos la anchura de los mentones?

R. Puedes estar seguro de que sí, y es una pena. Ponte ahora mismo a contemplar detenidamente tu propio mentón y mira qué tienes. Es demasiado revelador como para pasarlo por alto. Y, si te vas a casar con alguien, sobre todo querrás saber qué rasgos personales se reflejan en la anchura de su mentón.

Veamos si puedes descifrar el significado del *ancho del mentón*. Aquí tienes algunas pistas:

– La anchura de una *nariz*, tiene que ver con la disposición a trabajar con otra gente.
– La anchura de los *labios*, la longitud de la boca, tiene que ver con el número de persona que constituyen tu auditorio ideal.
– Dado que los *mentones*, mirados de frente, tienen que ver con la capacidad de afrontar la adversidad, ¿puedes adivinar el significado de la anchura del mentón?

P. ¡Vaya! ¿Podría estar relacionado con la cantidad de gente que has de tener a tu alrededor para animarte?

R. Bravo, ¡eso es! Los mentones *estrechos* sugieren que cuando te enfrentas a la adversidad, tu instinto te aconseja hacerlo solo, o únicamente con otra persona significativa. Piensa en la manera tan convincente en que el actor de mentón estrecho

Anchura del mentón

Estrecho

Ancho

Humphrey Bogart despedía a Ingrid Bergman al final de
«Casablanca».

Los mentones *anchos* sugieren que dispones de un grupo de
apoyo. Cuentan al mundo que esperas (y, por tanto, ofreces)
enorme ayuda a la hora de responder a las dificultades.

Algunos ejemplos son Betty Ford, fundadora del famoso centro de rehabilitación, y Warren Burger, un juez del tribunal supremo excepcionalmente influyente.

Los mentones *largos y anchos* son una sorprendente defensa natural contra la adversidad. El reto consiste en colocarse en una posición tal que tengas que usar esa defensa.

P. Como director comercial, soy muy consciente de cómo resuelve la sensación de rechazo el personal de mi equipo de ventas. ¿Puedes darme algún consejo, basado en el mentón, que me ayude a mantenerlos motivados?

R. Me alegra que lo preguntes. Los rasgos de la boca ya te han dado pistas en cuanto a lo que las personas te contarán de lo que están viviendo (recuerda, a la gente con labios llenos le gusta compartir, los de labios finos no lo hacen). Los mentones te dan pistas respecto a la capacidad de asumir el rechazo y otras adversidades.

Para mantener la motivación, recompensa periódicamente a tus vendedores con mentones anchos organizándoles fiestas. Las celebraciones les ayudan a sentir el apoyo grupal. Pero, a la gente de mentones finos, concédeles tiempo de intimidad para recuperarse de la adversidad. No esperes una actitud extrovertida para animarlos. Si los comparas con los de mentones anchos, te diré que su fuerza viene de otra dirección.

La forma de la base de la barbilla

¿Podría serte útil saber cómo toma decisiones el ser humano? Si la respuesta es sí, querrás leer la **base de su barbilla**. Cuando conoces los secretos que motivan la toma de decisiones, puedes atraer a tu terreno a quien tenga que tomarlas emitiendo en su misma longitud de onda.

Sin embargo, antes necesitarás saber qué buscar en su rostro. Empieza con tu propio mentón y observa la forma que adquiere justo en la base.

– Las más comunes, con diferencia, son las barbillas **curvas**.

– También encontrarás barbillas **rectas**, que inscriben su firma en el rostro con su línea inferior.

– Las más difíciles de encontrar (y también de reconocer físicamente), son las barbillas **angulosas**. Tienden a ser estrechas y, si las miras con cuidado, notarás su forma cónica.

El mentón *curvado* indica que las decisiones se toman en función de las personas: de cómo se sienten, de cómo esa elección afectará sus vidas. Las personas de mentón redondeado tienden a ser humanitarias.

Los mentones curvados también implican algo muy práctico: la hospitalidad. Si quieres ir a una fiesta, ve a una organizada por alguien con el mentón MUY curvado. La comida que sirvan hará que te alegres de haber asistido.

Las personas con mentones *rectos* probablemente demostrarán su brío organizando mítines políticos y otros encuentros relacionados con causas sociales. Están especializadas en tomar decisiones basadas en ideas e ideales. ¿Puedes imaginar a alguien que se apasione por las ideas, o eso te parece demasiado abstracto?

Todas las bases de mentón presentan sus dificultades. Las personas con los mentones curvados pueden ser muy blandengues a la hora de tomar decisiones, cediendo al sentimentalismo en lugar de pensar con «rectitud» en las consecuencias a largo plazo. Los que tenemos un mentón recto afrontamos una dificultad igualmente importante, la de pensar que las cosas son blancas o negras. Un principio dado puede parecernos bueno o malo, pero no creemos que haya un terreno intermedio. En sus conocidos libros y programa de radio, la doctora Laura Schlessinger defiende algo admirable: el valor del carácter (y también del compromiso, en consonancia con su ancha mandíbula). Sin embargo, algunos de sus oyentes creen que los consejos de la doctora contienen juicios un tanto rígidos respecto al bien y el mal (por no hablar de su punto de vista sobre las preferencias sexuales innatas).

Como yo también tengo un mentón recto, sé lo fácil que resulta juzgar con dureza. Quiero que seas testigo de un desafortunado incidente de mi propia vida (y mentón) que ilustra claramente esta dificultad. Una mañana, cuando mi hijo Matt tenía cinco años, salimos de casa en coche. Aunque teníamos prisa, yo estaba decidida a

Base de la barbilla

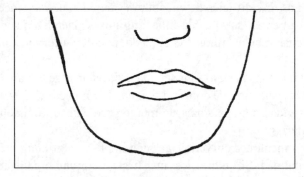

Curvada

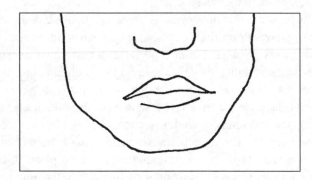

Recta

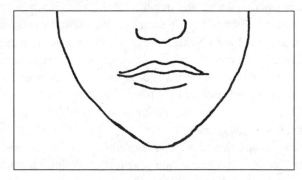

Angulosa

tragarme el desayuno mientras atravesábamos la ciudad. De modo que pedí a Matt que sostuviera en su regazo un recipiente de plástico lleno de cereales secos. El recipiente era plano y poco profundo, por lo que imaginé que un frenazo en seco haría que los copos de crujiente cereal saltasen desparramados por todo el coche. Le dije a Matt que necesitaba que sostuviera mi recipiente de desayuno al menos con una mano hasta que yo terminara de comer. Y a continuación le di unas palabras de ánimo para estimular su obediencia:

—¿Te acuerdas de los cuentos de hadas? —le dije—. Al héroe se le propone una tarea difícil que tiene que realizar. Y si tiene éxito, conseguirá casarse con la hija del rey. Si fracasa, le cortarán la cabeza. Así son las cosas. Si sueltas mi caja de cereales, me temo que te verás en graves problemas.

—Pero mamá —protestó el niño—, ¿no hay un punto medio en todo esto?

Me consuela pensar en las cosas que deben salir de las bocas de los padres que tienen mentones *angulosos* (¡ojalá pudiera espiarles cuando van en coche!) por su necesidad de controlar. El control es tanto su bendición como su maldición, ambas enrolladas en un paquete del tamaño del mentón.

La gente con mentones MUY cortos y angulosos posiblemente tienen las bases faciales más escurridizas de todas. Si tienes una de estas raras barbillas, admite este pequeño secreto: la gente con mentones MUY angulosos (casi siempre mujeres) pueden parecer delicadas y vulnerables, pero ese rasgo enmascara una voluntad de hierro. Tu problema potencial es que tus elecciones estén determinadas exclusivamente por el deseo de demostrar a otros: «Nadie me va a decir lo que tengo que hacer.»

Piensa en Elizabeth Taylor, que mostró el brío de su mentón insistiendo en casarse repetidamente, y a veces con candidatos de lo más raros; pero esa fue su decisión, ¡gracias! En los últimos años, su mentón se ha ensanchado y curvado ligeramente. Sus elecciones también se han ampliado en la dirección humanitaria, pues ha empezado a ejercer de activista en la lucha contra el SIDA. Quién sabe lo que ocurrirá con las vidas (y mentones, y elecciones de vestuario) de las jóvenes estrellas de mentón anguloso como Jennifer López, Toni Braxton y Charlize Theron.

Sin duda, el control tiene muchas ventajas. Otra leyenda del mundo del espectáculo es Mary Pickford, la silenciosa estrella de la pantalla que consiguió fama por su estilo triunfador y sus rizos dorados. Los expertos financieros la reconocen como una de las mujeres de negocios más astutas que haya salido nunca de Hollywood.

P. Creo que puedo leer las tres bases del mentón sin dificultad, pero, ¿cómo encontraré la auténtica base del mentón debajo de una barba?

R. Buenas nuevas: No tienes que jugar a ser arqueólogo y desenterrar una capa de mentón tras otra. Lo que cuenta es la civilización que está en lo más alto: la base de la barba *es* la base del mentón.

P. Pero, ¿y si un hombre disfraza su verdadero mentón con la barba? Las barbas de chivo probablemente serán mucho más comunes que los mentones angulosos.

R. Cuando cambias tu rostro por fuera, también cambias tu estilo personal por dentro. Parafraseando un dicho popular: «Ten cuidado con aquello de lo que te quieres disfrazar, porque acabarás convirtiéndote en ello.»

Piensa, también, en la similitud física entre las bases de los mentones y de las barbas. Pueden ser **curvadas**, **rectas** o **angulosas**. Una diferencia: con las barbas, cualquiera que sea la forma, cuenta como MUY.

La forma *curvada* más conocida es la **Barba de Santa Claus**. ¿No la asociarías con la bondad humanitaria? El doctor Andrew Weil, gurú de la salud holística, la lleva en una versión contemporánea.

A la barba con forma *recta* la llamo **barba de hombre de la montaña**. Expresa independencia y elecciones cerebrales, como la del autor y filósofo León Tolstoy.

En cuanto a la base de barba *angulosa*, es bien conocida como **perilla o barba de chivo**. El Marqués de Sade puede haber tenido la más temible de la historia. El revolucionario León Trotsky tampoco era exactamente Mr. Rogers. Y quien ocupa una categoría propia en este apartado es Orson Welles, el gran director cinematográfico que por casualidad (es de esperar) hizo temblar de pánico al país con su programa radiofónico «La guerra de los mundos», sobre la invasión de los marcianos.

Base de la barba

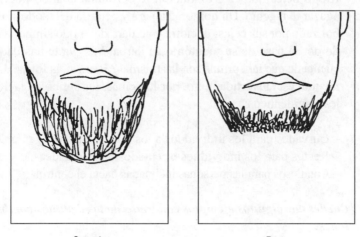

Curvada   Recta

Angulosa

P. Me siento confuso. Los mentones y barbas nos hablan de elecciones, pero, ¿no nos contaban las cejas lo que piensa la gente? ¿Y no es de esperar que haya que pensar para elegir?

R. No dejes que esta distinción te confunda cuando podría aguzar tu ingenio. Un hombre hablará y pensará del modo simbolizado por sus cejas; decidirá y actuará del modo simbolizado por la base de su mentón o su barba. Y... ¿ya te has dado cuenta de que las formas son las mismas? Bien, sí, la forma del mentón está invertida, pero, por lo demás, los símbolos faciales son idénticos:

– Curvados para los individuos a los que les gusta la gente.
– Rectos para los individuos orientados hacia las ideas.
– Angulosos para las personas inclinadas hacia el control.

P. ¿Puedes dar algunos ejemplos concretos de las distintas combinaciones?

R. Te doy un resumen de las nueve combinaciones posibles, con tres ejemplos de cada una de ellas:

– Cejas curvadas + mentón curvado.
  Pone a la gente en primer lugar, por principio, práctica y ejecución.
  El Presidente Franklin Delano Roosevelt
  La Primera Dama Pat Nixon
  La cantante Marian Anderson

– Cejas curvadas + mentón recto.
  Percibe los sentimientos pero centra sus esfuerzos en principios e ideas abstractas.
  El Presidente Abraham Lincoln
  La Primera Dama Rosalynn Carter
  El magnate de la cosmética Charles Revson

– Cejas curvadas + mentón anguloso
  Escenifica sucesos para beneficiarse de la sensibilidad de la gente.
  El Presidente Franklin Pierce

La Primera Dama Helen Taft
La novelista Jane Austen.

– Cejas rectas + mentón curvado
Fascinados por las ideas abstractas, pero consiguen sus objetivos apelando a los sentimientos de la gente.
El Presidente Harry Truman
La Primera Dama Martha Washington
El cantante Johnny Cash

– Cejas rectas + mentón recto
Emplea conceptos para derivar principios
El Presidente Georges Bush
La Primera Dama Frances Cleveland
El magnate del cine Samuel Goldwyn

– Cejas rectas + mentón anguloso
Cautivado intelectualmente por las ideas, que pone al servicio de su necesidad de dominar
El Presidente William Taft
La Primera Dama Louisa Adams
Billy el Niño, forajido.

– Cejas angulosas + mentón curvado
Necesita configurar los detalles en un patrón; gestión desapegada con final armonioso.
El Presidente Martin Van Buren
La Primera Dama Betty Ford
El compositor Johann Sebastian Bach

– Cejas angulosas + mentón recto
Encuentra los ángulos necesarios para crear el resultado deseado (que implica un concepto)
El Presidente Woodrow Wilson
La Primera Dama Nancy Reagan
El pionero del béisbol Jackie Robinson

– Cejas angulosas + mentón anguloso
Desapegado de los sentimientos, puede ser implacable —o encantador— cuando responde a su necesidad de tener el control.
El Presidente John Quincy Adams
La Primera Dama Jacqueline Kennedy Onassis
El Marqués de Sade

P. Gracias, Rose, en nombre de mi mentón. Nunca había pensado demasiado en él. Antes de dedicarme a leer rostros, sólo era un bulto en mi cara. Lo único que me gustaba eran mis ojos. ¿Es esto habitual?

R. Curiosamente, sí. Cuando uno mira la cara para ver su expresión, evidentemente lo primero que tiene en cuenta son los ojos. A continuación vienen las bocas. Y los mentones no parecen tener mucha utilidad. Su principal modo de expresar emoción es que, cuando estás a punto de llorar, se arrugan como una bolsa de papel.

Considerando esto, es muy sorprendente todo lo que expresan los mentones (para un lector de rostros) sobre la ética, la capacidad de asumir riesgos y el estilo de gestión del conflicto. Espero que este capítulo te inspire a saludar a la parte inferior de tu cara con renovado «mentu-siasmo».

11

EL SEXO

—¿Qué buscáis en una nueva cita? —pregunté a un grupo de solteras que me habían invitado a darles una charla.

—Que sea atractivo —dijeron la mayoría, y después añadieron— y que tenga una sonrisa agradable.

Por último, alguien dijo:

—Alguien que parezca amistoso.

—¡Señor, ten misericordia! —quise gritar—. ¿No creéis que alguien que se tome la molestia de salir un viernes por la noche será capaz de ponerse guapo y dibujar una sonrisa? Lo único que indica una mirada amistosa es una **señal de apareamiento**. ¿No queréis saber cómo actuará ese extraño seis meses después, suponiendo que aún sigáis hablándoos? ¿No os importa el carácter?

Pero, educadamente, me conformé con una pregunta más simple:

—¿Qué os gustaría que una nueva cita buscara en *vosotras*?

Esta vez, la respuesta fue unánime:

—Quiero que la nueva cita vea mi «verdadero yo», la persona que soy en realidad.

—Oye, —recordé a las asistentes— tú no estás buscando su verdadero «él». ¿Cómo puedes esperar que él busque tu «verdadero yo»?

Lo sexy que es una persona guarda relación con su «verdadero yo». ¿Y no es eso lo que quieres que abrace tu amante, en lugar de algún estereotipo de la gran pantalla? Lo que vas a investigar en este capítulo es material clasificado R, de «Real». Aprenderás a buscar rasgos relacionados con la excitación, la intimidad, la plenitud de tu alma, rasgos que van desde el atractivo sexual inicial hasta la compatibilidad a largo plazo. Los lectores faciales conocen una serie de lugares inesperados donde buscar el atractivo sexual, como la parte superior de los labios y los lóbulos de la oreja.

MÁS ALLÁ DEL ESTILO SOCIALMENTE SEXY

Los lectores de rostros también saben discernir entre el atractivo sexual genuino y el **atractivo sexual social**, que es cuestión de imagen y actitud. Dependiendo de los círculos sociales donde te muevas, el atractivo sexual podría significar alguien con múltiples *piercings,* pelo largo estilo Texas, el aspecto elegante de un nadador profesional, músculos voluminosos y gran cantidad de maquillaje o nada en absoluto de maquillaje.

Actualmente, un rasgo imprescindible del atractivo sexual social son los labios llenos. Ahora bien, si besas a alguien que no podría acertarle ni al lado ancho de un granero, tal vez ayude tener los labios del tamaño de una gran diana. (Esto es lo que dice la escuela del beso a la diana: los mejores labios son grandes, coloridos y no están muy lejos). Aparte de eso, el significado sexual de los labios es puramente social. Como has leído en el capítulo dedicado a «las bocas», los labios llenos indican capacidad de revelar cosas de uno mismo, y no atractivo sexual. Los misterios del sexo-reflejados-en-la-cara residen en otra parte.

Vicky, una de mis alumnas, tuvo una vez una desconcertante experiencia que ilustra perfectamente este punto. Fue un encuentro íntimo con Kevin Kline, el versátil actor ganador de un Óscar. Kline tiene unos labios MUY finos, de modo que la escuela del atractivo sexual en los labios llenos le daría una puntuación MUY baja. Pero, ¡qué equivocación!

Vicky estaba trabajando en una escuela en la que el actor daba clases particulares. El trabajo de Vicky consistía en comprobar las habilidades de los tutores, y el procedimiento era tan rutinario que podría haberlo hecho dormida, sólo que se encontró con un problema: «El aura de sexualidad de aquel hombre era tan fuerte que no sabía qué hacer conmigo misma. Llenaba toda la habitación. Incluso podías sentirla a lo largo del pasillo.» El simple hecho de estar en la misma habitación con Kline convirtió a la normalmente lúcida Vicky en una charlatana medio lela. Además de que apenas podía hablar, le temblaban hasta las rodillas. Con el corazón desbocado, la anonadada mente de Vicky se preguntaba: «¿Qué está pasando aquí?»

Un atractivo sexual escandaloso y no programado, ¡eso es lo que está pasando!

¡No puede sorprendernos que tantas estrellas del cine se casen entre sí! Junta a dos personas súper-sexys y se sentirán tan normales que podrán contar perfectamente hasta diez en presencia del otro.

Phoebe Cates, la esposa de Kline, también es una actriz con un aura deliciosamente atractiva en la pantalla. Felizmente casada con Kline, comparte el mismo rasgo facial, el que verdaderamente muestra su atractivo sexual, que abordaremos a continuación. Ahora pasaremos a examinar otros rasgos que son aún más importantes, si cabe, para encontrar y conservar una pareja compatible.

El filtro (el surco sobre el labio superior)

Las estrellas cinematográficas no se parecen a ti ni a mí, o al menos no se parecen a mí. El **surco** que tienen encima del labio superior es un ejemplo destacado. Hay algo muy interesante en las estrellas del escenario y de la pantalla: cómo tienen esculpido el surco sobre el labio superior.

P. Detesto parecer sexualmente ignorante, pero, ¿qué demonios es el surco sobre el labio superior?

R. El surco labial NO es el labio superior, sino lo que está encima del labio superior, el área que va desde la punta de la nariz a la boca. Una amigo mío lo llama el «vínculo vital», y le reconforta llamarlo por este sobrenombre mientras se afeita. Si quieres el verdadero término anatómico, puedes llamar a esta parte de tu cuerpo *filtro*. Lo que estás buscando es el surco situado en el centro de tu labio superior.

Ahora, mírate en el espejo. ¿Puedes ver dos promontorios más-o-menos paralelos con un surco en el medio? ¿O no llegas a ver nada? Lo que veas dependerá de hasta qué punto el surco esté esculpido.

– Un surco **definido** tiene dos promontorios redondeados.
– Si no puedes encontrar gran cosa en cuanto a promontorios, redondeados o no, entonces tienes un surco **poco definido**.

Éste es un secreto interesante con relación a esta parte de nuestra anatomía. Debajo de tu surco (para ser precisos, sobre las encías, directamente encima de tus dientes incisivos), puedes sentir una estructura, parecida a una cuerda, llamada el **frenillo**. Explóralo, bien con la lengua o con los dedos. Descubrirás que su largura y posición se corresponden con los promontorios del surco labial que muestras al mundo.

Al menos, eso es lo que me han dicho. Por experiencia personal, no distinguiría un frenillo aunque me golpeara en las encías como una tira de espagueti. Como tantos otros sujetos con el surco poco definido, mi alma eligió un modelo de cuerpo sin mucho frenillo. Poco frenillo por dentro implica surco poco marcado por fuera. De modo que este equipamiento es opcional.

P. ¿Opcional? ¿Quieres decir que estoy condenado a una vida sin sexo? Mientras era una criatura inocente en el cielo pensaba: «¿Quién lo necesita?», y ahora ¿tendré que pagar mi error el resto de mi vida?

R. No es así. Cálmate y sigue escuchando.

El **relieve del surco labial** implica atractivo sexual. ¿Haces que las cabezas se giren a tu paso, aunque no vengas de la peluquería? Con un surco labial bien definido, lo más probable es que la respuesta sea «sí».

Compréndelo, podrías estar malhumorado, insociable, sudoroso, exhausto, impropiamente vestido. ¿A quién le importa? Podrías estar más gordo de lo que te gustaría, o más flaco. Podrías ser lo suficientemente viejo para ser el padre o madre de los que te miran con manifiesta lujuria.

Relieve del surco sobre el labio superior

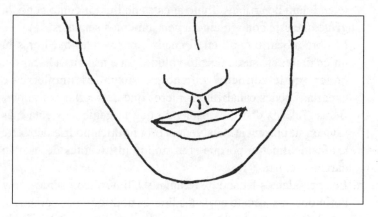

Definido

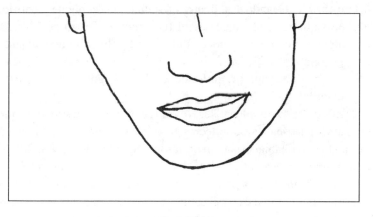

Poco definido

Pero, probablemente, tú y tu surco superlabial os habéis vestido de un modo que resalta vuestro atractivo. La gente que tiene este rasgo tiende a ser muy consciente de su magnetismo; después de todo, la gente responde a él desde los hormonales y calientes años de la adolescencia.

¿Qué explica esto? ¿Dónde está la justicia? Uno de mis alumnos se ha referido a un surco femenino bien definido como la «hendidura de arriba». Tanto si estás de humor como si no, la gente que esté contigo tendrá pensamientos sexuales. El libre albedrío entra en el cuadro, por supuesto. Si eres tú quien tiene este surco de alto voltaje, ¿qué uso vas a hacer del poder que te confiere? La energía sexual es simplemente energía. Puedes canalizar el interés que despiertas como prefieras. Tal vez disfrutes haciendo que la gente se sienta más viva en tu presencia. Las ventas o la política podrían atraerte profesionalmente porque son modos influyentes de usar tu carisma sexual.

Los presidentes Kennedy, Reagan y Clinton, con surcos muy definidos, han estado entre los líderes políticos más carismáticos. Mi alumna Claudia es una washingtoniana que ha vivido entre políticos desde su más tierna infancia. Así es como reaccionó en presencia de Bill Clinton: «El hombre es tan sexy, es increíble. Cuando está dentro de la habitación puedes sentirlo. Ni siquiera estaba cerca de él físicamente. Tengo que decirte algo: nunca he conocido a una figura política con semejante energía.»

Ahora viene una pregunta delicada. ¿Te gustaría realmente tener tal grado de magnetismo?

¿Te gustaría realmente ser Kevin Kline y estar destinado a que otras personas tartamudeen y babeen en tu presencia? Incluso si tu surco labial está bien definido, sin llegar al nivel de MUY, tu reto con este rasgo es qué hacer con la atención que recibes. En el fondo, pocas personas anhelan ser tratadas como objetos sexuales. Entonces, la pregunta pasa a ser: una vez que tengas la atención de los demás, ¿qué vas a hacer con ella?

«¡Convertirme en una estrella de cine!» es una respuesta posible. ¿Sabías que los surcos MUY definidos son prácticamente un requisito laboral si quieres tener papeles románticos? Veamos algunos ejemplos.

Principales surcos labiales de hombres

Pierce Brosnan	Sean Connery
Harrison Ford	Morgan Freeman
Mel Gibson	Michael Keaton
Val Kilmer	Bruce Lee
Brad Pitt	Jimmy Smits
Patrick Stewart	Denzel Washington
Bruce Willis	Chow Yun-Fat

Principales surcos labiales de mujeres

Halle Berry	Cameron Díaz
Jodie Foster	Salma Hayek
Helen Hunt	Bette Midler
Julianne Moore	Gwyneth Paltrow
Julia Roberts	Meg Ryan
Susan Sarandon	Sharon Stone
Kate Winslet	Catherine Zeta-Jones

En cuanto a los surcos *poco marcados*, la falta de magnetismo animal no significa que no seas sexy en otros aspectos. Has sido organizado, desde el nivel del alma, para impresionar originalmente a los demás con otros aspectos de tu naturaleza, como tu intelecto, tu bondad, o tu capacidad atlética. Cuando la gente lee tu aura, es posible que la parte que tiene que ver con el sexo no llegue muy lejos ni llame la atención, excepto cuando estás enamorado. Pero tu aura puede mostrar dones carismáticos de muchas otras maneras. Y es muy notable que la gente se enamore originalmente de ti por estos otros dones, y después descubra tu atractivo sexual como una novedad deliciosa.

Whoopi Goldberg tiene mucho éxito profesional en sus películas, en los escenarios y como presentadora de programas de variedades en la televisión, pero no tiene la apariencia de un símbolo sexual. Ni tampoco la tienen Billy Cristal o Robin Williams. La estructura de sus surcos labiales no te engancha, pero todos ellos tienen auras extraordinarias que revelan otro tipo de carisma, no relacionado con el sexo.

P. Olvidemos el atractivo sexual. ¿Qué parte de la cara te dice quién es sexy, verdaderamente sexy?

R. ¿Quieres saber la verdad? Todo el mundo puede ser sexy, o no. Cada uno tenemos nuestros momentos.

El planteamiento más directo para medir el atractivo sexual general viene de la antigua lectura facial china. Según los maestros de *Siang Mien*, las personas más sexys del mundo son las que tienen los **mentones cortos y anchos**. (¿Cómo llevaron a cabo estos lectores sus investigaciones? No tengo ni idea, pero espero que se divirtieran.)

Lógicamente, su interpretación tiene sentido. Después de todo, los mentones revelan cómo la persona se recupera de la adversidad. Un mentón corto indica sensibilidad a las críticas; un mentón ancho revela la necesidad de consolarse con los demás. Suma uno y uno y, bien, es como poner a una persona que a menudo necesita consolarse con alguien que es significativo para ella... ¿y no sería divertido que esa persona fueras tú?

P. ¿Hay algo más que mirar, aparte de los mentones?

R. La novelista Josephine Tey ha hecho una observación interesante respecto al atractivo sexual. En *The Franchise Affair*, varios de sus personajes hacen comentarios sobre un color de ojos particular. Los **ojos azul pizarra**, coinciden, indican que una persona es «demasiado sexual». Tal vez Tey haya dado con algo. Piensa en el color de ojos de ciertas celebridades que cuentan con muchas seguidoras, como Paul Newman y Frank Sinatra.

Generalmente evito hacer comentarios sobre la gente basados en el color, y obviamente la teoría del azul vívido excluye a legiones de personas que no tienen los ojos azules y podrían estar igualmente fascinadas por el sexo, pero tal vez este concepto te ayude; especialmente si tienes los ojos de ese color. De modo que piensa en la gente que has conocido con ese atributo y comprueba si resulta significativo para ti.

P. Salir con personas del otro sexo me ha decepcionado incontables veces. Una de las cosas que podría ayudarme a eliminar citas que nunca funcionarán es hacer una lectura rápida de sus preferencias sexuales. ¿Hay algún rasgo facial que diga si la persona es heterosexual u homosexual?

R. No. Si eso es algo importante para ti, siempre puedes preguntar (a menos que estés en el ejército). Por lo demás, puedes leer la sexualidad directamente del aura de la persona con la que estás citado. Si debes limitarte a leer el rostro, lo máximo que puedes acercarte a saber su preferencia sexual es nuestro siguiente rasgo.

EL POMO DE MACHO

Algunos mentones, en su mayoría masculinos, incluyen una protuberancia circular que tiene una forma parecida al pomo de una puerta; le he llamado el **pomo de macho**. No los ignores, especialmente en su versión MUY grande, que puede estar coronada por un hoyuelo. (Para ver una ilustración de la variedad más común, *sin* hoyuelo, mira la barbilla del hombre que aparece en el apartado «Proporciones de las prioridades vitales», más adelante en este mismo capítulo.)

Los pomos de macho están relacionados con el orgullo. Cuando un pomo decora un rostro masculino, su orgullo está asociado con su masculinidad, con su «hombría» definida a la antigua usanza, como figura de autoridad. Él es el amo del corral. Su palabra es la ley. Y como para él ser delicado implica fracasar, el hombre macho golpeará directamente con su puño, o con cualquier arma que tenga a mano.

No te andes con tonterías con un hombre así. Algunas de nosotras nos sentiremos demasiado intimidadas para querer estar junto a él... a menos que tengas tu propio pomo de macho.

Si eres una mujer con pomo de macho, tendrás tu propia manera de intimidar a tus enemigos. Cuando alguien te falte al respeto, tu orgullo puede hacerte reaccionar con una furia de tal intensidad que sorprendas a todos los presentes.

P. Venga ya. ¿No te parece que no soportar que te falten al respeto forma parte de la naturaleza humana? No se necesita un pomo de macho para eso, ¿o sí?

R. Cualquiera puede volverse loco. Tienes razón. Pero la gente con pomos de macho se vuelve aún más loca. Haz una encuesta entre tus amigos y conocidos.

El truco para hacer que el pomo de macho funcione positivamente en tu vida es encontrar el modo de utilizar el orgullo sin pasarse. Abrirte camino en el mundo agresivamente no tiene por qué hacer daño a nadie, pero no querrás ser una pesadilla para los demás. ¿Quién tiene el mayor pomo de macho en la vida pública ahora mismo? Saddam Hussein: su pomo ocupa como un 20 por 100 de su cara.

P. ¿Cambia el significado del pomo para los homosexuales y lesbianas?

R. El rasgo que estamos comentando puede ser un pomo, pero no es una pinza. No implica que pertenezcas automáticamente a una orientación sexual concreta. Cada uno de nosotros responde a ciertas cualidades de manera masculina o femenina. Y los pomos de macho acompañan a las personas MUY masculinas; el significado que des a esto depende de ti.

P. ¿Y qué pasa si eres hombre y no tienes el pomo? ¿Puedes seguir siendo muy masculino?

R. Considerando que vives en el planeta del libre albedrío está claro que sí, pero la diferencia es ésta: a los hombres que tienen pomos de macho no les pillarías en una peluquería unisex ni muertos. Prefieren la visión tradicional de lo que implica ser un hombre de verdad. Los tipos como tú, sin el pomo, pueden ser igualmente masculinos —incluso extremadamente sexys—, pero no les preocupará tanto defender su hombría. Posiblemente tendrás la suficiente confianza en ti mismo como para atreverte a comer quiche, para mostrar tu sensibilidad en público, e incluso para experimentar con el mensaje sexual emitido por tu bigote.

Bigotes

Los **bigotes** no son únicamente el pelo que está encima de la encía. Son *símbolos de masculinidad*. No tienes que ser un lector facial para saberlo.

Teniendo en cuenta este simbolismo, los bigotes femeninos no ganarán premios por su delicadeza. Supongo que sólo es cuestión de tiempo que las adolescentes traten de llevar bigote. Últimamente tienen que contentarse con cosas muy aburridas para impresionar a sus mayores, como tatuajes en los hombros o *piercings* en el ombligo. Pero, aun así, las jovencitas valientes acentúan deliberadamente su vello facial, en lugar de desprenderse de él con productos de droguería, como decolorantes y depilatorios.

Más cosas de sentido común sobre los bigotes: no necesitas un fisonomista para darte cuenta del significado sexual de cómo un hombre se arregla el bigote. Cuando se lo retoca, lo recorta de forma impecable, lo riza, lo gira, lo retuerce o tira de él, puedes ver que el atractivo sexual está muy presente en *su* mente, en la suya. Y en cuanto al sujeto que deja que su bigote corra desbocado por la cara, como una sonrisa irreprimible, es alguien igualmente fascinado por su propia potencia sexual. O eso, o es un descuidado.

Dejando a un lado las consideraciones relativas al cuidado del bigote, los lectores de rostros encontrarán mucha información en este apéndice capilar prestando atención a si el pelo cubre o no el labio superior del hombre.

- Un bigote que **deja ver el labio superior** puede ser tan corto que enmarque dramáticamente el labio superior desde una gran distancia. O el pelo puede flirtear deliciosamente con el borde la boca, como diciendo: «¿Te tocaré o no? Tal vez no, aunque sólo por hoy. Mañana ya veremos.»
- Cuando se elige un bigote que **esconde el labio superior,** el hombre puede concederse la versión MUY, que es una creación grande, como una funda que tapiza al sujeto desde el labio superior hasta la barba, dejando la boca minimizada. En el extremo opuesto, el pelo puede colgar suficientemente para cubrir parte de su labio superior.

Bigote

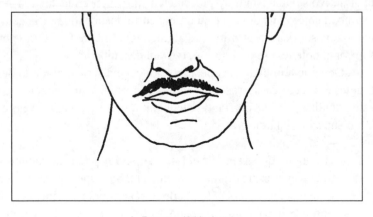

Oculta el labio superior

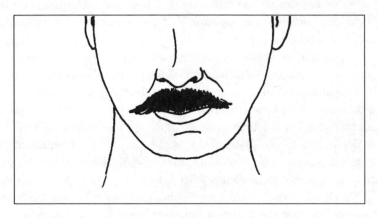

Enmarca el labio superior

P. La incertidumbre me está matando. Tengo las tijeras prepara-das. ¿Qué significan los tamaños de los bigotes?

R. Empecemos por la versión más común. Si tienes un bigote que *deja ver tu labio superior*, simboliza que estás dispuesto a divulgar sentimientos profundamente personales. Mirando atrás, al rey más famoso de Inglaterra, Enrique VIII, se le retrata con este tipo de bigote, y la historia nos dice que tuvo una larga lista de esposas, sugiriendo que al menos no era reticente a la hora de mostrar sus preferencias matrimoniales. En nuestros días, los bigotes que dejan ver el labio superior son más frecuentes en «hombres sensibles», el tipo de hombre que admite asistir a seminarios sobre crecimiento humano o que es lector facial. Usa tu imaginación para traducir la masculinidad sensible a conductas concretas en el dormitorio.

P. ¿Qué pasa si un hombre no tiene el labio superior a la vista — y por tanto no le gusta revelar sus intimidades— pero después lleva el tipo de bigote de los que tienden a revelarlo todo?

R. O bien está haciendo un esfuerzo heroico por revelar más de sí mismo, o se retoca demasiado el bigote. No obstante, siendo realista, ¿con qué frecuencia ves algo así? Los hombres que no se sienten cómodos revelando sus intimidades raras veces se retratarán en el extremo opuesto.

Es mucho más probable que se dejen crecer un bigote que *oculte el labio superior*. Éste será un hombre que elija definir su masculinidad toscamente, incluso escandalosamente.

Charlie Chaplin y Groucho Marx crearon personajes cinematográficos con bigotes característicos. En el caso de Chaplin, su masculinidad reflejada en el bigote contrastaba agudamente con su lenguaje corporal vacilante, como de niño abandonado. Marx escenificaba payasadas sobre su gran interés por el sexo, y creaba muchas situaciones cómicas contrastándolo con su timidez. Me pregunto: ¿El personaje fanfarrón de Groucho ocultaba su verdadero carácter fuera de la pantalla aún más eficazmente de lo que la timidez cinematográfica de Harpo ocultaba el suyo? ¿Era pura coincidencia que estos dos tipos tímidos y disfrazados fueran *hermanos*? Aficionados al cine, ayudadme a responder a esto.

Volviendo a los bigotes, uno de los grandes narradores de nuestros días es Robert Fulghum. Sus libros, grandes éxitos comerciales, han inspirado a muchos. Sin embargo, notarás que no revelan mucho de su personalidad. Y si le vieras en persona, o en fotografía, notarías que su bigote consigue ocultar su labio superior antes de fundirse en una copiosa barba curvada.

LOS LÓBULOS DE LA OREJA

Lóbulos de la oreja: bien, ésta sí que es una parte sexy de la cara. Aunque no los beses ni acaricies, los lóbulos de la oreja pueden enseñarte un saber sexual de carácter muy íntimo. Comprueba su tamaño. El método más sencillo exige usar unos pendientes imaginarios. ¿Cuántas piezas de joyería imaginaria podrían encajar en un lóbulo de oreja del tamaño del que estás midiendo?

– Los lóbulos **grandes** pueden albergar una colección considerable. Imagina bolitas, aros, colgantes, enormes piedras preciosas en tonos arco iris. (No te preocupes, sólo los estás imaginando. No tienes que pagarlos.)
– Los lóbulos **pequeños** tienen cabida para uno o dos, bueno, tal vez tres, dependiendo de cómo te sientas cargado de joyas.

Ahora borra las joyas de tu imaginación. Como por arte de magia, te quedan unos lóbulos de un tamaño muy hermoso. Todo un truco, ¿cierto?

P. Pero estamos hablando de cosas serias. Lo que dices, ¿no implica que, además de todo el resto de la competencia sexual, ahora tengamos que preocuparnos por el tamaño de nuestros lóbulos?
R. Espero que no, ya que todos los tamaños de lóbulos de las orejas son igualmente ganadores y tienen un estilo sexual ganador. A propósito, espero que ahora te quites ya las manos de las orejas.

El tamaño de los lóbulos importa, porque revela hasta qué punto la persona tiene los pies en la tierra y está en contacto con los aspectos físicos de la vida. ¿Lo está o no? No se lo preguntes a su peluquero; pregúntaselo a sus orejas.

P. Bien, parece que voy a suspender irremisiblemente, porque nunca he oído hablar de tener los pies en la tierra. ¿A qué te refieres?
R. Tener los pies en la tierra implica prestar atención a las cosas y aspectos físicos de la vida. Y tiene que ver con el sexo, porque las personas difieren en cuanto al tipo de cosas que necesitan para aterrizar y consolidar su relación de pareja. Los

opuestos suelen atraerse. El sexo es uno de los modos más agradable de recordarte que vives es un cuerpo físico; algo que sin duda habrás notado, aunque no hayas oído hablar de estas cosas anteriormente.

Estos son los detalles: alguien con los lóbulos de gran tamaño tiene los pies en la tierra. Este rasgo te concede agudos poderes de observación. Por ejemplo, no sólo tendrás en cuenta cómo se viste la persona con la que estás citado. También te darás cuenta de cómo le sienta el vestido. Si se va al tocador y vuelve con una sombra de labios diferente, también lo notarás. Eres tan observador que podrías ser detective.

La dificultad potencial es que a veces puedes ser demasiado literal. Por ejemplo, tu colega Jerry dice: «Nos vemos en el Restaurante Barato Pero Bueno, justo debajo de la pequeña señal verde que hay en la fachada del edificio». Cuando llegas, ves que la señal es azul y tiene nada menos que tres metros de ancha. Como tienes unos lóbulos de gran tamaño, nunca volverás a respetar a Jerry.

Sin embargo, es innegable que los lóbulos abultados siguen siendo un gran activo. El director Alfred Hitchcock asustaba a la gente, con base verdaderamente real, incluyendo en sus tomas gran cantidad de detalles convincentes. El científico Konrad Lorenz es un buen ejemplo del tipo de persona con lóbulos grandes que se han ganado una reputación prestando atención a lo que ocurre a su alrededor.

No necesitas ser un científico espacial —o un brillante observador de cómo los patos se relacionan con sus madres— para apreciar lo importante que puede ser tener los pies en la tierra para la práctica sexual. Las personas con grandes lóbulos difieren en sus preferencias sexuales de aquellos de nosotros que aprovechamos el sexo para darnos la oportunidad de aterrizar.

Sí, los *lóbulos pequeños* sugieren que los intereses de la persona son más metafísicos que físicos. Por favor, comprende que, si estás en este grupo, no estoy diciendo que no puedas ser sexy de ese modo tan satisfactorio y pegado al cuerpo, simplemente tienes que hacer un pequeño cambio para prestar atención a lo físico. En el sexo, como en el resto de la vida, te sientes más atraído hacia el alma que habita el cuerpo.

A juzgar por las proporciones de sus orejas, sospecho que el famoso autor M. Scott Peck entra en esta categoría. Los enormes círculos internos de sus orejas sugieren que su estilo de relación con los demás resalta el trasfondo espiritual. No es de extrañar que escribiera *El Camino menos Transitado*. ¿Quién puede esperar que a alguien con unas orejas así le apasione una gran autopista?

El vicepresidente Al Gore es conocido por el entusiasmo que le producen las grandes autopistas electrónicas, no las físicas. Con sus pequeños lóbulos, puedes hacerte una idea. Los lóbulos de Gore también son **rectos**, y esto es muy inusual, porque hay que buscar mucho para encontrar unos lóbulos que no sean curvos. Este rasgo infrecuente sugiere un estilo de vida abstracto e intelectual y una forma de relacionarse con las bellezas de la vida física. (En cambio, los lóbulos **curvados** se asocian con un sincero entusiasmo por las alegrías sensuales de la vida.)

¿Ayudan los extraños lóbulos de Gore a explicar sus esfuerzos en defensa del medio ambiente? ¿Tiene agua un océano? Sus lóbulos sugieren que aprecia el aire libre metafísicamente, además de físicamente. Y su estilo realista e intelectual hace que reflexione sobre lo que le gusta y sobre cómo preservarlo. Volviendo al tema del sexo, ¿es sexy alguien como Gore, con esos pequeños lóbulos? Definitivamente tiene atractivo para alguien que esté en una longitud de onda metafísica. Ésta es la clave de la *auténtica sexualidad*. Su definición más profunda transciende la mera atracción física. Significa que la presencia de una persona tiene algo que te atrae como alma. Incluso más que en la atracción sexual revelada por un surco encima del labio superior bien definido, que hace que «todo el mundo entienda el mensaje», el auténtico atractivo sexual se hace aparente en multitud de rasgos. Responderás a las personas suficientemente polares para provocar tu interés y suficientemente similares para vincularse contigo.

De modo que achaco a mis muy pequeños lóbulos la reacción que tuve al ver a Al Gore en televisión abriendo un baile inaugural. Para ser sincera, debo confesar que pensé: «Qué maravilloso bailarín». Más tarde oí que los sabios (es decir, las grandes autoridades danzarinas de la nación) habían tenido la reacción contraria, diciendo que parecía «de madera». Gore llegaba al público como un gran intelecto y un gran espíritu empujando un cuerpo de aquí para allá. Para mí, eso resulta muy atractivo.

Coincidencia número 101: mientras estaba escribiendo este capítulo, he recibido una entusiasta llamada telefónica de una de mis mejores amigas; ella, como yo, tiene los lóbulos MUY pequeños. «Acabo de conocer a Al Gore en una recepción para profesores. Le he dado la mano. Rose, tienes razón. ¡Es tan sexy!»

ÁREAS PRIORITARIAS

Buena parte del auténtico atractivo sexual es cuestión de prioridades vitales. Si estás buscando relaciones a largo plazo, deberías prestar atención a las tres partes de la cara que revelan las **áreas prioritarias en la vida**.

– **Área prioritaria I.** Va desde la línea capilar hasta la parte más alta de las cejas; es básicamente la frente. (Si la cabeza de alguien ha estado perdiendo pelo, imagina dónde estaría su línea capilar con marea alta.)
– **Área prioritaria II.** Se extiende desde el punto más elevado de las cejas hasta la parte inferior de la nariz (bien entre las fosas nasales o la punta de la nariz, dependiendo del ángulo que forme la punta de la nariz); básicamente, ojos más nariz.
– **Área prioritaria III.** Se extiende desde debajo de la nariz hasta la base del mentón (estamos hablando del primer mentón); básicamente, todo lo que va desde la boca hacia abajo.

P. ¿Cómo demonios voy medir esas distancias?

R. Te recomiendo el método de los dos dedos. Mide la distancia de la línea capilar a las cejas con el pulgar y el índice. Ésa es el Área prioritaria I, recuerda. Manteniendo esos dos dedos en su lugar, ¡congela! Ésa es tu vara de medir. Ahora mueve los mismos dos dedos al Área prioritaria II. ¿Es mayor o más pequeña? ¿Y cómo es el Área prioritaria III? Si cualquiera de ellas es mayor que el Área prioritaria I, amplía la distancia entre el pulgar y el índice para establecer una nueva medida. Estás buscando qué área es mayor.

P. ¿No es todo el mundo como yo, con el Área prioritaria II mucho mayor que las demás?

R. Las Áreas prioritarias varían mucho más de lo que suponemos. Elige veinte personas al azar y léeles esta categoría. Descubrirás que cada Área prioritaria puede ser la mayor o la menor. Y estas diferencias son muy significativas.

P. Entonces, ¿todos los que ya somos mayores tenemos más grande la parte inferior de la cara por nuestro doble mentón?

R. Por favor, párate en el primer mentón. Asimismo, en el caso de los tipos con líneas capilares retrocedentes, imagínate dónde estaría su pelo en condiciones normales.

Sin embargo, has sacado a relucir un punto interesante. Según los estereotipos, es inevitable que, a medida que envejecemos, nuestra línea capilar retroceda. También se te advierte de que acumularás múltiples mentones. Pero piensa en esto: ¿Cuándo fue la última vez que viste ambas cosas en la misma persona? No es frecuente, estoy segura. Para aprender más sobre el porqué, y lo que significan estos rasgos cambiantes, consulta mi próximo libro sobre lectura facial: *Las arrugas son el maquillaje de Dios.*

Entretanto, seguro que quieres leer las áreas de prioridad ahora mismo, especialmente si estás buscando pareja. Estas proporciones faciales (que sin duda pueden cambiar durante tu vida) revelan las prioridades existenciales.

Las personas que tienen el *área de prioridad I de mayor tamaño* que las otras dos son pensadoras. Disfrutan de las ideas abstractas, de la imaginación, de teorías y similares. Puedes esperar de ellas que destaquen en ocupaciones relacionadas

Proporciones de las prioridades vitales

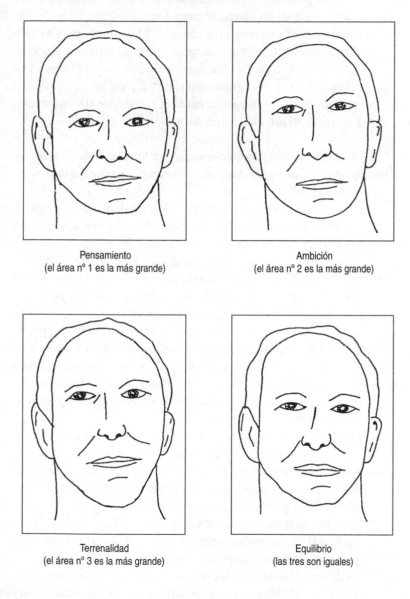

Pensamiento
(el área n° 1 es la más grande)

Ambición
(el área n° 2 es la más grande)

Terrenalidad
(el área n° 3 es la más grande)

Equilibrio
(las tres son iguales)

con la ciencia teórica, la filosofía, la enseñanza superior, o que sean escritores.

Algunos pensadores famosos son Juan Pablo II, el compositor Walter Piston, el físico Enrico Fermi, el lingüista Noam Chomsky y el psicólogo Carl Rogers. Malcolm Forbes ha sido el cronista de las hazañas de los hombres más ricos y emprendedores de Estados Unidos, aunque está claro que él mismo no les va a la zaga. Escribir es algo natural para las personas que pertenecen a esta categoría, como el escritor de suspense John Grisham y el dibujante Charles Schultz.

P. No lo comprendo, tal vez porque ésta es la más corta de mis tres áreas de prioridad. ¿Qué tiene que ver con el sexo una frente relativamente ancha?

R. Las personas de este grupo adoran las palabras largas y construir frases inusuales. Las ideas les resultan sexys. Para ellas es un reto —especialmente intenso en compañía de personas como tú— parecer completamente teóricos, o bien pedantes, o bien aéreos como hadas. En el caso de uno de mis actores favoritos, Robin Williams, su amplísima Área de prioridad I hace que parezca estar más allá de las leyes de este planeta. La gente como tú, con un *Área de prioridad I pequeña*, puede tener el problema contrario. No serás criticado por un exceso de sutileza. De hecho, vuestra fuerza es ir directamente a lo que queréis, como la policía de asalto. Este estilo le ha funcionado estupendamente al director de cine Spike Lee y al activista político César Chávez.

Un *Área de prioridad II grande* indica tendencias ambiciosas. Si tienes este rasgo eres un «trepa» descarado, y te importan apasionadamente el dinero, el estatus, el prestigio y *ser dueño* de lo mejor. (En cambio, a la gente del Área III le importa más *disfrutar* de lo mejor, saborear las comodidades.)

¿Es coincidencia que el estadista Henry Kissinger, que tiene un área II muy amplia, dijera la famosa frase: «El poder es el gran afrodisíaco»? Hagamos una votación.

Es de esperar que el poder resultara sexy tanto a George como a Martha Washington, porque ambos tenían un Área II muy grande. Y lo mismo ocurría con Alejandro Magno y Napoleón

Bonaparte. Y no nos olvidemos de la «ambición rubia», Madonna. El actor Harrison Ford es la estrella más taquillera de la historia.

Tener un Área II grande no le impide a uno conseguir grandes logros financieros. Pregúntale a Tom Hopkins, que ha sido descrito como el mejor formador de vendedores del país, o a Joe Girard, el «mejor vendedor del mundo» según el *Libro de Récords Guinness*.

Las personas ambiciosas pueden ser tan listas como las pensadoras, pero su orientación es diferente. En cuanto comprenden una idea, anhelan y ansían hacer algo con ella. No siendo famosos por su serenidad, a las personas del área II se les debe recordar que planifiquen su tiempo de juego. Amantes potenciales, estáis advertidos. Al principio de la relación es posible que te sientas impresionado. Más adelante posiblemente te sentirás ignorado.

En cambio, las personas con un *Área de prioridad II pequeña* trabajan duro y se esfuerzan en todo, incluidas las relaciones. Su impulso viene más del compromiso que de la ambición. Su dificultad potencial es que no se les valora debidamente, un problema presumiblemente superado por los ganadores de premios Nobel Alexander Solzhenitsyin e Ilya Prigogine.

¿Qué rasgos acompañan a una *gran Área de prioridad III*? Si tienes este rasgo, probablemente el atractivo sexual ocupará tu mente, de modo que empecemos por ahí. Sí, probablemente estás muy seguro de tu atractivo sexual. La cultura popular refuerza esta confianza porque muchas modelos y figuras del deporte tienen estas proporciones faciales. Por ejemplo, muchas chicas y chicos de los que aparecen en las portadas de las revistas tienen lo mismo que tú. (Y estas proporciones faciales no son comunes.)

Y como si toda esa adoración popular no fuera suficiente, tienes otras cosas a tu favor. ¿Cuántas veces te han dicho que eres «la sal de la tierra»? ¿Cuántas veces te han dicho que eres muy «salado»? Siendo tan salado —perdón, quiero decir «terrenal»— tienes una gran credibilidad ante los demás. No te dedicas a especular sobre cosas etéreas. De modo que cuando dices que algo va a funcionar, ya lo has comprobado y te has asegurado de que lo hará. Tal vez estas tendencias terrenales ayuden a explicar la credibilidad de Magic Johnson cuando participa en las campañas para prevenir el SIDA (y no limitaron sus habilidades como jugador de baloncesto). Hugh Hefner amasó su fortuna apelando a los instintos terrenales. A su manera, también lo hicieron el escritor teatral Tennessee Williams y la despampanante actriz cinematográfica Mae West. Los gurús de los ejercicios Jane Fonda y Richard Simmons han usado su terrenalidad para rehabilitar a cientos de perezosos. La sensata columnista Ann Landers es famosa por animar a sus lectores a «despertar y oler el café».

Sí, dada su sabiduría callejera y su ansia de concentrarse en asuntos prácticos, parece evidente que las caras terrenales dan la impresión de ser sexys. Pero antes de que salgas corriendo a buscar una para hacerla tu pareja, recuerda esto: para que una relación dure algo más que una aventura pasajera es posible que tengáis que compartir proporciones similares en las áreas de prioridad. De otro modo, tu relación podría estar sentenciada por la posible dificultad que presenta este rasgo: una falta de respeto hacia las prioridades del otro. ¡Y no querrás que esto se refiera a las *tuyas*!

Y en cuanto a los rostros con *un Área de prioridad III pequeña,* su problema potencial es la falta de interés por las cosas materiales. Compensar esta tendencia puede llegar a ser parte del trabajo de su vida, como es el caso de Mary Baker Eddy, fundadora de la Ciencia Cristiana.

P. Tanto mi pareja actual como yo empatamos en el primer puesto en las áreas de prioridad I y II. ¿Nos deja eso en un limbo sexual?

R. Todas las combinaciones de áreas pueden ser compatibles. Las cosas son más fáciles para una pareja cuando sus proporciones son similares. Consideremos todas las posibilidades cuando dos áreas de prioridad empatan en el primer puesto. *Cuando las áreas más grandes son la I y la II*, puedes esperar que tu pareja y tú os enamoréis de las ideas, añadiéndoles después un giro práctico y creativo.

La capacidad sexual no suele constar en los libros de referencia, al menos en los que yo he consultado, pero descubrirás que los anales de los negocios describen innumerables historias sobre el éxito obtenido por personas con esta innovadora combinación. Algunos ejemplos son Harvey Firestone, fundador de la famosa compañía de neumáticos; el estratega de la inversión Kirk Kerkorian; y Ned Johnson, que está entre los grandes comercializadores de servicios financieros del país. Y también Harold Geneen, presidente de la empresa ITT, que continuó ampliando el ámbito de sus operaciones al tiempo que incrementaba los beneficios económicos; sin duda una estrategia muy interesante.

Cuando las *áreas I y III son las de mayor tamaño*, puedes esperar una personalidad con los pies en la tierra y con una fuerte imaginación (dejo la traducción sexual de esto a *tu* imaginación).

Cuando las *áreas II y III son las de mayor tamaño*, puedes esperar un emprendedor tan interesado en los placeres físicos de la vida como en el éxito monetario.

P. Me has dejado fuera. ¿Qué pasa si las tres áreas de prioridad tienen la misma extensión?

R. ¡Eres un afortunado! La *igualdad de las áreas de prioridad* es relativamente rara. Muestra que tiendes a mantener tu vida más equilibrada que el resto de los que vivimos en esta era de frenesí.

Aparte del equilibrio personal, los sujetos con Áreas de prioridad iguales tienen otra ventaja sobre el resto de nosotros. Comprenden intuitivamente a las personas de todas las tendencias prioritarias, haciendo amigos en todas ellas. Si eres una mujer dotada de este atributo, podrías citarte simultáneamente con un obseso del ejercicio físico, un ambicioso adicto al trabajo y los intelectuales más encerrados en su torre de marfil. Y, si todos los factores permanecen constantes, podrías ser feliz con cualquiera de ellos.

A la larga, al resto de nosotros la vida nos resultará más fácil si nuestra pareja tiene áreas de prioridad similares a las nuestras. Lo cierto es que, si tienes un área especialmente pequeña, debes pensártelo dos veces antes de comprometerte con alguien en quien esa misma área sea la más grande con diferencia.

P. ¿Y qué pasa si ya estás casado con uno?

R. Tu mejor recurso podrían ser los hoyuelos. Si no los tienes, fabrícatelos. Si esto fracasa, aférrate a tu buen humor como si te fuera la vida en ello, porque tú y tu pareja vais a tener un viaje accidentado.

LOS HOYUELOS

A todo el mundo le gustan los **hoyuelos**. ¿Por qué? Este hecho cobra sentido cuando aprendes su significado. Pero antes de sumergirnos en esas pequeñas cavernas faciales, asegurémonos de que podemos distinguir los tres tipos fundamentales.

– Los hoyuelos **no permanentes** son formas circulares que surgen con la sonrisa, desapareciendo seguidamente.
– Los hoyuelos **permanentes** están presentes tanto si sonríes como si no. Trabajan a tiempo completo.
– Los hoyuelos **línea de poder** se parecen más a una arruga que a un círculo. Cuando sonríes, surgen como pliegues de acordeón verticales. Algunas caras llegan a tener un par de hoyuelos paralelos en ambas mejillas. Un único hoyuelo lineal de este tipo también debe tenerse en cuenta.

P. Como estás siendo tan meticulosa con los matices de los hoyuelos, ¿qué nombre les das a los hoyuelos de la barbilla como el mío?

R. Los **hoyuelos del mentón** son el equivalente de los hoyuelos permanentes, aunque situados sobre la barbilla en lugar de las mejillas. A diferencia de los hoyuelos de la mejilla, que pueden venir en series de uno o dos, los hoyuelos del mentón suelen ser singulares, independientemente de los mentones extra que puedas ir desarrollando.

Si el hoyuelo del mentón sólo surge cuando sonríes, como un hoyuelo impermanente, envíame un vídeo, por favor.

Los *hoyuelos* están relacionados con el espíritu lúdico. Los hoyuelos *no permanentes* indican talento para hacer reír a otros.

Hoyuelos

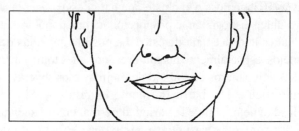

No permanentes

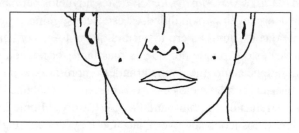

Permanente

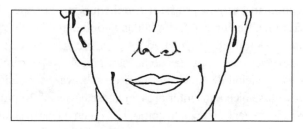

Línea de poder

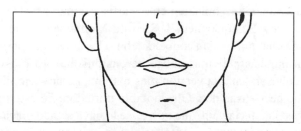

En el mentón

Cuando la situación se tense, tú detectarás el lado divertido y harás la observación ingeniosa o el chiste que hará desaparecer la tensión. Esta dulce disposición te proporcionará una popularidad merecida. ¿Cuál es la desventaja de esto? Es posible que a las personas con hoyuelos, especialmente las mujeres, no se les tome tan en serio como a sus compañeros de trabajo de mejillas más severas.

Esta dificultad es particularmente ingrata —y paradójica— cuando los hoyuelos son de la variedad permanente. Tu tendencia a gustar y divertir a otros casi nunca desaparece, resistiendo más allá de toda expectativa razonable, como la sonrisa del gato Cheshire en *Alicia en el País de las Maravillas*. Si tienes hoyuelos permanentes, el pronóstico para tu personalidad es éste: conseguirás amor más fácilmente que los demás, pero te costará que te tomen en serio.

Tal vez esto explique por qué es más fácil ver hoyuelos en el mundo del espectáculo que en los grandes empresarios o políticos. Algunos artistas con hoyuelos cautivadores son la cantante Bonnie Raitt; las estrellas de la gran pantalla Jim Carrey, Minnie Drive y Laura Linney; los iconos de ayer Clark Gable y Vivian Leigh; y la perenne estrella de la televisión Betty White. Finalmente, no nos olvidemos de la niña-estrella que fue dueña del conjunto de hoyuelos más famoso en toda la historia del mundo del espectáculo, Shirley Temple. Le duraron hasta la edad adulta, ayudándole posteriormente en su trabajo de embajadora.

El hoyuelo *línea de poder* demuestra gracejo, especialmente si estás en una posición de poder. En lugar de subrayar tu superioridad, ayudas a sentirse bien a tus inferiores en la escala social. El problema (tanto para quien tiene el hoyuelo como para quien queda deslumbrado por él) es que esta apariencia tan desenvuelta podría no ser auténtica.

No obstante, el delicado encanto de los hoyuelos línea de poder ha ayudado inestimablemente a artistas como Frank Sinatra, Spencer Tracy, Sean Connery y Ricardo Montalbán; y también a Babatunde Olatunji (no tan conocido como los anteriores porque no se hacen muchas películas sobre percusionistas). El presidente Lyndon Johnson tenía la versión más extrema de hoyuelo línea de poder que he visto nunca. Otra notable portadora de este tipo de hoyuelo es Shakti Gawain, que tal vez se lo haya creado gracias a su abundante experiencia con la visualización creativa. (*Visualización Creativa*, Editorial Sirio).

Otro afable hoyuelo línea de poder (en la mejilla izquierda) es el de Alan Cohen, escritor espiritual del que se ha dicho que es «el más elocuente portavoz del corazón» y autor del libro *El dragón ya no vive aquí*, publicado en español por esta misma editorial. La elocuencia y el encanto tampoco han lastrado la carrera de Howard Schultz. Él es el cerebro y el encanto, y, por lo que yo sé, también la cafeína, que está detrás de la cadena de cafeterías Starbucks.

¿Y qué pasa con los *hoyuelos en el mentón*? Sugieren disposición a jugar el juego de la vida, incluyendo la toma de decisiones. Es posible que los diamantes sean para siempre, pero el compromiso no. Y no esperes que el individuo con el hoyuelo se quede en un trabajo el tiempo suficiente para recoger el reloj de oro.

La inestabilidad es un reto potencial para las personas con hoyuelos en la cara. No obstante, su incontestable ventaja es que el amor o es verdadero o acaba. No caben medias tintas.

P. ¿Son los hoyuelos del mentón lo mismo que las hendiduras, tal como tú los interpretas?

R. No, las hendiduras son líneas verticales que cruzan la parte baja del mentón. Las hendiduras significan conflicto en las grandes elecciones de la vida. La ventaja, para la persona que tiene la hendidura, es el desarrollo personal y el aprendizaje que se consigue reflexionando sobre el conflicto.

P. La gran lección que he aprendido de estos comentarios sobre el atractivo sexual es que posiblemente he estado citándome con personas equivocadas. ¿Tendría sentido elegir las citas basándose más en lo que las caras revelan del carácter que en lo que yo he considerado sexy todos estos años?

R. ¿Qué tienes que perder? De hecho, puedes ir aún más lejos y buscar intencionadamente a personas cuyos rasgos faciales reflejen las cualidades más importantes para ti. Tal vez la mujer de tus sueños tenga un mentón ancho y corto, un Área II inmensa, y lóbulos de las orejas monumentales... ¡o cualquier otra cosa! Aunque no sugiero que dibujes su cara con detalle, como los dibujantes de la policía, no puede hacerte ningún daño hacer una lista de algunos de tus rasgos favoritos.

12

RESOLUCIÓN DE PROBLEMAS DE RELACIÓN

Aquí, en el Planeta del Aprendizaje, la vida puede ser dichosa o puede ser una lección. Las relaciones son un ejemplo de ello. Como hemos dedicado el último capítulo a los aspectos más dichosos de la intimidad, es justo (o al menos realista) orientarse hacia el lado problemático. La intimidad nos enseña, pero también lo hace la distancia.

Los expertos en relaciones, como John Gray, autor de *Los hombres son de Marte, las mujeres de Venus,* y Deborah Tannen, autora de *Tú no me entiendes,* han ayudado a incontables parejas a reinterpretar los problemas cotidianos y a comprender las diferencias entre hombres y mujeres.

Asimismo, comprender las diferencias relacionadas con el estilo personal puede ayudar a comunicarnos mejor, a sentir más compasión, y a reconocer que nuestro punto de vista es sólo uno de los muchos posibles. Cuando su cara te muestra la zona de comodidad de una persona en un aspecto de la vida, ese conocimiento puede ayudarte a evitar algunos conflictos y a resolver otros.

P. Por favor, ¿podrías empezar por cómo evitar problemas? Personalmente, soy una gran aficionada a la respuesta de lucha o huida. Aunque prefiero poner por delante la huida, si puedes entender mi tendencia.

R. ¿De modo que prefieres correr que luchar? Bien, impedir el conflicto puede ser una sabia elección. En lo que se refiere a la prevención, ¿te das cuenta de cuánto más puede ayudarte la lectura de rostros que la práctica habitual de leer la expresión? Es posible que cuando llegues a notar el brillo rojizo detrás de las órbitas oculares de Igor ya sea tarde para excusar tu asistencia a su fiesta. Muy pronto él empezará a gritarte, tú le responderás gritando y dejando caer saladas lágrimas en tu taza de té, o le devolverás directamente los platos que te haya lanzado. No es que yo abogue por la insensibilidad. Registra las señales emocionales con todos los medios de que dispongas. Responde a la furia del otro, y hazlo preferentemente antes de que hierva con tanta fuerza que podrías ponerle dentro una bolsita de té.

La lectura de rostros puede avisarte *con antelación* de las áreas sensibles. No moverías una bufanda roja delante de un toro para indicarle que tienes interés por mantener una charla tranquila. Asimismo, tal vez recuerdes del capítulo sobre «sexo» que sería una estupidez bromear con un hombre que tenga el pomo de macho sobre si lleva ropa interior de color rosa.

Aparte de los patrones de género y de discurso, como los mencionados por Gray y Tanner, cada persona tiene su idiosincrasia. Aprendamos por todos los medios, por todos los honorables medios faciales, estrategias preventivas para evitar tener que elegir entre la lucha o la huida.

Los 10 rasgos de temperamento más relevantes

Éste es mi sistema personal de señales. Las páginas siguientes presentan una lista de los diez rasgos más importantes que se han de tener en cuenta como medida preventiva. Todos ellos han sido comentados previamente, excepto los elementos 2, 8 y 10. (Consulta el Índice I, datos faciales, para repasarlos.)

Los 10 rasgos de temperamento más relevantes

	Rasgo facial	Problema potencial	Cómo evitar el conflicto
1	Bolsas sobre los ojos	Irritabilidad por pequeñas cosas	Hacer concesiones al principio de la discusión, de otro modo el mal humor irá en aumento
2	Surco vertical en la frente	Frustración almacenada	Cuando erupcione el volcán, aléjate de la lava
3	Cejas MUY llenas y MUY angulosas	Estilo confrontacional	Preserva tu terreno si es necesario, pero no te resistas si no quieres luchar
4	Pomo de macho	Orgullo de ser hombre (o de tener una pareja que es muy macho)	Ama al fanfarrón, si puedes.
5	Perilla o barba de chivo	Alerta para control de personajes raros	Ríete, pero que no se note.
6	Ojos muy juntos	Críticos	Aunque te moleste, la persona probablemente tiene razón. Considera esa posibilidad.
7	Labios muy finos	Discurso sentimental o intolerante	Respeta las limitaciones emocionales de esta persona. Cuando surjan comentarios mordaces, no permitas que dejen la marca de sus dientes.
8	Grandes dientes incisivos	Fuerte, incluso inflexible, sentido del yo	Acaricia ese ego. El humor también ayuda.
9	Cejas finas	Temperamento nervioso	Valida las reacciones sensibles de esa persona.
10	Colmillos prominentes	Determinación de ganar	Éste es el instinto asesino. Apártate de su camino.

P. ¿Surcos en la frente? ¿Están hechos por algún tipo de cortacésped?

R. **Surcos verticales en la frente** es el nombre de cierto tipo de arruga, y está hecha por el alma, no por un cortacésped. Principalmente, estoy reservando la exposición de las arrugas para el volumen que seguirá al presente libro, *Las arrugas son el maquillaje de Dios*. Pero ahora mismo querrás saber sobre los surcos verticales en la frente. Para reconocerlos físicamente, busca las líneas que se eleven desde una o desde las dos cejas. Asegúrate de no mezclarlas con la línea vertical que puede localizarse en el centro de la frente, cerca del tercer ojo. Esa es la marca de la devoción.

Un surco vertical en la frente representa ira acumulada. Si lo tienes, sabrás cuánto tienes que esforzarte por no mostrar tu mal genio. Sin duda también tendrás buenas razones para estar enfadado. Cada línea vertical muestra que tu cuenta de ahorros de la frustración es grande y, de hecho, ha estado acumulando intereses. Si puedes, encuentra el modo de retirar capital de la cuenta por medios más suaves que la explosión, que de otro modo será inevitable. Y considera la posibilidad de realizar intentos activos de perdonar, por tu propio bien.

Las líneas de este tipo requieren tiempo para desarrollarse y también para curarse.

P. ¿Importa si la línea está en la derecha o en la izquierda?

R. Puedes apostar a que sí. Un surco vertical en la frente sobre la ceja derecha muestra ira almacenada con relación al trabajo. Un surco que se haya originado en la ceja izquierda muestra furia almacenada en las relaciones, a menudo causada por un cónyuge o un hijo.

P. ¿Y la marca de la devoción?

R. Físicamente, consiste en una línea vertical que está directamente encima del área del tercer ojo, entre las cejas y por encima de ellas. Simbólicamente, la *marca de devoción* significa una vocación espiritual. Cuando tienes este rasgo, tienes un contrato de vida por el que te desplazas en ascensor, mientras que otras personas toman las escaleras y evolucionan a un paso más sosegado.

Suena envidiable, no? Aquí, en el Planeta del Aprendizaje, tu alma ha hecho de la educación una prioridad. Pero, sí, también puede haber dificultades cuando quieres ir más lento durante algún tiempo, porque no puedes. Otros sujetos pueden permitirse insensibilizarse espiritualmente, negar la realidad, o lanzarse hacia delante en una dirección que ellos mismos saben que está equivocada. A ti no te está permitido nada de eso. Incluso a veces es posible que seas llamado a hacer sacrificios en nombre de tu vida espiritual.

Los individuos con este rasgo pueden hacer público su compromiso religioso. Entre los ejemplos de personas que lo han hecho están la Madre Teresa, el Dalai Lama, Inayat Khan, cabeza visible de la orden sufí internacional; el erudito religioso Huston Smith; y Thomas Moore, antiguo monje que ayuda a la gente a cultivar la dimensión sagrada en la vida cotidiana.

La filiación religiosa del devoto puede pasar inadvertida, como en el caso del reverendo Fred Rogers, el mismo señor Rogers que sale en la televisión vestido de paisano y visitando a los niños. Pero, en público o en privado, formalmente religiosa o no, puedes estar seguro de que la persona que tenga la marca de devoción es altamente espiritual.

P. Háblame de las pestañas, por favor. ¿Por qué las pestañas finas están relacionadas con el mal genio?

R. Las pestañas te dan una pista sobre la intensidad de reacción de la persona a las situaciones inmediatas. Cuando un sistema nervioso ha sido ensamblado con *pestañas gruesas*, encontrarás un temperamento relativamente tranquilo y relajado. Pero las *pestañas finas* indican una sensibilidad neurofisiológica extrema. ¡Ten cuidado con los arrebatos!

MIRAR EL DIENTE A CABALLO REGALADO

P. De acuerdo, ¿qué se dice de los dientes en tu lista de rasgos temperamentales? No he pensado mucho en ellos desde que, gracias a Dios, me quitaron el aparato dental de la boca. R. En general, los dientes simbolizan la capacidad de digerir las experiencias de vida, de analizarlas, y de hacer elecciones.

A pesar del viejo dicho de que a caballo regalado no le mires el diente, no es de mala educación evaluar los dientes de un nuevo amigo, particularmente si te los muestra voluntariamente con una sonrisa.

La lectura de los *dientes* es fascinante porque representan el nivel más profundo que pueden mostrar los rasgos faciales: ¿Cómo aprende esa personalidad las lecciones de la vida? ¿Qué grandes pautas podemos encontrar?

Lógicamente, los recién nacidos raras veces aprenden lecciones relacionadas con el libre albedrío y la posibilidad de elegir. Están suficientemente ocupados en cosas más básicas, como encontrarse los pies. De modo que no tienen que ocuparse de sus dientes, ni literal ni simbólicamente.

En la primera infancia surgen estilos de aprendizaje, simbolizados por los *dientes de leche*, que después se dejan atrás. Padres, ¿habéis notado cómo esas hermosas maneras de vuestro bebé, y los dientes que las acompañan, empiezan encajando muy bien con el resto del niño? Pero, al llegar a primer grado, los dientes de leche empiezan a parecer demasiado pequeños para resultar cómodos. La realidad del niño se ha expandido. Y cuando salen por primera vez los dientes de «adulto», tienen un aspecto abrumadoramente grande en la boca de un niño. Su misma visión sería suficiente para hacer fluir la leche materna, sólo que probablemente mamá ya no está amantando. Estos dientes demasiado grandes pueden recordarte lo agobiantes que pueden parecer a un niño los métodos de aprendizaje de los adultos en la escuela elemental.

Con los *dientes de adulto* surgen pautas de conducta individuales que conllevan información útil sobre el estilo personal. Los *incisivos* simbolizan el tamaño del ego de esa persona en comparación con la gente en general. Generalmente, estos dos dientes situados en el centro de la mandíbula superior son algo mayores que el resto, simbolizando un útil sentido del yo que adquiere prioridad sobre todo lo demás.

Al principio resulta complicado distinguir unos incisivos *grandes*, porque los dientes incisivos de *tamaño regular* también son relativamente grandes en comparación con el resto de los dientes de la boca. Pero los incisivos grandes parecen mayores que los relativamente grandes: unos tarugos muy gruesos. Y significan que tienes un buen pedazo de ego. Entonces el reto potencial es una terquedad egocéntrica, que sin duda podría provocar conflictos. El legendario jugador de béisbol Joe DiMaggio posiblemente dependió de su terquedad para ser el mejor bateador durante tanto tiempo. Asimismo, Stephen King ha demostrado su aguante como autor de libros de terror.

El rasgo opuesto, unos incisivos *pequeños*, se evidencia cuando estos dientes tienen un tamaño aproximadamente igual al de sus vecinos. El sentido del yo se borra. Un ejemplo es la doctora Susan Love, defensora de la salud y cirujana cerebral que ha trabajado incansablemente por la causa femenina. Y, hablando de espíritus incansables, consideremos al doctor Wayne Dyer, reconocido autor que ha concedido más de 5.000 entrevistas para la radio y la televisión. Un hombre de su talento hubiera vendido numerosos libros sin ellas, y, como yo misma he hecho muchas entrevistas, puedo apreciar el grado de desinterés que este dato implica. Las entrevistas no son sólo gramour. Aunque a mí, personalmente, me encantan, los autores experimentados saben que las entrevistas significan horas de estar pegado al teléfono durante las interrupciones publicitarias (junto con informes sobre el tráfico y el tiempo que hace en ciudades que nunca visitarás), interminables esperas en estudios, y preguntas vagas o incluso insultantes de entrevistadores exhaustos que nunca han leído ni una línea de tus obras.

P. ¿Estás diciendo que las personas con dientes incisivos pequeños son tan humildes que nunca explotan?

R. Sí que lo hacen. Cualquiera puede explotar. Pero cuando explota una persona con incisivos pequeños, probablemente guarda más relación con la preocupación por los demás que por sí misma. Sospecho que la Madre Teresa de Calcuta no organizó su misión en India sin forzar algunas situaciones.

P. ¿Qué pasa con esos colmillos que tú denominas rasgo temperamental número 10? No, espera. Primero tengo que preguntarte esto: ¿Qué son los colmillos?

R. No hace falta que vayas a la escuela dental para descifrar este bocado de datos dentales. Ofrécete una amplia sonrisa ante el espejo. Mira la fila de dientes superiores. Encuentra los cuatro del centro. A los lados de estos cuatro, verás dos dientes afilados, ¡bingo!, ésos son los colmillos.

P. ¿Qué significa que alguien tenga los colmillos prominentes?

R. Los colmillos **prominentes** llegan más abajo que los cuatro dientes que están entre ellos. En la mayoría de la gente, los colmillos son más cortos, y no más largos, que los cuatro dientes que los separan.

Los **colmillos** están relacionados con la agresividad y el coraje. De modo que un par de colmillos prominentes indican instinto asesino.

Admítelo. Si tienes este rasgo buscas realizar tus deseos por todos los medios. El método empleado podría no ser evidente para los demás, pero los resultados lo serán: harás lo que tengas que hacer para salirte con la tuya. Éste no es un mal rasgo, simplemente un rasgo a temer si lo encuentras en otra persona, y especialmente si es un competidor.

En este contexto de conflictos deberíamos mencionar un último rasgo dental: la *mordedura* (oclusión) o bocado. Cuando los dientes superiores se encuentran con los inferiores, ¿cómo entran en contacto?

Cuando los dientes inferiores sobresalen de los superiores se produce una **sub-mordida**, y cuando ésta es notable indica otro tipo de agresión, generalmente más asociada con la amargura o algún aspecto tétrico que con la furia activa.

Cualquiera que sea el estado de ánimo predominante en la persona, ésta es la marca de un luchador infatigable. Para bien o para mal, las personas con los **dientes superiores más prominentes** que los inferiores son mucho más habituales. Tal como sus dientes superiores se curvan sobre los inferiores, estas personas se doblan en sentido figurado hasta el punto de perder su forma para agradar a los demás. Están deseosas, a veces excesivamente deseosas, de agradar, siempre que no hayan dedicado años a reformarse y restringir este impulso gracias a la ortodoncia.

El **bocado equilibrado** pertenece a la gente que puede pronunciar la «s» con una precisión envidiable. Como si ésta no fuera ventaja suficiente, desde el punto de vista del lector de rostros, el bocado equilibrado suele ir acompañado de un equilibrio interno muy poco frecuente. Las necesidades sociales (simbolizadas por los dientes superiores) del sujeto se combinan perfectamente con sus instintos de supervivencia (representados por los dientes inferiores). Así resulta fácil llevarse bien con la gente.

P. ¡Ya basta! Me estoy poniendo verde de envidia. ¿Puedes darme una razón, sólo una, para no envidiar a las personas con esos bocados aborreciblemente perfectos y fotogénicos?

R. Ningún rasgo dental, incluso la bendición de un bocado perfectamente equilibrado, puede librar a la persona de aprender las lecciones de la vida. Y puedes envidiar todo lo que quieras la aparente perfección de alguien, pero un hecho sigue siendo cierto: Cada persona de este planeta tiene algo que aprender. De otro modo no estaría aquí, con o sin dientes.

10 PISTAS PARA EVITAR ALTERCADOS

Da una oportunidad a la paz. Maravilloso sentimiento, ¿verdad? Como lector facial, tienes al menos una oportunidad de evitar altercados. Recuerda la regla de oro del lector facial:

– Considera que el estilo personal de cualquier otra persona puede ser al menos tan válido como el tuyo.

Leer los secretos del rostro puede ayudarte a aceptar a las personas como son, aunque reaccionen a las situaciones de la vida de una manera diferente a la tuya. Esto no evita la obligación moral del individuo de oponerse a las acciones claramente equivocadas. Buena parte de las conductas que nos ponen mal de los nervios no son malas, sino inesperadas. Esto hay que repetirlo. Es normal esperar que otras personas tengan un estilo personal similar al nuestro. Es normal pero injusto, porque hay muchos estilos diferentes y todos son válidos. Lo que sigue son diez pistas para ayudarte a evitar los conflictos más comunes que surgen de la diferencia de estilo personal.

1. NO TOQUES LAS NARICES

Cuando trabajes con otras personas, deja que ellas trabajen a su manera siempre que acaben las tareas asignadas. Tal vez estás enseñando a un nuevo vendedor. Tal vez estás intentando persuadir a tu esposa de que limpie el plato de la ducha. En cualquier caso, te sentirás recompensado si lees y honras los talentos laborales reflejados en esos perfiles nasales.

Las personas con narices respingonas necesitan permiso para confiar en sus sentimientos. Las personas con narices arqueadas piden una oportunidad de trabajar creativamente. Sé paciente cuando las personas que no tienen la nariz recta se desvían del modo habitual de hacer las cosas. Así conseguirán mejores resultados, con menos fricción interna.

Sé generoso con el respeto, sobre todo si tu estilo de trabajo es diferente.

2. NO DES LAS COSAS POR SUPUESTAS

Ahorra dolores de cabeza a tu alrededor respetando los distintos estilos de productividad reflejados en la longitud nasal. Admira el alto volumen de productividad de un trabajador de nariz corta, y no lo quemes dando sus esfuerzos por supuestos.

Asimismo, acepta el estilo de un trabajador de nariz larga. No esperes entusiasmo si sólo le das una parte del proyecto y haces que lo repita una y otra vez. Necesita conocer el contexto para sentir que tiene un propósito. Cuando le pidas su opinión para planificar el proyecto, se encenderá como un árbol de Navidad. Todos los trabajadores aprecian la oportunidad de contribuir a gestionar la empresa con sus ideas, pero esto es particularmente importante para los trabajadores de nariz larga.

3. Deja que fluya el trabajo en equipo

Todo el mundo tiene su estilo preferido de trabajo en equipo. No aísles a los trabajadores con generosos volúmenes nasales. Necesitan trabajar en grupo. Lo que te parecen pérdidas de tiempo podría resultar muy productivo.

Cuando sea posible, protege al trabajador de nariz estrecha del exceso de reuniones. La estrechez de nariz se ve mejor en el puente. Cuando la persona tiene un puente de nariz estrecho, independientemente de lo ancha que tenga la punta de la nariz, para ella es una tortura empezar el nuevo proyecto trabajando en grupo.

Asimismo, si tu ser querido viene del trabajo contándote historias terroríficas que te parecen poco razonables, considera que podrías tener otra anchura nasal. Sumérgete en la experiencia. Quizá no estés teniendo suficientes narices.

4. ¿Por qué reñir por pequeños detalles?

Dios está en los detalles, dicen. Pero para aquellos de nosotros que tenemos las cejas precursoras, los aspectos más interesantes de Dios NO están en los detalles.

La moraleja de esta historia sobre cejas es impedir que a una persona con cejas precursoras se le asigne una responsabilidad que exija mucha atención al detalle. Lo aconsejable para este tipo de individuo es hacer equipo con su polo extremo, la persona con las cejas terminales. Tu segunda opción de compañero ideal es el de cejas equilibradas. Si estás solo, o con un grupo personas de tus características, contrata un consultor. O bien sal del paso rebajando el nivel de exigencia. A veces no es necesario poner el palito a cada «t» ni el punto a cada «i».

La gente con las cejas precursoras es muy productiva para poner en marcha nuevos proyectos. Cuando puedas, haz uso de esta información. Todo el mundo se sentirá más feliz.

5. Aprende cuándo ignorar la asimetría

La asimetría muestra una profundidad de experiencia que exige respeto. Pero voy a darte un consejo: si alguien con quien trabajas tiene una gran asimetría facial, evita implicarte en la vida personal de ese individuo. No preguntes. O considérate avisado si surgieran complicaciones.

La personalidad de ese trabajador es significativamente diferente fuera del ámbito laboral. Para leer las relaciones laborales, enfócate en los rasgos que se ven en el lado derecho de la cara. No entres en el izquierdo.

Un ejemplo es la asimetría de las orejas. Es mucho más común, según he descubierto, que la gente tenga la oreja derecha con el ángulo hacia dentro y la izquierda hacia fuera que viceversa. ¡Y esto resulta muy conveniente! Durante la jornada laboral, esa persona seguirá las normas; después de las cinco de la tarde (fin de la jornada laboral), hará de las suyas. Describirle como «independiente» sería pecar de tolerancia. Prueba más bien otros adjetivos, como «salvaje y alocado»*. Es muy divertido tener un amigo o esposa con un estilo excéntrico e inconformista. Pero, una vez más, piénsatelo dos veces antes de pedirle que te cuente la triste historia de su vida en el trabajo, o estate preparado para una conmoción aguda.

6. Cócteles fuertes: saber qué estás mezclando

Con tu pareja, con una cita, con los compañeros de trabajo o los miembros de tu familia estás haciendo un combinado en el que interviene una parte del estilo personal de cada uno, estando tú mismo incluido. Ahora que conoces tus puntos fuertes, considera cómo será la mezcla.

Por ejemplo, dos tipos de mejilla tendentes al liderazgo podrían competir por ser el centro de atención. Dos personas con estilo pacifista podrían acaramelarse hasta llegar a entorpecerse; cuando en un grupo entra un sujeto con capacidad de liderazgo, las dinámicas cambiarán. Disfruta de la nueva combinación y no luches contra ella.

Cuando te mezcles con alguien que tenga un estilo apasionado, prepárate para experiencias de gran intensidad. Demasiados desayunos

---

* Menos habitualmente la persona tendrá la oreja izquierda con el ángulo hacia fuera y la derecha hacia dentro. Traducción: espera conductas muy convencionales en cuanto a lo que significa ser una esposa, un padre o un amigo. También puedes esperar que esa persona no encaje fácilmente con sus compañeros de trabajo. Esto puede ser de ayuda en aquellas profesiones donde el éxito laboral depende de contar con la perspectiva fresca de alguien externo a la empresa, como un consultor. El problema potencial es el conflicto interno por «vender» o por sentirse alienado en el trabajo.

energéticos juntos pueden hacer que te sientas como si estuvieras dentro de una coctelera.

7. Presta oídos

Si vives con alguien que tiene las orejas MUY altas o bajas, y las tuyas son exactamente lo contrario, considérate avisado de los posibles problemas de impaciencia: impaciencia de la persona con orejas altas hacia la persona de orejas bajas.

8. ¿Mentones flexibles? Olvídalo

Cuando se trata de medir el grado de flexibilidad, los mentones salen perdiendo. Pero no hace falta que me creas, compruébalo por ti mismo: toma un espejo y mira lo flexible que es tu mentón en comparación con las cejas, los ojos, la boca o la mandíbula. Es más fácil arrugar la nariz o mover las orejas que arrugar el mentón.

¡Qué apropiado! Los principios en los que se fundamenta la toma de decisiones tampoco son fáciles de alterar. Los desacuerdos entre mentones con la base recta o curvada pueden resolverse con paciencia, pero quien tenga un fondo de mentón MUY anguloso tendrá una actitud indómita. Reconoce esa intensa necesidad de controlar. Hay dos cosas que puedes ayudar: el tratamiento psicológico y darte mucho espacio.

9. Plenitud de los párpados

La plenitud de los párpados podría despistarte, de modo que no la des por supuesta. Las proporciones de los párpados de tu pareja (y con ello, su necesidad de intimidad) pueden cambiar más rápido de lo que cabría esperar. Basta con una noche sin dormir o con llorar un buen rato.

De modo que compruébala a diario, mirando ligeramente la plenitud de los párpados mientras les das cálida acogida. No es que tengas que ajustarte por obligación a unas necesidades diametralmente opuestas en cuanto a espacio personal (después de todo, tú y tus párpados también tenéis necesidades), pero puedes usar este dato para entender mejor dónde está tu pareja. Además, posiblemente te protegerá de la culpabilidad. ¡Sólo puedes ser quien eres!

10. ALERTA CON EL PÓMULO

Lo he visto muchas veces: una cara suave de rasgos curvados parece indicar que el sujeto detesta las confrontaciones. Y, de repente, te das cuenta de sus pómulos, que lo cambian todo.

Recuerda: este rasgo está relacionado con el uso del poder personal para defender tu ética. Tu tímido marido o compañero de trabajo puede evitar hablar con dureza, pero si él y sus altos pómulos te pillan viviendo una mentira, ten cuidado. Vas a ver expresiones faciales y a oír palabras que nunca habrías imaginado.

Juega a lo seguro con estos sujetos declaradamente éticos. Juega limpio.

EL ÁNGULO OCULAR

Algunos de los problemas de relación más innecesarios se dan porque las personas no pueden aceptar los ángulos oculares del otro. Por supuesto que no lo saben conscientemente, dado que el ángulo ocular no cuenta como causa legal de divorcio ante ningún tribunal. Sin embargo, cuando averigües lo que indica, valorarás su importancia.

En primer lugar, comprendamos el concepto físico. Ángulo ocular significa la inclinación de un ojo, de un extremo a otro, en comparación con el resto de la cara. Y no es difícil de calcular cuando sabes qué buscar. Francamente, lo más fácil es usar ciertos enclaves o puntos de referencia para orientarte. La cosa funciona así:

Empieza por un ojo, pues la asimetría es más común de lo que podrías suponer. Imagina un punto en el ángulo interno de ese ojo, justo en el conducto lacrimal. Imagina un segundo punto donde el ojo se estrecha, en el otro lado, y mira con cuidado para ver ese lugar; suele estar mucho más elevado de lo que los lectores faciales novatos esperan.

Ahora que ya tienes dos puntos, conéctalos con una línea imaginaria. Esa línea formará un ángulo con la horizontal. A eso, y sólo a eso, es a lo que me refiero cuando hablo del ángulo ocular.

P. ¡Vaya! ¿Tiene ese ángulo algo que ver con los ojos de almendra?

R. No. Este asunto de la forma de almendra en uno de los estereotipos faciales más tontos que conozco. He reflexionado

Ángulos oculares

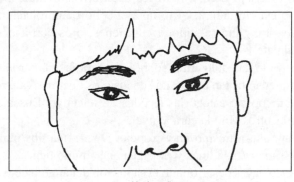

Hacia arriba

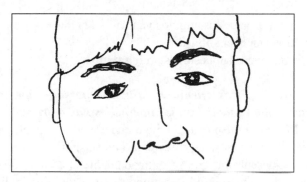

Hacia abajo

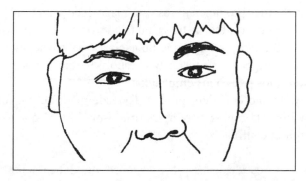

Igualado

muchas veces sobre él y he llegado a la conclusión de que, como manera de distinguir características oculares, es una completa chifladura. Si te falta el sello de aprobación de la almendra, ¿qué se supone que tienes, ojos con aspecto de cacahuetes?

Esto ya lo has oído antes sobre la lectura facial, pero algunos nos quedamos tan prendados de los ojos que más vale repetirlo. Para buscar categorías faciales, sé selectivo. Busca un rasgo tras otro. Mira la cara a nivel.

Mírate ahora mismo en el espejo. Determina dos puntos de cada ojo, traza la línea y averigua qué ángulo tienes.

Cuando hayas desarrollado la captación del ángulo ocular, percibirás tres variantes:

– La mayoría de los ángulos van hacia **arriba**.
– Otros van hacia **abajo**.
– El resto, por supuesto, están **igualados**.

P. ¿De veras? ¿Estás afirmando que una persona típicamente caucásica como yo tiene los ojos inclinados hacia arriba?

R. Míralo tú mismo. Te invito a que abandones la etiqueta de «caucásica» y sólo te mires como un ser humano. Cuando lo hagas, descubrirás que aproximadamente el 85 por 100 de los seres humanos de todo el mundo tienen los ojos inclinados hacia arriba en mayor o menor medida.

Cuanto más pronunciado es este rasgo físico, tanto más probable es que la persona tenga un talante optimista, incluso idealista. Sí, los ojos con el ángulo hacia arriba van acompañados de altas expectativas respecto al esposo o esposa, los hijos, los padres, los jefes o los empleados.

Hay mucho conflicto potencial desde el principio mismo. Prueba esta rápida adivinanza multi-opción. ¿Dónde podría surgir el conflicto?

a) Entre los idealistas y las personas que deben soportar sus altas expectativas.
b) Entre dos idealistas, con las elevadas y diferentes expectativas que tienen cada uno respecto al otro.

c) Entre la mente y el corazón del idealista, a medida que la realidad gana terreno.

Concédete un punto extra si has adivinado que la respuesta es:

d) Todas las anteriores.

Y, para que no te sientas indebidamente desanimado, existe un problema aún más grave inherente al territorio; es el tipo de problema que los optimistas, por definición, detestan reconocer: la negación. Éste es el ejemplo más extremo que he encontrado en un cliente hasta el momento. Un día John volvió a casa y descubrió que la que había sido su esposa durante 16 años había desaparecido.

Además se había llevado a los niños, los muebles, todo, excepto un pequeño colchón para que durmiera su marido. «Fue una conmoción terrible», explicó John, que tiene unos ojos con un gran ángulo ascendente. «Por lo que a mí respecta, nuestro matrimonio era perfecto, no teníamos ni el menor problema.»

Está claro que John tenía algunos otros rasgos además de los ojos hacia arriba, pero creo que me captas.

Sin embargo, tampoco podemos negar una tendencia maravillosa que acompaña este rasgo ocular. El talante idealista suele ir acompañado de una disposición a correr riesgos. «Mira antes de saltar» probablemente fue acuñado por los padres desesperados de un niño que tenía los ojos con un gran ángulo hacia arriba. Es más probable que uno se sienta decepcionado cuando las expectativas son muy elevadas, pero, ¿desanima eso a los optimistas del mundo? Por supuesto que no, y por ello el mundo es un lugar mejor.

P. ¿Cómo encaja esta tendencia a asumir riesgos con optimismo con lo que dijiste sobre la longitud de los mentones y los riesgos? Como me dedico a vender, podría ayudarme mucho saber de antemano quién tiene espíritu de jugador.

R. Los ojos con ángulo hacia arriba acentúan la capacidad de asumir riesgos indicada en el mentón. ¡Está muy bien que hayas podido asociar estos dos factores! Los clientes con mentones largos asumen riesgos *físicos*, como por ejemplo sentirse atraídos por la velocidad y la hábil conducción de un coche nuevo. Los clientes con mentones cortos evitan los riesgos físicos, pero están dispuestos a correr riesgos para defender su *ética* personal.

Por supuesto, los clientes que tienen los ojos con un gran ángulo hacia arriba, además de narices muy redondeadas, son el sueño de cualquier vendedor. Son los más dispuestos a asumir riesgos *financieros* porque creen en las posibilidades más gloriosas.

Aparte de beneficiarse directamente del talante optimista, todos los miembros de la sociedad se benefician cuando un innovador aventurero busca nuevas posibilidades más allá de las limitaciones existentes. Helen Keller demolió los prejuicios del mundo respecto a lo que podía hacer una persona con problemas físicos. ¿Qué dones acompañan a los ojos con ángulo *hacia abajo*? No te preocupes, tienes tu cuota de bendiciones. Resumiéndolas: sueles dedicarte a buscar problemas, pero también a resolverlos.

P. ¡Vaya! ¿Y qué pasa si el trabajo de uno no es encontrar problemas? En mi trabajo de vendedor, lo que debo hacer es resolver problemas.

R. No se trata únicamente de tu trabajo. Aunque tuvieran el mismo trabajo, la mayoría de la gente no se centraría en los problemas como lo haces tú. Y eso no indica que tendrían menos éxito. Su estilo sería diferente, eso es todo.

Por ejemplo, si tienes este rasgo ocular, piensa en la última reunión familiar a la que asististe. ¿No fuiste uno de los primeros en darte cuenta de que la tía Martha y el tío David estaban a punto de divorciarse? ¿No fuiste tú el primero en prever dificultades cuando tu prima Silvia habló a todo el mundo de su nuevo trabajo de vendedora de las Galletas Grasa Feliz, la nueva marca cuyo objetivo es hacer del colesterol una palabra «más jugosa y divertida»?

Admítelo, encuentras problemas donde nadie los ve, lo que también te convierte en un «solucionador» maravilloso. Y uno de los beneficios añadidos es tu compasión. Como la negación no es un problema para ti, puedes escuchar los problemas de la gente. Piensa en los ojos con grandes ángulos hacia abajo de John Gray y Deborah Tannen, los extraordinarios expertos en relaciones. El mundo necesita gente dispuesta a afrontar los problemas.

Tu único reto serio es un pequeño acuerdo que puedes haber hecho inconscientemente con el universo. Es algo así:

«Dios mío, soy tan bueno encontrando problemas y resolviéndolos. Asegurémonos de que siempre tenga al menos uno bien grande en mi vida.»

Si ya hiciste ese acuerdo, ¿para qué renegociar?

Cuando tienes los ojos con un *ángulo igualado*, tienes un grado poco común de realismo. No eres optimista, no eres pesimista, y puedes recordar a la gente que un vaso de agua puede estar simultáneamente medio lleno y medio vacío.

°El doctor Bernie Siegel tiene unos ojos de ángulo muy igualado, y ha observado muy atinadamente: «Los pesimistas tienen una visión más precisa de la realidad, pero los optimistas viven más tiempo.»

El único problema para la gente de ojos equilibrados es la falta de tolerancia por el resto de la humanidad en ambos extremos, desde el contagioso entusiasmo de las estrellas de «Tocado por un ángel», Della Reese y Roma Downey, hasta la característica melancolía del ángulo descendente de William Golding, autor de *El Señor de las Moscas*.

ÁNGULOS BUCALES

Cuando se trata de resolver problemas, las palabras adquieren una relevancia especial. A menudo no son los hechos los que nos enfurecen, sino comentarios casuales que se han deslizado de una boca. Si has sido padre o madre alguna vez, seguro que aún recuerdas la manera tan curiosa que tienen los niños de comer sus primeros alimentos sólidos: ahora está dentro, ahora está fuera... el bebé parece dichosamente inconsciente de la diferencia. Éste acaba siendo un problema humano constante, pero no tanto con la comida como con las palabras.

Cuando tu hijo aprende a hablar, llega el momento de enseñarle qué comentarios sería recomendable no echar fuera de la boca. A la gente de todas las edades hay que recordarle periódicamente este

Ángulos bucales

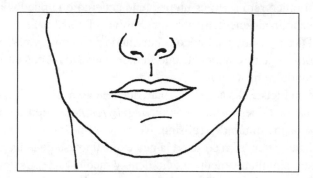

Igualado

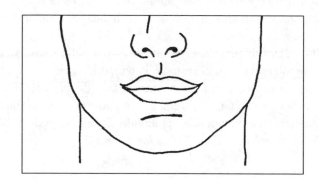

Hacia arriba

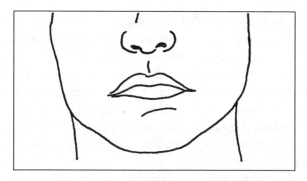

Hacia abajo

dicho: «Haz que tus palabras sean suaves y dulces, porque algún día podrías tener que comértelas.»

Bien, ésta es la buena noticia para todos los que tenemos que lidiar con las dramáticas situaciones de cada día causadas por palabras que se deslizaron inesperadamente. Como fisonomista, siéntete avisado y prepárate con antelación observando el **ángulo bucal**.

Para ello, examina la boca mientras está en reposo (a menos que estés sumergiéndote en el estilo personal de alguien que siempre sonría; sin duda es un ser raro, y, de hecho, es tan raro que probablemente necesite un poco más de cocción).

Vuelve a imaginar los puntos, como hiciste para medir el ángulo ocular. Esta vez, sitúa un punto imaginario en cada una de las comisuras de los labios y otro en el centro de la boca, donde se juntan los labios. Conecta esos puntos para formar dos líneas, una para cada lado de la cara. Generalmente, aunque no siempre, en ambos lados prevalecerá el mismo ángulo bucal. Ahora lee cada lado separadamente.

- ¿Avanza el ángulo **en línea recta** a lo largo de la cara? Entonces cuenta como igualado.
- ¿Lo ves elevarse en una comisura? Entonces admite que el ángulo es **ascendente**.
- ¿Se dirige la boca hacia abajo? Entonces ese ángulo bucal cuenta como **descendente**.

El *ángulo bucal* indica la interpretación que hace la persona de lo que le dicen los demás. Una cosa es ser un idealista, un rastreador de problemas o un sabio de la vida cuando eres tú quien está hablando. Podrías tener una reacción muy distinta cuando es otra gente la que te habla a ti. El ángulo bucal indica la manera profunda de recibir lo que la vida te trae y, consecuentemente, se refleja en la totalidad de la cara, incluso en los rasgos más inmóviles.

Deja que te ponga un ejemplo para ilustrar cómo funciona este rasgo: digamos que estás considerando la posibilidad de pedir una cita a una mujer llamada Jane. Una tarde la ves salir de un restaurante, pero tú tienes mucha prisa porque vas a visitar unos clientes. Como vas tan retrasado, le gritas: «Tengo muchísima prisa. No puedo pararme a hablar. Lo siento.»

Si Jane tiene el ángulo de los labios *recto*, podría pensar: «¿Qué le pasa? ¿Me pregunto por qué tiene tanta prisa?»

Si Jane tiene el ángulo de la boca *hacia arriba*, podría reaccionar pensando: «Probablemente va corriendo a cerrar uno de sus maravillosos negocios. Ha sido agradable que tuviera el detalle de saludarme, aunque tenga tanta prisa».

Sin embargo, si los ángulos de la boca de Jane señalan *hacia abajo* (el rasgo más común en los adultos, con diferencia), lo más probable es que haya rumiado: «Había tanta frialdad en su voz. Y antes éramos amigos. Me recuerda la vez que Humberto me hizo lo mismo.»

Ves, cuando más descendente es el ángulo de la boca, peor es el significado que su dueño atribuye a los comentarios. El problema es evidente. Sin embargo, no pases por alto el aspecto positivo de tener el ángulo bucal hacia abajo. Como eres muy sensible porque han herido tus sentimientos, tiendes a ser bondadoso con los demás. Cuando las palabras que salen de tu boca podrían herir sentimientos, ¿no te das prisa en pedir perdón?

La mejor comedia televisiva que muestra bocas con ángulos descendentes muy divertidos es, sin duda, «Frasier». En reposo, la boca del personaje central lucha incesantemente por pasar de ángulo descendente al igualado. Su hermano, Niles, tiene una boca con un ángulo marcadamente descendente. Y el padre de ambos, el irónico ex oficial de policía, también tiene una boca fuertemente descendente. Los diálogos de la serie juegan con la rapidez de cada uno de ellos para interpretar los comentarios personales desde la peor perspectiva posible.

Las bocas con ángulos *hacia arriba* no guardan resentimiento por los comentarios casuales. Son capaces de aceptar los falsos halagos por lo que valen. En realidad, el problema para este tipo de labios es que los individuos más sensibles se sienten fácilmente provocados. ¿Cuántas veces te ha ocurrido que alguien se ha sentido ofendido por comentarios que nunca, ni siquiera en un mal día, te habrían molestado? Ya sabes lo que es tener un mal día. A la mayoría de estos individuos les pasa eso mismo día tras día.

También existen seres raros con ángulos de *boca equilibrados* que muestran una sorprendente conducta instintiva. Tú repasas una frase para entender la intención y el significado que quiso darle quien la pronunció. Y después reaccionas.

Pero, a otros, tu estilo podría parecerles extraño. Por una vez, en un rasgo moderado, tu problema no es la falta de tolerancia hacia el resto de la humanidad, sino ¡la falta de tolerancia del resto de la humanidad hacia ti!

Quien tenía un rostro fascinante en lo relativo a los ángulos oculares y faciales era el doctor Norman Vincent Peale. Sus ojos y labios apuntaban hacia abajo en el lado derecho de la cara, y hacia arriba en el izquierdo. Mi interpretación es que su gran reto existencial era la transformación de una actitud negativa en positiva. El dominio de esa lección de vida le preparó para convertirse en el pensador positivo más conocido del mundo.

UNA DOCENA DE TALENTOS PARA RESOLVER PROBLEMAS

Muchos de los rasgos faciales que hemos visto en anteriores capítulos revelan talentos específicos para la resolución de problemas. Por tanto, la lista de la página siguiente está destinada a animarte. Si la persona con la que discutes tuviera cualquiera de estos rasgos, quizá te sea útil reconocerlo. Piensa en cómo el talento de esa persona puede usarse para vuestra mutua ventaja.

IMAGINACIÓN

P. «El pico de la imaginación»... ¿se trata de alguna cordillera montañosa que se ha colado en nuestra discusión de problemas? ¿Has decidido que viajar es la mejor venganza?

R. Bien, he cambiado el nombre de un rasgo físico porque, francamente, el anterior apestaba. ¿Has oído hablar del pico de la viuda, no? Es una forma angulosa en la línea capilar. Me niego a limitar este rasgo maravilloso dándole un nombre asociado con la muerte.

Muy posiblemente es el rasgo más intensamente asociado con la creatividad. En honor a ello, así como a su posición física en lo más elevado de la cara, le he dado el nuevo nombre de **línea capilar del pico de la imaginación**.

Doce talentos para resolver problemas

	Datos faciales	Cómo funciona el don
1	Ojos muy separados	Amplía la perspectiva general, hace que un grano de arena no parezca una montaña.
2	Ojos juntos	Enfoca el problema, con todo detalle, hasta que queda fijado. Nota: este estilo puede hacer que las personas con otro marco ocular se sientan muy frustradas.
3	Poco volumen nasal	Halla la solución en soledad. (¡Deja espacio a este trabajador!)
4	Mucho volumen nasal	Incluye y valora a todos los componentes del equipo; ayuda a convertir la solución en un esfuerzo grupal.
5	Cejas terminales	No deja ningún cabo suelto; se esfuerza por resolver los detalles que retrasan el resto del proyecto.
6	Cejas en ángulo	Se niega a perder un segundo más en soluciones que no funcionan; lo remueve todo en busca de un nuevo orden que funcione mejor.
7	Orejas altas	Deslumbra a la gente resolviendo los problemas de manera rápida e intuitiva.
8	Orejas bajas	Tiene la paciencia de esperar hasta que el problema se resuelva completamente.
9	Mejillas juntas	Muestra cortesía cuando está bajo presión. Cuando haya que encontrar una solución, esta persona, de algún modo, conseguirá abrirse camino.
10	Mentón con el ángulo hacia dentro	Usa la cooperación para resolver problemas: desinterés y bondad hacia los demás.
11	Labios Blarney	Persuade a todo el mundo de que el problema está resuelto (lo esté o no; al menos esto alivia temporalmente a todos los que están enfadados porque el problema no se soluciona).
12	Línea capilar del pico de la imaginación	Resuelve problemas usando la imaginación; visión creativa que puede adelantarse muchos años a su tiempo.

Línea capilar del pico de la imaginación

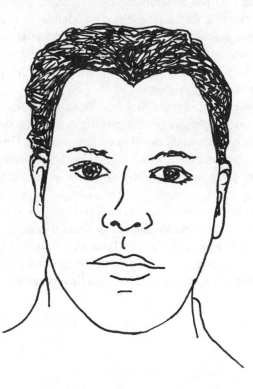

P. Espera un momento. ¿No esperas que creamos que un pequeño rasgo indica creatividad suprema, o sí?

R. No, la creatividad se refleja en la riqueza de rasgos faciales. Por ejemplo, cada uno de los tres grandes perfiles nasales (recta, respingona y arqueada) sugiere una especialidad creativa distinta en el trabajo (con los procedimientos, intuitiva, y con los recursos del entorno laboral, respectivamente). Estos rasgos no han conseguido llegar a nuestra lista de talentos para resolver problemas, pero podrían haberlo hecho.

De hecho, casi todos los rasgos faciales muestran un matiz creativo que puede aplicarse a la resolución de problemas. En la lista de *doce talentos para resolver problemas*, he seleccionado formas de creatividad que son diferenciadoras, incluso singulares.

La *línea capilar pico de la imaginación* se ha ganado su lugar en esa lista por relacionarse específicamente con la imaginación creativa. Todos la tenemos y podemos fortalecerla, pero a algunos sujetos se les ha dado una ración vital superabundante. Y sólo presenta una dificultad: llevarse bien con el resto del mundo, y especialmente con aquellos que se sienten amcnazados por la imaginación.

El matemático doctor Andrew Weil no tiene quejas: su gran ingenio le permitió probar el último teorema de Fermat. ¿Y eso qué importa, dices? ¿Quién demonios es Fermat? Bueno, para algunos matemáticos es casi tan importante como Elvis, y han estado intentando probar su teorema durante más de 350 años.

Actualmente, la joven y brillante *mezzosoprano* Cecilia Bartoli no ha sentido ninguna timidez a la hora de mostrar al mundo ese inusual estilo de línea capilar. ¡Bien hecho! Nadie que tenga este rasgo debería ocultarlo. Los problemas mundiales están pidiendo a gritos más imaginación.

13

ESTRATEGIAS DE
VENTA

Las ventas no son para caracoles. A veces tienes que hacer movimientos rápidos. Las primeras impresiones de tu cliente suelen ser las más duraderas. La lectura facial puede ayudar, a menos que te dediques al telemárketing.

Leer el rostro puede ayudarte, y no sólo si trabajas en un punto de venta expendiendo billetes, bienes o servicios, es decir, en las ventas convencionales. La palabra «ventas» también te es aplicable si estás persuadiendo, enseñando, dirigiendo, o intentando motivar a alguien para que haga algo. Las indicaciones contenidas en este capítulo pueden ayudarte a hacerlo más hábilmente.

INTENCIÓN SERVICIAL

Cada día de su vida adulta, Oprah Winfrey ha rezado pidiendo lo mismo: ser útil a los demás. ¡Sorprendente! No ha pedido grandes porcentajes, un club de fans con millones de miembros, ni siquiera una carrera profesional, por no hablar de la oportunidad de ser la mujer salida de la nada más rica de América. Pero, como se dejó entrever en una entrevista realizada por *Redbook Magazine*, Oprah ha pedido de corazón servir a los demás.

El éxito de Oprah ha dependido de muchos factores, pero éste tal vez importe más a la gente como tú y como yo, porque es un factor que podemos duplicar a partir de ahora.

La intención de ayudar a los demás tiene su recompensa. Y también tiene recompensa en términos prácticos, porque la mayoría de las personas tenemos un sentido del olfato muy bien desarrollado para detectar la avaricia. Somos como sabuesos que olisquean a quienes tratan de usarnos para completar su cuota de ventas.

Así como sientes repulsión cuando alguien te mira con el signo del euro grabado en los ojos, ¿no te sientes atraído por una intención verdaderamente servicial?

Como tú mismo, tus clientes notan la diferencia. De modo que, incluso por las razones más egoístas, merece la pena formular la intención específica de preocuparse por los clientes. La lectura facial puede ayudar a aquellos de nosotros que valoramos las buenas intenciones, especialmente cuando nos sentimos cansados. Incluso la nieve recién caída, la que te deja sin aliento por su pura inocencia, no puede retener el tráfico. Pronto se convierte en aguanieve sucia y apelmazada. Lo mismo les puede pasar a nuestros buenos deseos.

La lectura facial es un recurso increíble para reanimarse. Cuando sean las 3 de la tarde de un viernes y, francamente, ya estés harto de la humanidad, concédete el beneficio de contemplar una nariz o un mentón.

Cuando entre una nueva nariz en tu sala de ventas, tómate unos segundos para leerla. Olvida la expresión. (En ese momento de la semana y del día, lo más probable es que ni el cliente ni tú ganaríais un premio a la expresión amable). Busca activamente uno o dos talentos que hacen de ese cliente un individuo único. Automáticamente, puedes estar en el equivalente comercial de un exquisito paisaje nevado. Miras a esa persona desde un ángulo nuevo.

Está claro que el ambiente comercial de nuestros días es muy duro. Los clientes compran descaradamente en función del precio. Y, francamente, a menudo son ellos los que nos miran con el signo del euro reflejado en sus pupilas, o bien no se fijan en nosotros hasta que están convencidos de que podemos darles lo que desean al precio más barato, además de servirlo con la mayor celeridad.

Ser tratado como un objeto comercial por un cliente es parecido a ser tratado como un objeto sexual. (Hmm, si el cliente es suficientemente malo, podría combinar ambos tratamientos). De modo
que da gracias por tu libre albedrío, potenciado por tu capacidad de
leer rostros. Cuando eliges ver a tu cliente como un individuo, eso
puede ser contagioso. Insiste en hablar de persona a persona, más
que de objeto a objeto.

RÍETE DE TI MISMO

Aun teniendo la mejor intención y esforzándote al máximo, el
éxito no se produce inmediatamente. En esas ocasiones un poco de
sentido del humor puede impedir que te sientas descorazonado.

Al final de mis clases invito a los alumnos a rellenar hojas de
evaluación. Generalmente me inspiran; otras veces ofrecen suge-
rencias útiles. Pero, en ocasiones, sus comentarios me hacen pro-
testar por lo duro que es el ambiente ahí fuera. Por más páginas que
reparta durante la clase, siempre hay quien protesta por la falta de
apuntes. Algunos alumnos se han quejado de que no conocía el tema
con la profundidad suficiente (un comentario extraño, considerando
que yo lo inventé). Y algunos estudiantes alegan que las clases no se
han dado en el día y la hora anunciados en el catálogo. (¿De verdad?
Entonces, ¿cómo es que estábamos todos allí? ¿Por casualidad?
Bueno...)

En un mundo donde no es posible agradar a todos, al menos
nosotros, los lectores faciales, siempre podemos ganar el premio de
consolación. Pase lo que pase, podemos aumentar nuestros conocimientos sobre lectura facial.

Así, cuando tu intención de ser útil no produzca resultados
aparentes, puedes pasar al plan B: reírte y aprender todo lo que puedas. A veces, los que estamos en trabajos relacionados con el servicio dedicamos tanto tiempo a divertir a los demás que olvidamos
cuidar de nosotros mismos. La lectura facial puede añadir un deli-
cioso elemento de humor a las transacciones comerciales.

Mi marido y yo siempre recordamos una fiesta en la que me
contrataron para leer caras. La anfitriona, Elvira, había reservado
una hora, insistiendo en que, dado el coste, no podía contratar mis

servicios por más tiempo. Como lo tenía tan claro, mi marido me llevó allí y tenía planeado esperarme en el coche. A continuación iríamos directamente a la fiesta de cumpleaños de un amigo.

Dije adiós con la mano a Mitch, entré en la fiesta y me puse a leer caras para un grupo de invitados de lo más entusiasta. Elvira empezó a preocuparse justificadamente. Su mentón MUY curvado sugería que era una anfitriona generosa: nada era demasiado bueno para sus invitados. Al mismo tiempo, tenía una nariz MUY pequeña y triangular, lo que sugería que gastar dinero era un problema importante para ella. ¿Cómo iba a resolver su conflicto nuestra anfitriona?

Obviamente los invitados querían que me quedara más tiempo, que ella tendría que pagar, y aunque su casa sugería prosperidad, su nariz declaraba pobreza. Mientras me preparaba para irme, me preguntó cuánto le costaría que me quedara más. Le di mi precio por hora. Consciente de su dotación nasal, le indiqué que, si lo prefería, podía contratarme por cuartos de hora.

—Sólo quince minutos más —dijo Elvira.

De modo que me quedé y leí rostros durante otros quince minutos. Y después otros quince. Y otros quince. Y otros quince. Me sentía como Sherezade en *Las Mil y Una Noches*. Parecía que cada minuto sería el último.

Cuando acabé, había trabajado casi cuatro horas. Mitch estaba en el coche, con el asiento reclinado hacia atrás y las piernas apoyadas en el salpicadero.

Mi increíblemente dulce y bondadoso marido estaba echando una cabezada. No le había avisado de que iba a tardar tanto tiempo porque, hasta el final mismo, no calculé todos los cuartos de hora que se habían ido añadiendo. Nos reímos juntos del imprevisto resultado: habían pasado cuatro horas en las que Mitch fue prisionero de las fosas nasales de Elvira.

Una y otra vez verás a la gente actuar tal como refleja su rostro. Aunque pagaras entrada en un teatro, no podrías hallar una función más divertida. Cuando te sientas prisionero de un negocio que va muy lento, al menos podrás disfrutar del espectáculo como lector facial.

ENCUENTRA A LA PERSONA CON PODER

Basta de hablar de actitudes, entremos en temas específicos. Y nada más específico para una persona dedicada a las ventas que el poder.

Cuando vendes a más de una persona, necesitas identificar al individuo que tomará la decisión. De otro modo, tu exposición podría acabar siendo poco más que un ensayo general. Dependiendo del tipo de venta al que te dediques, y de la formación que hayas recibido, probablemente sabes mucho de lenguaje corporal. Has aprendido a evaluar las jerarquías y las políticas laborales que te permiten distinguir al líder.

Hagas lo que hagas, ¿por qué no complementarlo analizando las estructuras de poder del rostro? Esto será particularmente útil si estás tratando con negociadores profesionales u otras personas entrenadas para ocultar sus emociones. Permaneciendo todo lo demás constante, la persona que tiene la última palabra es la que tiene más grandes los siguientes atributos:

1. MEJILLAS PROMINENTES

Quien tenga las mejillas más prominentes tomará las decisiones, independientemente de si cuenta o no con la aprobación de otros.

2. PROTUBERANCIA NASAL

La nariz más sobresaliente pertenece a alguien acostumbrado a tener mucho impacto en los demás.

3. PROTUBERANCIA DEL MENTÓN

En situaciones competitivas, la persona con el mentón más agresivo espera ganar, y probablemente lo hará.

P. ¿Y si los individuos implicados no tienen libertad de decisión? ¿Y qué pasa si te mareas de tanto comparar mentones con narices, y... cuál era la otra parte de la cara?

R. Para simplificar las cosas elige a la persona con el mentón más prominente.

P. Y una vez que has decidido, ¿qué haces?

R. Mira primero a esa persona cada vez que hagas una afirmación importante y también cuando avances hacia el cierre de la venta. Asimismo, cuando alguien del grupo presente una objeción a la que tienes que responder, una vez respondida, dirige una mirada rápida de confirmación al Número Uno.

ESTABLECER PRIORIDADES
(BASÁNDOTE EN LAS SUYAS)

Por supuesto, querrás ser sensible a lo que tu cliente declare que es su interés prioritario en el producto que le estás vendiendo. No obstante, como sabes, la gente no siempre dice toda la verdad respecto a lo que les importa. A veces ni siquiera ellos mismos lo saben.

Pero muchas veces podrás deducirlo de su cara. Uno de los datos más básicos de cualquier cliente son sus prioridades de vida, las cuales se muestran en las áreas de prioridad. Para conseguir el mejor resultado, sé sensible a lo que los clientes te digan verbalmente, pero complementa esa información con lo que sus rostros te indiquen.

Empieza planteando tu venta en función de las áreas de prioridad de la persona más poderosa. Esa lectura no debería llevarte más de cinco segundos. (Si las proporciones de la cara no son suficientemente claras para distinguirse a primera vista, tampoco son suficientemente significativas para tenerlas en cuenta.)

1. CUANDO EL ÁREA I ES LA MÁS GRANDE.

Estas personas están fascinadas por las ideas. De modo que asegúrate de presentar abundante trasfondo teórico para cada uno de los rasgos del producto que estás vendiendo. Por ejemplo, si es un programa informático, no te limites a explicar lo que puede hacer. Explica por qué el programa fue diseñado así. ¿Cuáles eran sus objetivos? ¿Por qué son relevantes?

2. CUANDO EL ÁREA II ES LA MÁS GRANDE.

Estas personas están impulsadas por la ambición. Da la máxima importancia a los resultados, cuanto más personalizados, mejor.

Para vender ese programa informático, pregunta al cliente para qué lo va a usar y muéstrale cómo puede conseguir más con menos tiempo o menos esfuerzo.

3. Cuando el Área III es la más grande.

Las personas terrenales no se sentirán cómodas contigo a menos que acompases bien tu presentación. Introduce frecuentes descansos para contar chistes, hacer comentarios jocosos o tomar café. En términos de información, echa mano de cualquier dato que pueda potenciar las credenciales del producto. Por ejemplo, si lo que mejor se vende ahora mismo es un tipo de programa particular, asegúrate de mencionarlo.

P. ¿Qué pasa si el cliente, además de tener una gran Área III, también tiene las orejas con el ángulo hacia fuera? ¿Se trata de personas inconformistas aunque tengan los pies en la tierra?

R. ¡Excelente! Como precaución, cuando estés con tu cliente del Área III, no estaría de más comprobar el ángulo de la oreja. Si tu cliente tiene las orejas con un ángulo hacia fuera MUY marcado, no pronuncies palabra sobre lo que es o no es popular. Como recordarás, este tipo de personas se enorgullecen de no ser uno más entre la masa. Simplemente háblale de aspectos prácticos y de cualquier dato que demuestre que tu producto funciona bien.

P. ¿Estás diciendo que puedes predecir cuándo podría ser contraproducente apelar al instinto gregario?

R. Muchas veces puedes saberlo. Aunque estés vendiendo a un adolescente, que está en el momento de la vida en que la presión del grupo es mayor, léele el rostro y no presumas diciendo «es nuestro artículo más vendido» si ves que tiene las orejas con el ángulo hacia fuera o que el Área I es predominante. Las personas con el Área I de mayor tamaño tienen una orientación intelectual que puede incluir cierto desprecio por las masas. Si dices que tu producto le resulta atractivo a todo el mundo, tu cliente potencial podría evitar comprarlo por principio.

FLEXIBILIDAD MENTAL

Hablando de inteligencia, un modo de demostrar la tuya es apelar a más de un tipo de lógica. Como comunicador de ventas, es posible que tengas que tratar con personas que piensen de manera muy diferente a ti. Si puedes adaptarte a la forma de pensar de la otra persona, incrementarás tus ventas. Esto es aún más importante si estás vendiendo tus servicios. Como agente de la propiedad inmobiliaria o terapeuta, por ejemplo, estás en un campo competitivo. No basta con impresionar a un cliente potencial demostrando cuánto sabes. Cuando le demuestres que lo que sabes encaja perfectamente en sus compartimentos mentales, él sentirá más respeto por ti.

Probablemente sabes que puedes hacer amigos e influir en la gente imitando o copiando su lenguaje corporal. Si tu cliente cruza las piernas o se inclina hacia delante en la silla, o endereza la cabeza hacia la derecha, haz lo mismo. Esto funciona porque cuerpo y mente están conectados. Colocándote literalmente en la posición de tu cliente, también te reposicionas figuradamente.

Esta sugerencia es muy buena, pero te puede ir todavía mejor si copias su estilo mental. La nariz y las cejas te indicarán lo que necesitas saber. Empieza por la nariz. ¿Qué tipo de lógica le resulta atractiva a tu cliente?

- Cuanto más recta sea su nariz, tanto mayor su respeto por una presentación sistemática. Trabaja a partir de una lista, o actúa como si lo hicieras.
- Si tiene la nariz respingona, asegúrate de apelar a sus sentimientos en lugar de darle un argumento estrictamente objetivo.
- Cuando te topes con una nariz arqueada, apela a la belleza. Ésa es la «lógica» que con más seguridad se ganará las simpatías de tu cliente.

P. Espera un momento. ¿Me estás aconsejando que diga: «Esta licuadora tiene un tono verde mate precioso»? Tal vez he pasado demasiado tiempo vendiendo pequeños aparatos eléctricos, pero creo que la belleza no es un buen argumento de venta.

R. Tienes razón. A veces el producto no tiene mucho atractivo estético a menos que seas ingeniero. Pero puedes hacer comentarios ocasionales sobre cosas que conecten con el sentido de la belleza de tu cliente, como el color de sus calcetines. Y no pierdas la oportunidad de comentar cómo tu producto puede ayudarle a ser más creativo.

HABLAR DE LAS CEJAS

Cuando hayas conectado con la longitud de onda de tu cliente, tanto en cuanto a la forma de su nariz como al tipo de lógica que prefiere, dirígete a las cejas. La forma de las cejas puede darte información intuitiva sobre cómo orientar tu presentación.

1. LOS INDIVIDUOS CON CEJAS RECTAS SON PERSONAS DE IDEAS.
Resalta las ideas: pueden ser ideas sobre los beneficios lógicos; pueden ser ideas sobre sentimientos; pueden ser ideas sobre belleza y creatividad. Sean cuales sean los datos específicos, querrás presentar tu argumento con energía. Será inútil que te extiendas en un punto concreto esperando una demostración de entusiasmo. Los clientes con las cejas rectas disfrutan cuando saltas a través de los aros, una idea (o aro) cada vez.

2. A LOS INDIVIDUOS CON LAS CEJAS CURVADAS LES IMPORTAN LOS SENTIMIENTOS.
¿Por qué no salpicar tus argumentos de venta con anécdotas? Describe cómo lo que estás vendiendo ha ayudado a algunos a sentirse mejor*. Emplea tu lado emocional para ganarte al cliente.

3. LOS INDIVIDUOS CON CEJAS ANGULOSAS NECESITAN TENER EL CONTROL.
¿Cómo puedes satisfacer la necesidad de controlar que tiene tu cliente? Al principio, asegúrate de preguntarle: «¿Qué es lo más

---

* Puedes contar historias prácticamente sobre cualquier cosa, siempre que sean animadas, de buen gusto, y relacionadas con las emociones de la gente.

importante para usted con relación a este producto (o servicio)?» Dar a tu cliente la oportunidad de dirigir la conversación puede ayudarte a controlar su necesidad de controlar. Y, cuando puedas, sigue su guía para que sienta que es él quien controla la conversación.

P. ¿No quiere cualquier cliente, con o sin cejas angulosas, tener el control?

R. Puedes llevarte muchas sorpresas. Si el nivel emocional de la conversación es el adecuado, alguien con las cejas curvadas puede estar encantado de hablar contigo durante todo el tiempo que tú, personalmente, desees hacerlo. Alguien con las cejas rectas será un buen chico y escuchará tus ideas, sobre todo si puedes presentarlas con brío. Pero a los individuos con las cejas MUY angulosas les importa tanto mantener el control como cualquier cosa que tú les puedas decir.

P. ¿Te dicen los clientes si sienten que les estás haciendo perder el tiempo?

R. Muchos clientes no te lo dirán hasta que ya sea demasiado tarde, cuando se sientan irremediablemente decepcionados. En particular, ten cuidado con los clientes de ojos profundos. Es posible que sigan actuando educadamente mucho después de haber construido la gran muralla china, o al menos un gran muro de escepticismo.

La intuición siempre puede alertarte de que alguien se ha retirado sutilmente de la conversación. Debes prestar una atención especial a las personas con los ojos MUY profundos y preguntarles «¿qué piensas?», tan pronto y tan a menudo como puedas.

Elegir el momento

El tiempo es la esencia de nuestra sociedad mega-programada. No quieres apremiar a tus clientes, pero tampoco quieres que sientan que están perdiendo tiempo. Y tampoco querrás que un cantamañanas te lo haga perder a ti. La posición de la oreja puede darte una información valiosísima. Estate especialmente atento a las orejas altas o bajas.

1. Clientes con orejas bajas

Toman las decisiones de manera reflexiva y deliberada. Si planteas el cierre de la venta demasiado pronto, les sorprenderás. Es como lo que ocurre cuando ves tu programa de televisión favorito. Sin darte cuenta, caes en una especie de trance ligero. Si alguien te diera un susto, saltarías. O, lo que es peor desde la perspectiva de las ventas, te pondrías *gruñón*. Cuando estés vendiendo, deja que las personas con orejas bajas reúnan toda la información que necesiten. Sé todo lo paciente que puedas antes de anunciar que el espectáculo ha terminado y es el momento de tomar decisiones.

2. Clientes con orejas altas

Toman las decisiones instantáneamente. No insultes su rápida inteligencia repitiendo las cosas.

P. ¿Qué pasa si ya tengo fijada una serie de argumentos de ventas que plantear? No me estás sugiriendo que me salte las normas, ¿o sí?

R. Un resumen rápido puede bastar para la gente de orejas altas. Deciden con mucha rapidez. Si vas más allá de eso, sólo conseguirás disgustarles.

Alerta al dinero

Como el estilo de gastar se refleja en la nariz, podrías hacer cosas peores que asociar tu forma de gestionar el tiempo con las narices de tu cliente.

- Prodiga toda clase de ánimos a cualquier cliente con nariz grande y redondeada. Estos individuos son los mayores gastadores que hay sobre la faz de la tierra.
- Reduce tu inversión en los clientes con nariz triangular o MUY pequeña. Es posible que necesiten mucha persuasión antes de comprar.
- Cuando un cliente tiene las fosas nasales anchas, resalta el lado divertido de la compra.

– Cuando el cliente tiene la nariz rectangular, haz que la compra parezca una inversión de lo más sensata, aunque le estés ofreciendo monos como animales de compañía.

P. ¿Y qué hay de las puntas de la nariz? ¿Se supone que esos rasgos también eran importantes para determinar el estilo de gasto?
R. Sí. Cuando encuentras a alguien con una punta de nariz voluminosa, haz de la seguridad una prioridad. Explica a tu cliente que lo que le estás vendiendo le ayudará a ahorrar a largo plazo; es algo parecido al supermercado del barrio, que te indica en el recibo todo el dinero que te has «ahorrado», como si eso anulara el dinero que realmente te has gastado.

PESCAR LAS OBJECIONES

¿Quién no preferiría pescar cumplidos? Preguntar si hay objeciones no es la parte más agradable del juego comercial, a menos que tengas un mentón prominente o algún otro indicador de espíritu competitivo.

Las ventas son un trabajo duro. Aunque detestes correr el riesgo de ser rechazado, merece la pena preguntar a tus clientes si tienen objeciones. La lectura facial puede facilitar esta tarea, o al menos hacerla más divertida. Hay cinco rasgos faciales particulares que muestran conductas diferenciadas relacionadas con las objeciones.

1. LOS OJOS CON ÁNGULO HACIA ABAJO
Este tipo de ojos pertenece a individuos que se crecen ante los problemas. Crece con ellos planteándoles preguntas como: «¿Ve algún problema en lo que acabo de decir?», o «¿puede ver alguna situación en la que no funcionaría?» Lo creas o no, esto es como pedir a un instructor de aeróbic que te demuestre algunos pasos elegantes. Activas a tu cliente pidiéndole que haga lo que mejor sabe hacer. Sobre todo, no te sientas amenazado cuando el cliente acceda y empiece a nombrar problemas. Trabaja con él para resolverlos, uno a uno, y tu cliente te respetará sintiendo que eres un espíritu afín.

2. El estilo de poder del pacifista

Cuando el rostro es más ancho debajo de los pómulos, se trata de un cliente que detesta discutir. A menos que le hagas sentirse seguro discutiendo, ocultará educadamente sus objeciones hasta salir de la habitación. Cuando la puerta se cierre, surgirán todas sus quejas inexpresadas sobre cada uno de los argumentos que le has expuesto. Por supuesto, la que escuchará todas esas objeciones será la sufrida esposa, no tú. Por lo tanto, te animo a que te esfuerces de manera especial con las personas que presentan este rasgo. Muéstrales que te encanta oír objeciones.

Si puedes, actúa como si tuvieras una autoestima tremendamente alta y estás tan acostumbrado a que te lo pongan difícil que, en cierto sentido, te creces con ello. «De acuerdo, haz que me lo pase mal», es una cosa segura que puedes decir a este tipo de persona. Muchos de ellos se mueren por tener una oportunidad de quejarse a alguien. Es posible que te compren el producto por puro alivio.

3. Los labios MUY finos

¿Recuerdas lo diferente que puede ser la gente en cuanto a lo que revelan de sí mismos? Olvídate de *tu* zona de comodidad. Las personas de labios finos prefieren hablar con un estilo comercial. No cometas el error de iniciar una conversación sobre algo personal.

También es conveniente ser indirecto si sientes que tienes que abordar alguna objeción. Por ejemplo, digamos que tu cliente hace un comentario que sugiere que tiene miedo de que el modelo de fax que quieres venderle no sea fiable. No dispone del dinero necesario para comprar un producto mejor, y temes salga de la tienda sin llevarse nada. ¿Cómo abordar las objeciones que son demasiado personales para que él se sienta cómodo contándotelas?

Un comentario indirecto, mencionar la experiencia *de otra persona*, podría exponer el problema abiertamente. Por ejemplo: la última semana tuve un cliente que, como tú, compraba un fax por primera vez. Tenía miedo de que las páginas se curvaran tanto que no valieran para nada, pero un fax de páginas planas no entraba dentro de su presupuesto. Ayer vino a la tienda. Me dijo que el fax barato que me compró le había salvado la vida.

—No importa que las copias salgan en papel fino —me dijo—
. Lo importante es que las tengo todas. Ahora me cuesta creer que
intentara hacer negocios sin invertir en mi propio fax.

4. Los labios MUY cortos

Los labios muy cortos están asociados con la pasión por la verdad. Si compartes esa pasión, tantas más oportunidades tendrás de vender a un individuo así. Si no la compartes, haz una promesa temporal. Mientras hables con ese cliente, asegúrate de decir: «La verdad, toda la verdad y nada más que la verdad.»

Por favor, evita declaraciones que hagan sospechar de tu integridad como: «Si quiere que le diga la verdad...» o «Mi opinión sincera es...». Lo que menos quieres es convertirte en la principal objeción de tu cliente.

5. Las cejas bajas

Como seguramente recuerdas, los individuos con este tipo de cejas necesitan expresar las cosas instantáneamente. Y si tú no callas, se desconectarán de ti y de tu venta aferrándose educadamente a sus pensamientos. Tal vez tu cliente sienta el impulso de plantear una pregunta escéptica al principio de la conversación o en medio de una frase: Rápido: si sospechas que eso podría ocurrir, detente inmediatamente (aunque estés a media frase) y pregúntale: «¿Qué piensa de esto?»

P. ¿Tienes miedo de parecer inseguro? «¡Ayuda! ¿He hecho algo equivocado en el último segundo? Oh, tengo tanto miedo de desagradarte. ¿Tengo derecho a vivir?»

R. Ríete de esta estrategia si quieres. Pero es muy aconsejable para tratar con personas de cejas bajas. Sabes, tu lenguaje corporal siempre puede mostrar que tu pregunta refleja seguridad en lugar de inseguridad.

P. ¿Cómo se puede averiguar exactamente cuándo surgen esos brotes de escepticismo?

R. En cuanto detectes unas cejas bajas, enciende tu antena intuitiva. Estate atento a cualquier sombra de escepticismo que cruce el rostro de tu cliente. Cuando veas el asomo de una sonrisa sarcástica en sus labios, pregúntale: «¿Cuál es su reacción a eso?» Si consigues una reacción sincera y espontánea, tendrás recorrido un buen trecho para ganarte la confianza de tu cliente... y la venta.

P. ¿Cómo puedo buscar estos rasgos faciales sin volverme loco? Ya hay una serie de puntos a los que tengo que prestar atención cuando estoy haciendo una venta.

R. Por suerte, no tienes que esforzarte por usar tus dotes de lector facial. Cuando repases este libro sistemáticamente, capítulo a capítulo, te familiarizarás con los distintos rasgos faciales y con lo que significan.

Cuando hayas terminado este capítulo, no trates de hacerlo todo de una vez. Elige la estrategia de un rasgo facial que te fascine, por ejemplo algo relacionado con la lectura nasal. Prueba mi estrategia durante una semana. Añade una segunda estrategia la semana siguiente.

Transcurrido algún tiempo, te habrás escolarizado conscientemente. Y entonces tu inconsciente tomará el mando. Estarás teniendo una conversación normal, sin pensar para nada en los rasgos faciales, y ¡boing!, los ojos profundos y los labios finos se revelan ante ti. Entonces, por dentro, dirás: «¡Ajá!», y sabrás qué hacer.

14

LA AUTOESTIMA

Suponiendo que hayas leído hasta aquí, y que no hayas saltado directamente a este capítulo (lo que en realidad es un movimiento inteligente; ¿a quién no le viene bien un poco más de autoestima?), has aprendido que tu rostro es un reflejo perfecto de tu yo interno. Cada matiz de cada rasgo indica algo de cómo eres por dentro. De hecho, estás cargado de talentos que te diferencian de los demás.

En cualquier caso, he comprobado que los problemas de autoestima siguen surgiendo en muchos de nosotros, incluso después de hacernos lectores faciales. Puede que suframos por no ser lo suficientemente guapos o por parecer demasiado viejos y arrugados.

Algunos podemos quejarnos de que nos parecemos mucho a parientes que detestamos, lo que nos provoca serias dudas sobre la idea de la justicia en las caras... o en la vida.

¿Es justa la vida en lo relativo a los rostros? La respuesta es un enfático «SÍ» cuando combinas los secretos de la lectura facial con conocimientos de psicología y metafísica, que es lo que estamos a punto de hacer en este capítulo*.

---

* Escépticos, relajáos. Puedes ser un fisonomista de primera sin estar de acuerdo con nada de lo que viene en este capítulo. Toma estos datos metafísicos estrictamente a la carta.

GUAPA O FEA

La pura verdad sobre la **belleza** es que es muy decepcionante. La belleza te proporciona una clara ventaja en las relaciones sociales, especialmente durante los años de los concursos de belleza escolares, años que parecían durar siglos para aquellos de nosotros que no estamos particularmente integrados en la sociedad. Desde la perspectiva de la lectura facial, todo el mundo puede ser ganador en los aspectos importantes de la vida. La belleza conlleva una serie de ventajas, la **fealdad** otras.

Vamos a considerar ambas. Empecemos por la *belleza*. ¿Sabías que, literalmente, es rentable? Bueno, dejemos que un economista lo cuantifique. Daniel Hamermesh, coautor de *Beauty and the Labor Market*, ha determinado que las personas atractivas ganan un 5 por 100 más por hora que las personas normales. Y, manteniendo iguales todos los demás factores, ganan hasta un 10 por 100 más que los verdaderamente feos.

El hecho de ser atractivo también puede acortar el tiempo de internamiento en prisión. Dos psicólogos del Iona College de Nueva York diseñaron un experimento* para comprobar esta hipótesis. Wesley Kayson y Andrea DeSantis pidieron a una serie de sujetos que actuaran como miembros del jurado en una serie de juicios por robo ficticios. Las sentencias variaron de acuerdo con el grado de belleza, y los miembros del jurado recomendaron que los guapos pasaran, como media, 9,7 años entre rejas en comparación con los 14,7 años a que fueron condenados los acusados menos atractivos.

Otro psicólogo, Karl Wuensch, de la East Carolina University, ha descubierto prejuicios similares en sus amplias investigaciones**. «Las personas con mejor aspecto son mejor tratadas en los tribunales. Hemos descubierto que esto es verdad no sólo en juicios criminales simulados, sino también en los juicios civiles.»

Como si esto no fuera suficientemente deprimente, el razonamiento que está detrás de este tratamiento aún empeora las cosas. Wuensch ha descubierto que la gente atractiva «es considerada fiable,

---

* Morin, R. «Beauty and the Beast in the Courtroom». The Washington Post, 30 de noviembre de 1997.
** Ibid.

honesta, digna de confianza, brillante, cálida y amistosa», mientras que la gente menos atractiva «es considerada vaga, difícil de tratar, indigna de confianza y poco honrada.»

La gente infiere que lo «bueno tiene buen aspecto», dice Wuensch. Esto es una forma de observación de rostros, por supuesto, y no de lectura facial.

Como la mayoría de las personas aún no han aprendido a mirar más profundamente al rostro físico, se vuelven locos por estar atractivos. Por ejemplo, se gastan miles de millones al año en productos cosméticos. ¿Sabías que estos productos, además de costosos pueden ser peligrosos? Según Jack Anderson, un columnista del *Washington Post*, sólo en 1987 las unidades de emergencia de los hospitales informaron de 47.000 casos de lesiones causadas por jabones, lacas para el pelo, lociones, máscaras faciales y otros productos. Posiblemente nunca habías considerado la cosmética una profesión de alto riesgo. Bueno, pues lo es*.

En cualquier caso, el factor determinante en la belleza no es acicalarse. Algo ampliamente reconocido es que la belleza reside fundamentalmente en las formas y proporciones de los rasgos físicos. Pero, ¿por qué son tan importantes los rasgos físicos? Los psicólogos de la Universidad de Texas y de la Universidad de Arkansas han hecho un descubrimiento sorprendente. Lo que en realidad admiramos cuando contemplamos hombres guapos o mujeres hermosas es hasta qué punto sus rasgos se acercan a la **media**. Para describir la investigación llevada a cabo por Judith Langlois y Lori Roggman en un lenguaje científico apropiado, diríamos que ser bello significa tener unos rasgos que se aproximen a la media aritmética de los rasgos faciales de una población dada**.

Así es como lo calcularon: los investigadores diseñaron su estudio usando fotografías faciales de 96 estudiantes universitarios de cada sexo. Las fotografías fueron escaneadas por una cámara conectada a un ordenador que convertía cada imagen en una matriz de pequeñas unidades digitales dotadas de valores numéricos.

---

* Anderson, J. «Beauty and the Beast of Makeup Chemicals». The Washington Post, 12 de diciembre de 1988.
** Bower, B. «Average Attractions: Psychologists Break Down the Essence of Physical Beauty.» *Science News*, vol. 137, Nº. 19, 12 de mayo, 1009, p. 298.

Cada grupo de caras, masculinas y femeninas, se dividió en tres series de 32 caras cada una. De cada serie, el ordenador eligió dos caras al azar, calculó matemáticamente la media de sus medidas respectivas y generó con esas medidas una cara que era una composición de las de ambos individuos.

De manera similar, se generaron rostros compuestos por las medias aritméticas de 4, 8, 16 y 32 miembros de cada grupo. Después vino la parte relacionada con la belleza. Como informó *Science News*, se pidió a 65 estudiantes que juzgaran, evaluando cada uno de los conjuntos de imágenes (los rostros individuales más los rostros compuestos, todos en la misma remesa). ¿Qué rostros ganaron? Los rostros híbridos, aquellos cuyas medidas eran las medias aritméticas de 16 y 32 caras, consiguieron una victoria aplastante. Los rostros compuestos por las medidas medias de 8 o menos caras no fueron considerados diferentes de los rostros individuales de los meros mortales.

Como lector facial, puedes apreciar lo que significa que la medida de los rasgos de una cara esté cerca de la media aritmética. En función de los rasgos que ya hemos analizado, una cara hermosa tendrá los ojos a medio camino entre pegados y separados. La nariz será moderadamente larga, las orejas estarán a media altura, las cejas tendrán un volumen medio, y así sucesivamente.

Ahora recuerda lo que significan estos rasgos. Los rasgos medios ofrecen la ventaja de la flexibilidad. Cuando tienes un rasgo medio, tu estilo personal puede seguir cualquier camino. Con relación a la perspectiva, puedes elegir una visión amplia o estrecha. En cuanto a los plazos de los proyectos laborales, puedes trabajar igualmente bien en proyectos a corto y a largo plazo. Cuando tomas decisiones, no tienes una preferencia clara por tomarlas lenta y sistemáticamente o a una velocidad de vértigo. Los detalles no son un problema, y te sientes igualmente cómodo empezando proyectos y acabándolos. Simplemente haces el trabajo.

¿Puedes hacerte una idea? Si tuvieras un rostro que fuera la media aritmética perfecta (y, por tanto, un rostro «bello»), tu mayor problema con cualquiera de los rasgos podría ser la falta de tolerancia hacia el resto de la humanidad. Pero también te podría resultar difícil encontrar talentos *diferenciadores*, aparte de hacer que la gente gire la cabeza cuando pasas.

Ser una belleza despampanante no es fácil, ni emocional ni socialmente. Es, por supuesto, un talento por derecho propio, como también lo es la fealdad que llama la atención. En cualquier caso, la gente se detiene, te mira fijamente y procede a tratarte como un símbolo. Proyectan en ti sus esperanzas, sus miedos, su lujuria, sus resentimientos... cualquier cosa que tengan almacenada.

Una de mis alumnas, una monja franciscana de Springfield (Illinois), tenía la costumbre de llevar el hábito de su orden. Me contó que era muy extraño ir caminando por la calle y ser tratada como una «monja».

«Algunos vienen a mí con los brazos abiertos, mostrándose todo lo amistosos que pueden. Otros, personas que no he conocido ni tratado en mi vida, se ponen a mi lado y empiezan a quejarse, e incluso me gritan. Es interesante, y me quedo corta. Nunca sé cómo va a reaccionar la gente.»

Sin llegar al extremo de vestir un hábito o hacer votos, muchos de nosotros hemos tenido la ocasión de convertirnos en símbolos temporalmente. ¿Has llevado alguna vez una escayola, has caminado con muletas o has ido en una silla de ruedas?... Por no hablar de cuando estás embarazada de ocho meses, tienes un ojo morado, paseas a un perro con pedigrí o eres la única persona de color en una habitación llena de blancos (o viceversa).

Se producen reacciones fuertes: algunos te aman, otros te odian. Ninguna de estas reacciones extremas tiene nada que ver con tu verdad personal. Recordar esto podría ayudarte a conservar la cordura. Entre tanto, las reacciones llegan volando: intensas, rápidas y alocadas; es como si te hubieras convertido en una diana humana.

Esto es lo habitual para un símbolo de belleza como Tom Cruise, Kim Bassinger o cualquier otra de las caras atractivas, famosas o no.

En la medida en que estas caras se alejan de la media aritmética, indican talentos diferenciadores. Por lo demás, el principal talento de la belleza consiste en encajar bien en cualquier parte, aparte de la lección existencial que implica ser una diana humana.

En este libro he dado ejemplos de cientos de caras famosas. Pertenecen a personas de distintos ámbitos de la vida y de distintas épocas, personas significativas por sus logros, no por su coeficiente de belleza, pocas de estas personas famosas podrían conseguir trabajo como modelos fotográficos. Muchos de ellos podrían entrar en la categoría de *feos*. Su celebridad no viene de ser una cara guapa. Y cuantos más obstáculos han tenido que superar, más asimetría muestran los rostros, más arrugas, y rasgos físicos más extremos.

El doctor Narayan-Singh, uno de los principales fisonomistas de Estados Unidos, habló en una ocasión conmigo sobre las personas que han conseguido grandes cosas a nivel mundial, como Lincoln y Helen Keller. Lo dijo sucintamente: «Para cuando consiguen cumplir su misión, sus caras tienen el aspecto de estar recién salidas de la batidora».

P. ¿Estás diciendo que las personas que son extraordinariamente guapas por fuera están mejor adaptadas por dentro?

R. Aparte de haberse adaptado a ser un símbolo de belleza (o hermosura) para los demás, sí, la gente que tiene rasgos «medios» suele tener las ventajas de un estilo flexible. Es muy probable que encajen socialmente, suponiendo que la gente les deje.

P. ¿Y qué me dice de las auras? Muchas de las personas consideras «guapas» no tienen esos rasgos estándar. Pero resplandecen, y eso hace que los demás respondan. Aunque no puedas ver el aura conscientemente, respondes a ella cuando notas que alguien está estresado o consume drogas. Algo dentro de ti siente rechazo, a pesar de la belleza de rasgos. ¿Vas a negar el papel de las auras en nuestra forma de responder a la gente en función de su atractivo?

R. No. De hecho, animo a todos los lectores de rostros a desarrollar su capacidad de leer auras (no es imprescindible ver las auras para obtener información de ellas; aprende más de todo esto en *Cómo leer el Aura*. Buena parte de lo que se registra como belleza o fealdad, aparte de los rasgos físicos, guarda relación con el aura. Éste es un tema fascinante, y sin duda puedes aprender a leerlas.

LA PARADOJA DEL TALENTO

Imagina que tienes que firmar un contrato de nacimiento antes de que comience tu vida. Se trata de una pequeña conferencia a la que asisten tu alma, tu ángel de la guarda y alguien que te ayude a llegar al Acuerdo Oficial, sea San Pedro, las Parcas de la mitología griega, o quien creas que participa en el proceso de toma de decisiones. En este ejemplo llamaremos a esa persona San Pedro.

San Pedro, tu ángel y tú tomáis el vuelo para asistir al encuentro. San Pedro dice:

—Empecemos por las cuestiones importantes. Tu decisión a este respecto influirá en la forma que tomará tu vida durante este ciclo. ¿Qué te parece tener talento?

—Sí, por favor —dices tú—. Si es posible, me gustaría tener mucho talento.

Ten cuidado. Ésta era una pregunta trampa por *la paradoja del talento*. Para entender cómo funciona la paradoja, plantéate una pregunta simple: «¿Cuántas?»

Eso es, ¿cuántas almas eligen tener grandes talentos, talentos anormales? Sólo un pequeño número de ellas se atreven a dar el salto y ser verdaderamente extraordinarias.

En teoría, sí, parece genial tener un talento especial en el trabajo, un estilo de liderazgo excepcional, y cosas por el estilo. Pero, en la práctica, significa que te entenderá muy poca gente. Sus estilos personales serán diferentes hasta tal punto que, aunque te admiren enormemente, no tendrán ni idea de cómo funcionas.

Por ejemplo, tomemos el ejemplo de la longitud nasal, relacionada con la planificación y la estrategia laboral. Cuanto mayor sea tu longitud, más notables serán tus logros potenciales. Pero, asimismo, más intensa será tu incomodidad en la mayoría de los puestos de trabajo. A menos que tengas carta blanca para diseñar un proyecto importante detrás de otro, vas a sentirte encasillado. Todo el pensamiento positivo del mundo no impedirá que te sientas desgraciado en cualquier otro trabajo, aunque para la mayoría de la gente fuera un sueño hecho realidad.

Entonces, ¿puede sorprendernos esta actitud selectiva con relación a los rasgos faciales? Estadísticamente, la gran mayoría de las almas por lo general eligen tener rasgos promedio. Tal vez, como media, sólo seis rasgos de toda la cara son extremos.

Compruébalo realizando tu propio experimento. Elige un rasgo facial, especialmente uno relacionado con las orejas, las cejas o la nariz (donde se agrupan los principales talentos asociados con la carrera profesional). Lee los rostros de 50 o 100 personas que conozcas fijándote en ese rasgo. Por ejemplo, si eliges la longitud de la nariz, anota cuántos de ellos entran en esta categoría de longitud nasal media. ¿Cuántos la tienen más bien corta o larga? ¿Cuántos son MUY en cualquier dirección? Plasma los resultados en un gráfico y acabarás con una curva de campana.

Estadísticamente, la mayoría de la gente se conforma con una pequeña cantidad de rasgos extremos. Sólo las almas muy valientes optan por un rostro lleno de grandes talentos*.

La *popularidad* es una de las razones para elegir una cara relativamente normal. Así, más gente tendrá un estilo personal parecido al tuyo. Pensarán y sentirán como tú; serán capaces de relacionarse contigo.

La *belleza* es una segunda consideración. Recuerda, belleza significa tener un aspecto medio. De modo que si eliges rasgos extremos y poco comunes, los talentos internos que les acompañan no siempre compensarán la falta de belleza. Especialmente durante los años de adolescencia llorarás preguntándote: ¿Por qué yo?

Ahora ya sabes la respuesta al ¿por qué yo? «Yo» elegí esta vida, incluida la cara.

P. *Podrías estar hablando de mí y de la nariz que he odiado toda mi vida. ¿Crees realmente que indica talento?*

R. Sí, y el precio que has pagado por él es una cara que, con todos los respetos, no tiene un aspecto convencional.

Es poco probable que eligieras sólo un rasgo extremo, la largura de la nariz. Para ayudarse a llevar adelante el destino escogido, la mayoría de los extremistas faciales necesitan que su mayor talento esté apoyado por otros rasgos extremos que

---

* Puede que se les llame excéntricos o brillantes, o primero una cosa y después la otra. Por muy generosamente que puedan ser alabados al final, todos los grandes individualistas necesitan un enorme coraje.

guarden relación con el primero. En tu caso, además de ser MUY larga, tu nariz es MUY arqueada y estrecha; tu mentón es MUY prominente y MUY corto.

¿Qué significa tener esta selección particular de MUYs? Físicamente, tu nariz y tu mentón no te cualifican para un concurso de belleza.

En términos de tu estilo personal, estarás extraordinariamente dedicado al trabajo, siendo un trabajador creativo e independiente; éticamente, estarás dedicado a la verdad. Y cuando te sientas empujado, serás muy competitivo.

—Genial —dijiste a San Pedro durante la conferencia—, debería ser fácil vivir con todos esos talentos.

—Tal vez no sea así —suspiró San Pedro— pero bueno, ya lo averiguarás.

Cada uno de estos rasgos extremos va acompañado de una lección que aprender igualmente extrema. En este ejemplo nuestro, debes, para abordar estos desafíos, entender el reverso de tus talentos: dificultades para llevar a cabo trabajos rutinarios, intenso disgusto cuando alguien te vigila de cerca, hipersensibilidad a las críticas. Durante toda tu vida la gente te dirá: «Aligérate». Y añade una cosa más: a menos que tu trabajo esté definido de un modo que te permita ser creativo, sentirás un aburrimiento mortal.

—Claro —dices a San Pedro, resplandeciendo con la visión de tus grandes potenciales—. Quiero hacer un trabajo sobresaliente. Soy lo suficientemente fuerte para llevarlo a cabo.

¡Zas! Te encarnas, y ahora tienes que vivir la paradoja del talento:

– Cuanto más extremo es tu talento, más probabilidades tienes de hacer una contribución diferenciada que nadie más puede hacer. Y, asimismo, tanto más probable que seas drásticamente diferente a los demás.

P. Está claro que nunca me integraré. Pero, ¿estás diciendo que no sólo es cuestión de atractivo y que el talento también cuenta?

R. En tu magnífica y altamente diferenciada cara, tu personalidad no será lo que la mayoría de la gente espera. Tu estilo no estará en su zona de comodidad. En todas las áreas de la vida donde tengas talento, tendrás que luchar porque no te sentirás comprendido y estarás solo. Pero, al menos para tu alma, el trato merece la pena. Espero que la lectura facial pueda ayudarte a reenmarcar los retos que plantea la belleza.

P. ¿De modo que no es casualidad que muchos altos ejecutivos, genios informáticos o profesores universitarios, tengan el aspecto de personajes muy singulares?

R. Eso es. Para poder reenmarcar tu historia personal, vuelve al libro anual de tu instituto de secundaria y mira la orla. Observa las caras de los que ganaban premios de popularidad, en comparación con los aburridos. Mira los rasgos moderados de los que ganaban puntos por ser atractivos frente a los rasgos más extremos de los que no lo conseguían. Todo el mundo tiene algo. Las caras *son* justas.

P. ¿Mirar la orla del instituto? Quiero ir a la próxima reunión de ex alumnos. ¿No te parece que sería un gran proyecto de investigación?

R. Absolutamente de acuerdo. Habla con el antiguo marginado que ahora es multimillonario. Los talentos extremos que indica su cara, y que pueden haberle hecho perder muchos puntos, tienen mucho valor en una carrera profesional. Y el personaje popular, con rasgos medios y proporcionados, es posible que aún tenga un aspecto atractivo, que todavía tenga influencia social. Pero pregúntale por sus logros y verás que, para muchos, sus logros profesionales han dependido menos de la originalidad y más de sus habilidades sociales. La mayoría de tus compañeros de la escuela tendrán una mezcla de rasgos, generalmente dentro de la media con alguna gota de rasgos MUY.

ACCIDENTES

Lo que llamamos accidentes no parecen añadir mucho a la belleza de la persona ni a su autoestima. ¿Cómo los explica la lectura facial?

Dicho de manera simple, en las caras no hay *accidentes*. Generalmente las caras cambian sin dramas, respondiendo a la evolución interna de la persona. Poco a poco los cambios internos van reflejándose por fuera. Los *accidentes* ocurren cuando el alma dice no al aspecto físico de la persona. A veces la persona interna exige un rasgo físico que no puede ser conseguido con los genes disponibles ni puede ser alterado gradualmente. Entonces el alma crea la circunstancia necesaria para hacer que la persona tenga ese rasgo que necesita.

De niño, Wayne se rompió la nariz. Hasta que hablamos, él creía que había tenido mala suerte, sin otro significado. Pero yo relacioné la forma arqueada resultante de su nariz con un estilo de trabajo altamente creativo. Dada la posición de su arco, justo en el puente de la nariz, sugerí que la habilidad especial de Wayne era encontrar un modo escandalosamente creativo de empezar los proyectos.

—Si no hicieras de cada proyecto algo singular —le dije— dudo mucho de que te mantuvieras interesado. Necesitas hacer esto al principio mismo. Después el resto del proyecto fluye por sí solo.

—Es cierto —admitió Wayne—. Y lo divertido es que ninguno de mis parientes tiene un perfil nasal como el mío. Todos los demás, en ambas ramas de la familia, tienen narices muy rectas.

—¿Y comparten tu estilo de trabajo creativo?

—Bueno, no.

¡Ajá!, ésa es la cuestión.

Asimismo, a veces un alma necesita crear accidentes que «arruinen» los cambios producidos por la cirugía estética. Y esto, aunque frustrante, al menos es significativo.

Analicemos la historia de Cristina. Antes de estudiar conmigo, durante muchos años se había creído víctima de un desgraciado accidente. A sus treinta y tantos años se había sometido a una operación de cirugía estética para estrechar su nariz por motivos estéticos. Pero, en cuanto salió de la operación, se lesionó «en un accidente». Se rompió la nariz, que volvió a tomar su forma original.

A través de la lectura facial, Cristina aprendió que este rasgo tan despreciado estaba relacionado con uno de sus puntos fuertes más valorados en su entorno laboral: su talento para el trabajo en equipo. Cristina podía trabajar con gente desde el principio mismo de un proyecto. De hecho, disfrutaba compartiendo todo el mérito. Este peculiar estilo de trabajo habría desaparecido si la operación hubiera tenido el efecto deseado. Se habría desvanecido. Pero, internamente, el nuevo puente estrecho no la favorecía. Hubiera sido un error tan importante que su alma tuvo que intervenir. Sin duda su «bella» nariz artificial era muy costosa y muy deseada. Sin embargo, dadas las circunstancias, era más importante sacrificar su nariz de fantasía que la realidad de su alma.

Otro de mis alumnos, Anthony, se sentía enfadado por tener una cicatriz en la ceja. Pensaba que le arruinaba una cara que por lo demás era hermosa. Yo le invité a considerarla como un adorno. Nadie quiere tener un aspecto defectuoso. En realidad, cada cicatriz y arruga, cada cambio en una cara en desarrollo es como una medalla para un soldado. Es una insignia que indica aprendizaje espiritual. Aquí, en el Planeta del Aprendizaje, ¿cabe un honor mayor?

Interpretar una cicatriz exige tener un conocimiento básico del significado de las partes de la cara, tener la intención de encontrar un conocimiento útil y convertirse en el canal más claro posible para la intuición. Como Anthony detestaba su cicatriz, le ofrecí que mirara en su interior para darle una interpretación.

Anthony tenía la cicatriz encima de la ceja derecha, en la posición que hubiera tenido su ceja de haber tenido un ángulo hacia arriba; el ángulo real de su ceja era recto. El color de la cicatriz era blanco, lo que indica aprendizaje en estado puro (en cambio, las cicatrices rojas muestran un componente de furia).

Esto es lo que le dije: «Esta cicatriz refleja un conflicto en tu vida laboral relacionado con las nuevas ideas que aportas y que otros no aceptan. Antes del accidente que te produjo la cicatriz, creo que te esforzaste por tener paciencia con los que no podían seguir tu ritmo. El hecho de que la cicatriz sea blanca sugiere que, aunque has pasado por un periodo de frustración, has salido por el otro lado, por el lado de la aceptación y la comprensión.

—¿Cuál es tu versión de lo ocurrido? —le pregunté.

Su cara se iluminó.

—Tuvo que ver con los ordenadores —dijo—. Mi empresa usa un sistema informático anticuado. Nadie en el trabajo podía entender por qué yo quería cambiar a un programa más moderno. Me peleé con la gente durante meses, me estaba volviendo loco. Perdí la batalla, pero conservé el trabajo, pues podía hacerlo igualmente bien tanto si usábamos ese programa como si no. Poco después de que ocurriera esto, me cayó un archivador en la cabeza. Me dieron algunos puntos, y acabé con esta cicatriz.

P. ¿Estás sugiriendo que nos pongamos de pie y aplaudamos mientras se llevan a alguien al hospital? Independientemente de la lectura facial, ¿a quién puede gustarle tener una cicatriz?

R. Las interpretaciones de la lectura facial no impedirán que sufras cuando sientas dolor. Sin embargo, después tienes la oportunidad de considerar lo ocurrido desde una perspectiva espiritual. ¿Puede haber un significado positivo en lo ocurrido? La interpretación genera cierta fortaleza, en comparación con la visión habitual en nuestra cultura de que las grandes dificultades de la vida golpean produciendo accidentes casuales* ante los que las personas son víctimas impotentes.

La lectura facial te da la oportunidad de interpretar las denominadas imperfecciones en términos de autoestima. Las cicatrices no te darán premios a la belleza, pero las caras (como has aprendido) tienen que ver con algo más que la belleza. En el Planeta del Aprendizaje, la educación cuenta más que las apariencias.

P. Con las cicatrices pequeñas, como la de Anthony, se entiende tu afirmación de que las caras son justas. Pero, ¿qué pasa con la autoestima de personas que tienen defectos de nacimiento? ¿Y que pasa con los quemados y otras víctimas de accidentes o catástrofes? ¿Cómo interpreta la lectura facial un accidente de tal magnitud?

---

* La mayoría de los accidentes, en mi opinión, conllevan cierto nivel de aprendizaje espiritual. No todos, algunos accidentes son errores cósmicos. Un planteamiento equilibrado, por tanto, es pedir aprender lo que puedas de esa experiencia. Si tu contemplación acaba dándote una respuesta significativa, más poder para ti. En caso contrario, no te recrees en lo que la autora Joan Borysenko ha denominado «culpabilidad Nueva Era». Cúrate del mejor modo que puedas y sigue adelante.

R. En primer lugar, reconozcamos el terrible sufrimiento que se muestra en las **deformidades faciales**. Como lectora de caras, el hecho de saber buscar más allá de la belleza convencional puede ayudarte a reunir un tipo de coraje muy necesario. Recuerda que sabes hacer una respiración profunda y examinar los rasgos individuales, uno a uno. Esto te permite sondear con clarividencia los talentos que se muestran en los rasgos de una persona accidentada.

Las personas que no saben lo que tú has aprendido pueden temblar horrorizadas y apartar la vista. Seas lector facial o no, tú también podrías estremecerte. Pero seguidamente puedes hacer una respiración profunda y hallar el coraje de mirar la cara, y los talentos, que han quedado. Ayuda a esa persona inválida o deforme a no ser invisible. Atrévete a ver su rostro físico. Busca los talentos que aún están allí.

P. Nadie que haya pasado por esa experiencia creería lo que tú dices de que las caras son justas. ¿Cómo puedes decir tal cosa sin ser complaciente o cruel?

R. Mi sentido de la justicia a largo plazo está asociado con la creencia en la reencarnación, opcional para el lector facial, pero un modo de explicar cómo puede ser que, a pesar de las apariencias, las caras sean justas.

La teoría de la **reencarnación** afirma que vivimos muchas vidas, no sólo una, y que lo que hacemos vuelve sobre nosotros en el curso de esas numerosas vidas. De modo que sí, podría ser justo, aunque extremo, que alguien tuviera que soportar una vida de deformidad física. Tal vez ese individuo haya sido en alguna ocasión extremadamente presumido, o causó una deformación a otra persona; quizá esa alma se ha ofrecido voluntaria para vivir una heroica vida de servicio en la que mostrará cómo vivir con coraje, a pesar de una dificultad monumental.

Las razones de la fealdad, la deformidad y otras minusvalías son incomprensibles. No obstante, un común denominador es el reto que una cara fea presenta para todos. ¿Elegirás ver a la persona interna y no sólo el rostro externo? En casos así, la comprensión espiritual no es un lujo; se convierte en una necesidad.

Envejecer

¡Otra vez la justicia! El envejecimiento físico parece nefasto, hasta que consideramos su alternativa.

P. Estás hablando de la muerte, ¿correcto?
R. No, estoy hablando del *Retrato de Dorian Gray*.
Bien, en realidad tienes razón. La muerte es la alternativa temida. Pero la novela de Oscar Wilde sobre Dorian Gray se basa en una premisa tan fascinante que su lectura debería ser obligatoria para todos los lectores faciales serios.

Como muchos de los que vivieron en la Inglaterra victoriana, Oscar Wilde sabía de fisonomía. La clave de su novela es la premisa de que, por una vez, una cara *no cambia* para reflejar a la persona interna.

Debido a un acuerdo diabólico, las consecuencias del monstruoso ser interno de Dorian Gray y de sus actos externos no se reflejaban en su cara. Se transferían a un cuadro que mantenía oculto, hasta que al final el malvado recibió su merecido.

Gray parecía puro e inocente, a pesar de ser horrible, lo que causaba confusión a todas las personas que entraban en contacto con él. Nos guste o no, una de las leyes que rigen en este planeta es la de causa y efecto. De niños, las consecuencias de nuestras acciones nos ofrecen tiempos muertos. De adultos, nos quedamos con la cara que hemos creado.

Las arrugas son el maquillaje de Dios explora las arrugas, además de muchos otros cambios sutiles y significativos del rostro a lo largo del tiempo. Hasta que lo leas, el concepto más importante que tienes que entender es que los **estereotipos sobre el envejecimiento** están equivocados. Habitualmente, las personas temen que todas las partes importantes de su cara acaben colgando debido a la gravedad, excepto aquellas que sobresalen por la grasa; entretanto, viven en el temor de que los únicos rasgos faciales que tendrán un aspecto animado serán las arrugas permanentes. Si el destino no las causa, lo harán los rayos ultravioleta.

Mira, mi consejo es que continúes llevando tu protección solar, pero no estés tan segura de que cualquier cambio facial es inevitable. No estás condenada a tener arrugas en un lugar en concreto, independientemente del aspecto que tuviera tu madre. Con cada año que pasa, tu cara se hace más tuya. Y, cualquier cosa que ocurra, ocurre por un buen motivo. Cuando comprendas las razones, tendrás más (y no menos) justificaciones para sentir autoestima.

PARECIDOS FAMILIARES

Perdona a tus familiares por ser quienes son y por tener el aspecto que tienen, si puedes. Lo más probable es que tengáis cosas en común.

Cuando llegamos a tu herencia facial, las grandes elecciones que has realizado para diferenciar tu estilo personal pueden separarte una distancia sorprendente de tu familia de origen. En las clases de historia del instituto, ¿leíste alguna vez sobre la nariz y el mentón de los Habsburgo? Eran rasgos faciales diferenciados de la familia real que gobernó Austria y España durante más tiempo del que hubiera sido conveniente para sus habitantes.

¿Era la predominancia de estos rasgos una simple cuestión de endogamia, como solía decir en broma mi profesor de historia? Tal vez aquellos sujetos no-terriblemente-guapos tenían rasgos parecidos porque internamente eran parecidos, incluso en su arrogante negativa a cambiar. Cuando tu familia ha estado gobernando Europa durante generaciones, quizá no alcances a ver la necesidad del crecimiento personal, especialmente si tus súbditos creen en el Derecho Divino de los Reyes.

Pasando a las caras actuales en general, y a la tuya en particular, sí, puedes leer los rasgos nobles de tus familiares. O escrutar sus rostros buscando vergüenzas y patologías. Puedes escrutar las tentativas de crecer. Oye, haz lo que quieras, depende de ti.

¿Por qué no pones en una hilera a tus parientes, o al menos las imágenes de ellos, y miras con más cuidado que de costumbre? Observa, observa realmente qué rasgos de la mejilla «corresponden» a la rama paterna de la familia y qué otros rasgos son más *a la carta*.

Observa imágenes de cómo los miembros de la familia han ido cambiando con el tiempo. Tanto si miras fotografías en blanco y negro como en color, sentirás más respeto por el proceso de envejecimiento de tus seres queridos.

Como lector facial, también tienes la preciosa opción de jugar a lo contrario. Generalmente, la gente mira las caras familiares con el propósito expreso de encontrar parecidos. «La pequeña Ernestina tiene la nariz de David y los labios de Federica», decía la abuela, como si eso lo explicase todo de Ernestina. Identificar a las personas en función de sus parecidos suele ir acompañado de una o más de las siguientes ideas:

– Los genes determinan tu cara.
– Los genes determinan tu vida.
– Tú puedes ser «como» otro miembro de la familia.
– E incluso que tu destino está fijado en todos los aspectos importantes por tus antepasados: los Rodriguez son de un modo, los White son de otro.

Yo no creo que sea así. Si tú también eres un firme defensor del libre albedrío, la lectura facial podría probar este punto. Sigue adelante. Encuentra cinco rasgos por los que la cara de tu madre a los cincuenta es única, y no se parece a la de sus hijos, hermanas o parientes. Encuentra tres aspectos de la nariz de Ernestina que no tiene nada que ver con la del abuelo David. Libera a todos tus familiares que estén dispuestos a escuchar.

P. Aun así, ¿no es posible encontrar algunos parecidos?
R. Claro. Y es fascinante distinguir e interpretar esos parecidos, especialmente si equilibras los aspectos comunes con los originales. Si te gusta la genealogía, recréala escribiendo una historia familiar, una historia sobre las lecciones de vida y su progreso de generación en generación.

P. ¿Qué pasa si una persona cree, como yo, que nuestra única inmortalidad viene de nuestros hijos? ¿No resultaría amenazador pensar que nuestros vástagos no se parecen a nosotros tanto como esperábamos?

R. Si estás buscando el modo de que tus hijos te lleven al futuro, ¿qué mejor herencia puedes darles que tu aprendizaje en la vida? Cuéntales historias, reforzadas con fotografías, sobre cómo has cambiado. Comparte lo que has soportado y cómo has crecido. Es posible que sus lecciones no sean las tuyas, del mismo modo que sus rasgos faciales pueden no ser los tuyos, pero el recuerdo de lo que les cuentes de tu historia interna podrá inspirarles, e inspirar a sus hijos, para siempre.

BELLEZA, ¿QUIÉN LA NECESITA?

¿Y si estás en el extremo generacional opuesto y te preocupa más fundar una familia que asegurarte de que te recuerden? ¿Y si, francamente, estás desesperado por encontrar pareja? La lectura facial debe poder ayudarte a construir tu autoestima de soltero.

¡Lo has adivinado! En realidad la fisonomía puede ayudarte de dos modos: uno tiene que ver contigo, y el otro tiene que ver con encontrar parejas adecuadas y con cómo definir qué es una pareja adecuada.

Empecemos por ti: para un soltero, la lectura facial es tan indispensable como llevar una agenda en el bolso. Necesitas una dosis de autoestima superior a la normal para sacudirte de encima las presiones sociales. La propaganda sobre el atractivo que actualmente soportan los solteros es más agobiante que en cualquier otro momento de la historia. Estás abrumado y presionado por los anuncios en los medios de comunicación, la cosmética, los productos capilares y la cirugía estética. Los estilistas y los artistas de la manicura se mueren por hacerte más apto para el matrimonio, por no hablar de los diseñadores y vendedores de ropa, de los analistas de color y de los consultores de imagen, además de las multitudes ansiosas por ponerte en forma con sus clubes de salud y dietas.

Muchos de estos fabricantes de belleza de alquiler harán que te sientas mejor contigo mismo. Pero, a veces, su trabajo conlleva un trasfondo que podría hacer que te sintieras peor: necesitas tanto ese tipo de belleza como que te hagan un agujero en la cabeza.

Por ejemplo, señoras, ¿os ha enseñado alguna vez un artista del maquillaje cómo crear la ilusión de que vuestros ojos están más juntos o más separados? ¿Y os ha enseñado cómo vuestros labios pueden parecer más finos o más gruesos? Oye, ¿qué tiene de malo tu cara tal como está?

Caballeros, cada año, un número cada vez mayor de vosotros os hacéis *liftings* y arreglos de nariz. ¡Por favor!

Solteros, ¿estáis obligándoos a practicar ejercicio en un club de salud además de todas las demás presiones a las que estáis sometidos... u os sentís culpables por el dinero gastado en haceros socios de un gimnasio al que nunca vais? ¿Y qué hay de la presión por conseguir una cita con una persona que tiene la apariencia adecuada para ser un símbolo de estatus?

Tanto para ti como para las personas con las que sales, los criterios sociales de atracción establecen un juego de estatus en el que sólo ganan unos pocos. ¿Cuántas veces has juzgado que otros solteros eran unos «fracasados» basándote en criterios de atractivo que ninguno de vosotros habéis establecido originalmente? ¿Te han hecho creer las películas y las revistas en un escenario de fantasía donde todo gira en torno a encontrar al «ser ideal» (la persona predestinada que tiene el número adecuado de puntos de belleza), y que a partir de ese acontecimiento cósmico tu vida se desarrollará como un cuento de hadas?

Para cualquier hombre o mujer cuya programación le lleve a creer que el rostro o el cuerpo de la persona con quien tiene una cita es un importante símbolo de estatus, el romance de la vida real seguirá siendo una fantasía. Ahora que eres lector facial, considera esta otra idea totalmente contraria: los rasgos de conducta que harían que un romance de fantasía mereciera la pena podrían no reflejarse en la cara.

Eso es. ¡Los datos faciales que estás programado a considerar deseables pueden ir acompañados de rasgos de carácter inapropiadas para tu felicidad! De modo que, si te has estado sintiendo como un fracasado, tal vez haya llegado el momento de reconocer que estás jugando un juego de estatus en el que no puedes ganar. Vuelve a programarte.

– Vuelve a leer los capítulos sobre los rasgos faciales. Esta vez, léelos con una intención muy concreta. Subraya los rasgos conductuales que te harían sentirte bien con una pareja, independientemente de si tienen algo que ver con los rasgos faciales que estás programado para desear.

– Toma una tarjeta y haz una lista de tres partes de la cara que acompañan a las cualidades internas con las que te gustaría tener una cita: rasgos como una punta de nariz voluminosa, cejas poco gruesas, una gran Área de prioridad III, un mentón grande y ancho, unas orejas enormes; cualquier cosa que te entusiasme *internamente*.

– Lleva esa tarjeta contigo en un bolsillo o bolso. Deja que simbolice una nueva actitud: *¿Quién necesita la supuesta belleza?*

No hay un único criterio de belleza. Pero si tener una esposa que sepa escucharte es un rasgo vital para ti, no tiene ningún sentido que prefieras citarte con mujeres que tengan las orejas pequeñas y bonitas, y cosas así. Muchos hombres han sido educados para creer que la mujer debería ser lo que el autor Tom Wolfe llama una «famélica a punto de alcanzar la perfección». ¿Y por qué no cuestionarse la idea de que el valor de una mujer es inversamente proporcional al tamaño de su nariz y directamente proporcional al tamaño de su pecho?

La vida real tiene otros matices. Para preservar la autoestima de las personas con las que salgas (y también la tuya, en el extremo receptor) establece criterios de lector facial. No te limites a mirar una cara. Mira dentro de ella.

15

LA LECTURA FACIAL PUEDE AYUDARTE EN EL ÁMBITO PROFESIONAL

Lo has conseguido. Dominas los datos, los rasgos, una forma completamente nueva de mirar a la gente. Sin duda esto comportará beneficios para tu carrera... al menos más confianza, para empezar. Si te pareces a mi estudiante típico, ahora estarás empapado de **autoestima**, como una tomatera recién regada en un caluroso día de agosto.

Aparte de otros conocimientos que hayas obtenido para ganarte la vida, ahora tienes un conocimiento esencial que relaciona las caras con los estilos personales. ¿Cómo podrías no sentirte mejor contigo mismo, tanto con tus talentos como con tu aspecto físico? Uno de los nombres para el orgullo que tan justificadamente sientes es **autoestima**. Aunque la lectura de rostros no hiciera nada más por tu profesión que darte este tipo de brillo interno, merecería la pena.

Pero el conocimiento de uno mismo derivado de la lectura facial puede ofrecer otros beneficios aparte de un bienestar temporal, como hacerte ganar más dinero. Ya hemos visto cómo la lectura facial puede potenciar una carrera comercial. Aparte de esto, es apasionante observar el creciente campo de la fisonomía profesional, donde puedes elegir una o más especialidades de las 10 áreas diferentes que comentaremos en este capítulo. Tal vez tu tutor escolar no te dijo que podrías ganar dinero en el campo de la lectura facial, pero así es.

No obstante, en primer lugar, quiero asegurarme de que aprendas una técnica que hará de la lectura facial una herramienta aún más poderosa para que sientas confianza en el trabajo... cualquiera que sea tu empleo, tu subempleo o tu posible empleo.

ACEPTA TUS PUNTOS FUERTES

Conectar tus talentos con tu cara puede generar más confianza en uno mismo. En parte, se trata de tener la experiencia del «¡ajá!». Desde que estás leyendo este libro, ¿cuántas veces ha habido algo dentro de ti que ha dicho «ajá: ahora lo entiendo»? «¡Soy muy bueno en esto!», te habrás dicho a ti mismo. Tanto si trabajas solo como con otras personas, si empiezas nuevos proyectos o los terminas, algunos de los mayores talentos que se revelan en tu cara han hecho que se dispare un relámpago interno de reconocimiento. Son los «momentos Kodak» espirituales. Más tarde podrías olvidar lo que ha causado ese «¡ajá!» particular, pero, según creo, tu alma va coleccionando esas fotos de quién eres verdaderamente cuando estás en lo mejor de ti mismo. Ese álbum de fotos es tuyo para siempre.

Hay una técnica específica, relacionada con la lectura facial, que te ayuda a sacar fuerza interna de este álbum. La técnica se denomina **Acepta tus puntos fuertes**. Si puedes practicar esta técnica en los momentos que tengas una necesidad extrema de sentirte mejor contigo mismo, será un beneficio añadido. Considera lo extraño que es que algo vaya mejor en tu vida cuando te estás sintiendo fatal; esta técnica te va a encantar. Funciona así:

1. PARA EMPEZAR, CÉNTRATE EN TU EXPRESIÓN.

Escruta tu cara en el espejo. Céntrate en tu expresión. Cuando estás desanimado, tu expresión ofrece el material perfecto para esta parte de la técnica. Recréate (durante unos 30 segundos) en esa expresión. ¿Es melancólica? ¿Depresiva? Un rostro puede mostrar miles de matices de la miseria humana. ¿Cuál está representado esta vez? Observa, y después háblale: «Oye, ¿a quién le importas? Tengo _mi verdadero rostro._»

2. Elige algo que observar.

Tu «verdadero rostro», por supuesto, hace referencia a tu rostro físico. Ve directamente a la parte de tu cara que más te atraiga. En un estado mental desabrido, puede que te sientas atraído por tu atributo físico más detestado, sea un grano, una arruga, cualquier rasgo facial que sea grande, pequeño o anormal en algún sentido. Bien, cámbiate al rasgo facial *maravilloso* más cercano. O, si te sientes particularmente valiente, quédate con el rasgo que detestas.

3. Elogia generosamente la parte elegida de tu rostro.

Tanto si amas como si odias la parte de tu cara que ha atraído tu atención, elógiala generosamente. Sí, *puedes* hacerlo.

Por ejemplo, cuando me siento vulnerable, mi atención se dirige al equipaje Gucci que tengo debajo de los ojos, las bolsas. Las **bolsas** y arrugas tienen significados específicos, dependiendo de su localización en la cara. Aprender a interpretarlas forma parte de mi próximo libro *Las arrugas son el maquillaje de Dios*. (No te preocupes, este libro habla de cómo va cambiando el rostro a lo largo del tiempo, y las arrugas son un porcentaje sorprendentemente pequeño del mismo).

Como leerás en él, los *círculos abultados debajo de los ojos* significan un intenso esfuerzo por ver con más profundidad. «Gracias a Dios que me importa tanto ver la verdad profunda de la vida. ¡Y tengo la suerte de que esto se refleje en mi cara!», es el comentario apropiado. Esas mañanas que despierto y veo que las bolsas son particularmente grandes, perfecciono el cumplido: «¡Hoy debo tener más ganas de lo normal de ver la verdad. Genial!»

4. Sigue adelante

Después de haber dedicado elogios a la parte «mala» de tu cara, no te quedes ahí. Dirige tu atención inmediatamente a la parte de tu cara que más te gusta. Si te resulta difícil elegir sólo una, elige el rasgo facial más diferenciador.

5. Elogia la parte de la cara que has elegido.
Con sinceridad.

Interpreta esa parte diferenciada de la cara. Cántala para que el mundo pueda oírla (a menos que estés en público, en cuyo caso podría ser más prudente tararear suavemente).

316   LEER *el* ROSTRO

Otro ejemplo personal: mi rasgo facial más distintivo son mis dientes incisivos. En lugar de tener la base plana, como la mayoría de los incisivos que encontrarás, son MUY curvos. Antes no me he molestado en explicar el significado de la **base curva de los dientes incisivos** porque son muy raras. Pero la respuesta, ¡tachán!, es que esas curvas dentales se relacionan con el aprendizaje de las lecciones de la vida a través del corazón.

¿En lugar de qué? La mayoría de la gente, al tener sus **bases dentales muy rectas**, aprenden las grandes lecciones de la vida a través del intelecto. No envidies a los que, como yo, tenemos los incisivos curvados. Usamos el pañuelo más que tú.

Ésta es una muestra de las palabras de ánimo que podría dirigirme a mí misma y a mis dientes: «La historia de mi vida es que aprendo directamente desde el corazón. Gracias, Dios. ¡Esto me ha permitido desarrollar mi sistema de lectura facial!»

6. PROFUNDIZA EN EL INTERROGATORIO.

Pregúntate: «De los talentos que se muestran en mi cara, ¿cuáles me son más necesarios ahora mismo?». Haz una respiración profunda o dos para limpiar el aire, y quizá también para despejar tu cabeza.

7. ESCUCHA.

Surgirá una respuesta en tu mente. Cuando esto ocurra, presta atención. No esperes una respuesta «definitiva». Trabaja con lo que se te ha dado.

Por ejemplo, digamos que voy a una reunión con un ejecutivo de una compañía de las 500 de Fortune para ofrecerle mis cursos, y me siento un poco como David ante Goliat... aunque el protocolo le exige mostrarse amistoso, al menos eso espero. La palabra que expresa lo que más necesito en este momento es «poder».

8. ENCUENTRA LO QUE NECESITAS... EN TU CARA.

Calcula cuál de tus rasgos físicos se corresponde más de cerca con lo que necesitas. (Como no has *memorizado* necesariamente este libro hasta ahora, sólo lo has leído, es posible que aquí necesites un poco de ayuda. Mira en el Índice II, Conducta, que relaciona cualidades como «poder» y «liderazgo» con partes específicas de la cara. Sigue analizando rasgos y buscando en tu cara hasta dar con lo que necesitas.)

9. AFIRMA TU TALENTO.

Encuentra el rasgo relevante en tu cara. Míralo. Y deja que empiecen las palabras de ánimo. Por ejemplo: «Mis cejas MUY angulosas muestran una mentalidad de dirigente. Cuando entre en esa reunión, en lugar de sentirme intimidado por todo el dinero que ganan esos ejecutivos y la elegancia de sus oficinas, miraré la forma de sus cejas. Dudo que ninguno de ellos tenga un ángulo mejor que el mío. ¡Sin duda tendré esta ventaja sobre ellos! Voy a conseguir grandes cosas en nuestra reunión de hoy».

10. ÁNCLATE EN LA VERDAD.

Prográmate para el resto del día: mira esa parte de tu cara en el espejo, acaríciala suavemente con tu mano derecha. Pronuncia tus palabras de ánimo. A continuación, repite: mirar, acariciar y afirmar, sólo que esta vez has de usar tu mano izquierda.

Ahora estás preparado. En cualquier momento del día que necesites un empujón, tócate esa parte de la cara.

P. ¿Y si la expresión que veo cuando me miro al espejo sólo me hace sentirme más deprimido, con esa mirada de perrito apaleado que a veces tengo en los ojos?

R. Si es necesario, usa tu reloj para recordarte que no debes ver tu expresión inicial durante más de 30 segundos. (Suena como si, para ti, tres segundos fuera suficiente.) Pasa inmediatamente al paso número 3.

P. Sigo sin entenderlo. ¿Qué hace que tu técnica «Afronta tus Puntos Fuertes» sea diferente de una exhortación normal?

R. La diferencia más importante es que estás **anclando** la exhortación en una parte de tu rostro. *Anclar* es un término tomado de la psicología; lo aprendí en el contexto de la Programación Neurolingüística (PNL). Imagina una nave que lanza un ancla para estabilizarse en el lugar deseado. Como la nave, tu atención puede moverse libremente. Al anclarte, ganas estabilidad. De modo que encuentra un buen lugar, echa el ancla y disfruta de la presencia mental resultante.

¿Qué podrías querer anclar? Existen varios sistemas disponibles para aprender a distinguir los puntos fuertes que podrías querer anclar en la vida; además de la PNL, también está el examen de tipos Myers-Briggs, el análisis grafológico, el Eneagrama, la astrología profunda (a diferencia de los horóscopos rápidos de los periódicos, que son más un entretenimiento que verdadero conocimiento astrológico). Estudia cualquiera de estos sistemas detenidamente y podrás acceder a profundas comprensiones. En muchos casos, la información que obtendrás será similar a las que descubrirás en los Secretos de la Lectura Facial.

No obstante, la lectura facial tiene un don especial para el anclaje porque puedes asociar directamente las cosas buenas de ti con una parte de tu rostro. Puedes ver esa parte vital de ti directamente en el espejo, puedes tocarla, puedes hablar con ella. Y en el caso de esta técnica de anclaje, puedes hacer las tres cosas a la vez, lo que la hace triplemente eficaz.

Ahora que has aprendido a anclar las cualidades que necesitas para tener éxito, lo que siguen son algunas aplicaciones prácticas de la lectura facial que podrían potenciar tu carrera profesional, o incluso ayudarte a empezar un nuevo negocio a tiempo parcial. Consideraremos diez especialidades distintas y concluiremos con información sobre el establecimiento de un negocio y la enseñanza profesional de la lectura facial:

OPORTUNIDADES PROFESIONALES PARA LOS FISONOMISTAS

– Formación en diversidad.
– Formación en recursos humanos.
– Resolución de conflictos.
– Lecturas genealógicas.
– Entretenimiento en fiestas.
– Lecturas del *potencial* de vida.
– Lecturas del *progreso* de la vida.

– Lecturas de compatibilidad.
– Consultas de cirugía estética.
– Hacerse comentarista social.

FORMACIÓN EN DIVERSIDAD

Los encuestados te lo dirán. Nadie piensa: «Tengo prejuicios raciales». Los que tienen prejuicios siempre son los demás. Pero las tensiones raciales son un problema para todos nosotros. Como lector facial, puedes convertirte en parte de la solución. Informa a las empresas locales que realicen formación en diversidad cómo puedes complementar sus servicios.

Formación en diversidad significa enseñar a la gente a ver seres humanos en lugar de estereotipos. Se trata de ayudar al ciudadano a dejar de hacer suposiciones y empezar a hacer amigos. En realidad, ¿qué mejor lugar para empezar esta formación que con cómo se ven las personas unas a otras? Enséñales a elevar su visión por encima del color de la piel y de la categorización por tipos. Desafía a tus alumnos:

«¿Creéis que os veis unos a otros como individuos? De acuerdo. Me pregunto si verdaderamente veis la diversidad o, sin daros cuenta, lo que veis son principalmente estereotipos. Averigüémoslo. Elige ahora mismo una pareja, alguno de este grupo a quien no conozcas mucho. Emplea 10 minutos para escribir todo lo que puedas decir de esa persona. Sin hablar. Haz las observaciones mirando directamente la cara de tu compañero. Lo que escribas será confidencial.»

Basándome en mi propia experiencia, puedo predecir que te entregarán listas penosamente cortas. Cuando la gente no sabe adquirir información sistemáticamente, se siente perdida, y entonces se limitan a leer la expresión y hacer declaraciones esperanzadas y generales. «Parece una buena persona. Tiene una sonrisa agradable».

Ahora puedes empezar a enseñar lectura facial como una verdadera alternativa, como un modo de acceder a información de calidad, profunda y detallada.

– Empieza enseñando las partes de la cara que conllevan poca carga emocional, como las cejas y las áreas de prioridad.

– Haz que el grupo se ría antes de abordar el asunto más controvertido, la señora nariz. Y cuando trabajes las narices, asegúrate de ayudar a los participantes a ver que no se trata únicamente de una nariz negra, de filipino, o de blanco. Muestra que los individuos de grupos aparentemente distintos pueden tener exactamente los mismos rasgos, mientras que otros que suponen que son como primos pueden tener rasgos radicalmente diferentes.

– Con cada rasgo facial que analices, haz que el grupo siga el mismo ritual: observa la cara real, identifica lo que tú tienes y lo que tienen los demás, y aprende a interpretarlo en términos del estilo personal.

Sí, típicamente, la formación en diversidad hace hincapié en las diferencias de trasfondo y de cultura. No obstante, los detalles relevantes emergerán como una consecuencia natural en las discusiones faciales de tu grupo. Cuando lo hagan, reconócelos. Por ejemplo, seguro que se hablará de que, en una fuerza laboral diversa, los individuos interpretan de manera diferente el gesto de mirar directamente a los ojos. ¿A quién se le ha enseñado a rehuir la mirada? ¿A quién se le ha enseñado a mirar fijamente?

Sirva como advertencia el anuncio de que los profesionales de la formación en diversidad tienen que estar muy preparados: han de tener experiencia en la conducción de grupos y ser sensibles, valientes, y comunicadores muy eficaces. Entra en el equipo de un experto. Añade lo que sabes a una formación diseñada más convencionalmente, en lugar de intentar saltar al campo de la formación en diversidad y reinventarlo por ti mismo. Asimismo, familiarízate con planteamientos que faciliten la curación emocional. Casi nadie ha escapado a la programación subconsciente con estereotipos negativos, y el proceso de sanación puede liberar intensas emociones que tú, como formador, tendrás que estar preparado para afrontar. No empieces trabajando en solitario.

Pero precisamente porque esta formación puede ser tan dolorosamente seria, la lectura facial puede añadirle una nota de humor que será muy bien recibida. Tu contribución a la formación en diversidad puede marcar una gran diferencia. Cuando entrenas a la gente a reconocer e interpretar las partes de la cara, ¿qué más les estás enseñando? Sigilosamente, de una manera muy bella, tu mensaje puede ir calando...

«Ve al individuo. Comunícate con el individuo.»

En general, la formación en diversidad que se ofrece actualmente trata de elevar la conciencia sobre los *estilos de vida*, y sobre factores como las desigualdades sociales, problemas económicos, miedos arraigados, expectativas familiares, diferencias de lenguaje y otras diferencias culturales. En cualquier caso, lo más positivo a largo plazo es elevar la conciencia de la gente respecto al *estilo personal*. Dirige la discusión grupal hacia la diferencia entre quien necesita revelar cosas de sí mismo frente a quien desconfía de darse a conocer. Indica las perpetuas tensiones entre las personas con orejas con el ángulo hacia fuera y quienes las tienen pegadas a la cabeza; entre los distintos estilos de mejillas; entre los sujetos que disfrutan siguiendo procedimientos y los que se sienten coartados por ellos.

Y destaca los valores de *cada* estilo. Todos necesitamos sentir y mostrar más tolerancia hacia quienes funcionan de otra manera. Actualmente las empresas saben que nuestra fuerza laboral, cada vez más diversificada, exige una comprensión más profunda del factor humano. Hay dinero presupuestado para estas formaciones. Si estás cualificado para diseñarlas y enseñarlas, éste podría ser uno de los usos más lucrativos de tus conocimientos de lectura facial.

CONSULTORÍA DE RECURSOS HUMANOS

El arte de gestionar los **recursos humanos** se ha convertido, en gran medida, en un ejercicio de gestión del miedo. Los gestores de recursos humanos temen cometer errores. Los solicitantes de empleo temen los prejuicios. Y cuando las apuestas son elevadas —como cuando se trata de encontrar empleo— las mentes pueden cerrarse a cal y canto. De modo que podrías hablar hasta ponerte morado de que el color de la piel no tiene relevancia en fisonomía y, aun así, seguirías siendo sospechoso. Paradójicamente, la fisonomía es justo lo opuesto de lo que todo el mundo teme: es lectura facial, no lectura racial. Pero un inquieto solicitante de trabajo podría no estar abierto a oír la verdad. De modo que evita controversias. Sé discreto. Ofrece formación para el personal del departamento de recursos humanos. O bien trabaja detrás del escenario como consultor.

En tu calidad de consultor puedes asistir a las entrevistas, o analizar fotografías en privado y después ofrecer tus descubrimientos al ejecutivo que te contrató. Los expertos en grafología actúan así; los fisonomistas pueden hacer lo mismo. Este puede ser tu proceder cuando te contraten para ayudar a una empresa a elegir entre candidatos para un trabajo concreto:

1. CLARIFICA EXPECTATIVAS
Detalla por escrito los servicios que ofrecerás y su coste. ¿Establecerás una cuota por cada individuo del que hagas un perfil o cobrarás por horas? ¿Cobrarás por las preguntas subsiguientes o las considerarás parte del contrato y estarán, por tanto, incluidas en el precio? Un acuerdo por escrito no sólo demostrará tu profesionalidad, sino que también evitará malentendidos.

Es posible que todo lo que necesites sea una Carta de Confirmación. Pide a tu cliente que la reajuste como considere necesario, que firme una copia y te la devuelva para conservarla en tus archivos. Con el tiempo, es posible que desees crear un impreso y usarlo rutinariamente para establecer el perfil de los candidatos a los trabajos.

2. PREGUNTA AL EMPLEADOR QUÉ QUIERE SABER
¿Qué aspectos del estilo personal son más relevantes para ese trabajo concreto? Trabaja con el personal de relaciones humanas para elaborar una lista y después establece prioridades.

3. SONDEA
¿Qué es lo que más le importa al supervisor para el puesto que vas a cubrir? Entérate de qué cualidades importan (tanto oficial como extraoficialmente). Añade esos factores a tu lista de aspectos importantes del estilo personal. Por ejemplo, ¿qué pasa si el jefe es riguroso en cuanto a la buena educación? Aunque técnicamente no pueda despedir a un ayudante por actuar como un espíritu libre,

seguro que inicialmente le gustaría evitar contratar a una persona así. De acuerdo, entonces estás especialmente interesado en solicitantes cuya oreja derecha tenga el ángulo hacia dentro.

4. Traduce los requisitos laborales a datos faciales

Escribe una lista de rasgos ideales. Por ejemplo, tal vez se trate de una labor administrativa con mucho trabajo rutinario y repetitivo que requiere una gran concentración. Bingo: estarás especialmente interesado en una longitud de nariz entre media y corta, unos ojos juntos o a media distancia, y unas cejas entre medias y terminales.

5. Lee a los candidatos

Considera los puntos fuertes que cada candidato aporta al trabajo, como se muestra en los datos faciales.

6. Evalúa

Compara tus descubrimientos con la lista de rasgos ideales para ese puesto.

7. Compara y contrasta

El personal de recursos humanos ya habrá filtrado de manera convencional a los candidatos en función de sus habilidades, historial laboral y referencias. ¿Cómo comparar vuestros descubrimientos? ¿Hay algo que debieras señalar como sospechoso? Un dato triste sobre el funcionamiento actual de los departamentos de recursos humanos es que las limitaciones legales y otros factores pueden hacer que las referencias oficiales omitan información vital relativa al carácter. La lectura facial puede ayudarte a plantear preguntas para llegar a la verdad.

8. Pregunta

¿Puedes pensar en alguna pregunta que sería conveniente plantear en la entrevista de seguimiento? Anótalas, explicando qué pretenden aclarar.

Una charla animada en la sala de entrevistas, o la documentación escrita, no siempre revelan lo que los directores de contratación necesitan saber. ¿Será éste otro caso en que la compañía invertirá mucho en tiempo y formación para que el trabajador dimita seis meses después? No puedes predecir las muertes de familiares, enfermedades y similares. Pero, como lector de rostros, sin duda puedes predecir a quién le gusta el trabajo rutinario (consulta el apartado sobre longitudes nasales) y a quién le gusta verdaderamente hacer un seguimiento de los detalles (lo has adivinado; lee la distribución del pelo en las cejas).

En cuanto a comprobar la honradez del candidato (una preocupación importante para la parte contratante), requiere habilidad, pero es factible. Querrás encontrar los rasgos más atractivos de la cara de la persona y plantear preguntas relacionadas con ellos. Por ejemplo, al entrevistar a una mujer con un mentón muy anguloso, podrías preguntar: «Cuando tienes que tomar una decisión de negocios importante, ¿hasta qué punto es importante para ti tener el control?»

Si su respuesta es: «¿Quién, yo? A mí el control no me dice nada», ten cuidado. O bien su mentón está mintiendo o es desesperadamente inconsciente de sus verdaderos puntos fuertes. En cualquier caso, no confíes en ella. En cambio, déjate impresionar si responde algo parecido a esto: «Los objetivos empresariales se convierten en mis objetivos personales. Y siempre hago lo que tengo que hacer para conseguir lo que quiero».

9. PREPARA UN INFORME
Resume tus observaciones. Escribe como un periodista, empezando con la información más importante para tu lector. Después rellena los detalles sobre los pros y contras de cada candidato. Ofrece gran cantidad de detalles a quienes tengan que tomar las decisiones.

RESOLUCIÓN DE CONFLICTOS

Está claro que podrías usar la lectura facial para **seleccionar un jurado**. Pero, personalmente, me interesa más trabajar con negociadores y otras personas implicadas en la **resolución de conflictos**. ¿Cómo puede resolver la gente sus diferencias sin recurrir a largas y costosas batallas legales? La mediación en casos de divorcio es un área de gran porvenir donde la lectura facial puede desarrollarse hasta convertirse en una valiosa actividad profesional.

Si ya eres **mediador**, la fisonomía se añadirá al conjunto de tus habilidades. Si no estás formado como mediador, trabaja con uno de ellos. Tu contribución será tu conocimiento práctico de la lectura facial... además de paciencia, perseverancia y grandes dosis de coraje.

A la hora de resolver asuntos prácticos, es fácil que el diálogo tienda a fracasar en los puntos donde existan diferencias. Puedes mantenerlo en marcha incrementando la conciencia sobre el estilo personal.

– Muestra cómo los puntos de vista aparentemente incompatibles están relacionados con estilos opuestos. Describe estos estilos apreciativamente, sin juzgar.
– Siempre que sea posible, da una visión general mostrando cómo encajan entre sí ideas diferentes.
– Saca a tus clientes de sus antiguos hábitos de interacción mutua.
– Sostén un espejo ante ellos para ayudarles a ver su anchura de ojos radicalmente diferente, las áreas de prioridad, las proporciones de las orejas, y cosas así.

Relaciona esas diferencias con soluciones que puedan llevar adelante juntos.

En resumen, puedes promover la comprensión explicando que los distintos estilos personales pueden haber provocado problemas de comunicación en el pasado. Establece una actitud de buena voluntad que cree su propia dinámica. Los lectores faciales pueden ser pacificadores.

LECTURAS GENEALÓGICAS

Los genealogistas tienden a ser conservadores, de modo que asegúrate de decirles desde el primer momento que la lectura facial ha sido practicada profesionalmente durante miles de años. Ofrece una lectura de 15 minutos como prueba gratuita. Harás que los clientes potenciales se queden asombrados. Los genealogistas coleccionan fotografías, y puedes hacer que esas fotos cobren vida de maneras novedosas. Y las lecturas genealógicas ofrecen una fascinante oportunidad de descubrir patrones multigeneracionales.

Tu misión en una lectura genealógica es comunicar la importancia de los patrones. Concéntrate en los rasgos muy pronunciados. En la familia, ¿quién se parece a quién, y en qué?

Si las fotos son suficientemente claras, puedes acabar con la suposición de que las personas tienen rasgos «exactamente» iguales. Podría muy bien ocurrir que tres hombres descritos como de «nariz idéntica» en realidad sólo tuvieran uno o dos rasgos en común y muchas diferencias significativas.

¿Cómo puedes echar a andar en este campo tan fascinante?

– Para practicar, recurre a una biografía bien ilustrada, como la obra maestra de Doris Kearns Goodwin, *The Fitzgeralds and the Kennedys*. Cómprate una buena lupa que te permita analizar los pequeños rostros de las fotografías. Practica descubriendo patrones comunes.

– Invierte en tarjetas de presentación.

– Haz unas pocas lecturas gratuitas intercambiándolas por referencias.

– Resérvate horas para dar charlas en clubes de genealogía y organizaciones para la tercera edad. Con cada cliente satisfecho, poco a poco, irás acumulando una clientela.

Los clientes tienen dos razones para emocionarse con tu trabajo, porque los parientes entran en dos categorías: aquellos de los que se sabe mucho, y aquellos de los que se sabe muy poco. Cuando leas los rostros de los conocidos y puedas señalar puntos específicos como: «Las mandíbulas de tío Daniel muestran que es extraordinariamente leal. También es terco como una mula». ¡Vaya! Tus clientes podrán verificar tu precisión al momento. A continuación sigue leyendo caras que entren en la categoría de parientes *desconocidos*; tus clientes se sentirán aún más intrigados.

La genealogía es, en parte, una celebración de cómo la gente de una familia ha soportado la adversidad. Cuando tu cliente te cuente una historia de dificultades, comenta cómo los talentos reflejados en los rostros marcaron la diferencia.

Para las personas que valoran su historia familiar, la lectura facial tiene mucho que ofrecer. Independientemente del estatus económico, cada antepasado nació con el equivalente espiritual de una gran fortuna. ¿Qué uso hizo de esos dones?

ANIMAR UNA FIESTA

La lectura facial es divertida, como ya sabes a estas alturas. Cuando consigues ser bueno en ella, puedes convertirla en un medio de vida, y podría acabar siendo una buena manera de ganar dinero. **Animar fiestas** puede ser el mejor mercado de todos, porque puedes ganar 500 euros o más por una honrosa noche de trabajo, y además pasándotelo bien.

– Para prepararte, asegúrate de que eres bueno, muy bueno, distinguiendo rasgos y hablando de ellos. La gente se lo pensará dos veces si llevas este libro de referencias a la fiesta y consultas sus datos faciales en el índice.
– Cuando hayas practicado lo suficiente para sentir confianza, echa una ojeada a tus *Páginas Amarillas* locales en busca de agencias bajo encabezamientos tales como «Entretenimiento» y «Fiestas».
– Establece una cita para reunirte con los directores de esas agencias. Demuéstrales lo que puedes hacer.
– Cada vez que te ofrezcan una fiesta podrás decidir si te gusta el horario, la ubicación y cosas así. Como artista invitado, eres libre de aceptar o rechazar cualquier trabajo. Disfruta de la flexibilidad.

Curiosamente, no tienes que cantar o tocar en un grupo para contar como «talento» utilizable. Los planificadores de estos eventos siempre necesitan artistas que animen las recepciones, las convenciones, los programas matrimoniales y las fiestas temáticas. ¿Por qué no ser uno de ellos?

A veces te colocarán en la categoría general de «adivino o lector de la buenaventura». Técnicamente, no estás haciendo predicciones. No obstante, es justo decir: «Te diré los talentos que tienes que potenciar en tu trabajo o relación a lo largo de los próximos seis meses.» Aunque los datos faciales cambian, raras veces cambian en un plazo menor que ése.

¿Es cansado hacer trabajo de predicción en una fiesta donde tal vez dispongas de seis minutos para estar con cada invitado? Claro, puedes estar bajo mucha presión. La cola se alarga. Los provocadores imaginan que sus comentarios son ingeniosos. En cualquier caso, para mí, un borracho malintencionado en una fiesta no es motivo de desaliento. Es un auténtico placer hablar a la gente de su cara, pues les ayudas a apreciarse y entenderse a sí mismos de un modo completamente nuevo.

A veces los anfitriones están tan animados que prolongan el acuerdo muchas horas. He leído caras durante 6, 9 y 11 horas sin parar, yéndome tan fresca como una rosa (pero con más dinero). Ayudar a la gente a elevar su conciencia facial te proporciona energía.

Cuando te contraten como animador, por favor contribuye al buen nombre de nuestra profesión. Báñate antes de ponerte tu vestido de gitana. No bebas. Consulta con el anfitrión antes de probar los alimentos que se sirvan en la fiesta. Y lo que es más importante, resístete al impulso de insultar al invitado molesto. En 15 años, creo que no he herido los sentimientos de un solo cliente interpretando sus rasgos faciales, aunque varios asistentes han llorado porque lo que les dije les tocó el corazón positivamente. Leer rostros siempre es un privilegio. Entretener en fiestas puede ser especialmente satisfactorio, y tu disfrute de las fiestas sin duda irá en aumento cuando te paguen tu asistencia por horas.

LECTURAS DEL POTENCIAL DE VIDA

¿Estás buscando un regalo poco común para un cumpleaños o aniversario? ¿Por qué no ofrecer un regalo de cien euros que no te costará ni un céntimo? Regala una larga lectura facial de una hora.

Las **lecturas del potencial de vida** elevan a la persona, mostrando el significado de todos los rasgos importantes de la cara. A continuación ofrezco un procedimiento detallado de hacer lecturas para amigos o parientes, e incluso, al final, clientes de pago... Sí, digamos que la persona en el extremo receptor es tu **cliente**. Esto te animará a desarrollar la experiencia, la confianza y la habilidad necesarias para acabar colgando tu letrero algún día.

1. PREPARA EL ESCENARIO

Encuentra un lugar donde tú y tu cliente no seáis interrumpidos. Una habitación limpia y bien ventilada añadirá calidad a tu lectura.

Y asegúrate de que tu cliente se tome el compromiso en serio: durante la hora siguiente, nada de televisión de fondo y nada de llamadas de teléfono, por favor. El compromiso es particularmente importante cuando haces la lectura gratuitamente. Es comprensible que alguien nuevo en la lectura facial se muestre escéptico. No obstante, por tu propia autoestima, tienes todo el derecho a exigir que tu trabajo sea tratado con respeto, independientemente del escepticismo que pueda suscitar.

Es conveniente sentarse juntos en una mesa. Ten un espejo a mano y explica a tu cliente que probablemente indicarás cosas respecto a su cara que no había notado nunca anteriormente. Ten a mano cuaderno y bolígrafo para tomar notas. O, aún mejor, lleva una grabadora con una cinta virgen.

2. DECLARA TU INTENCIÓN

Antes de comenzar la lectura, declara formalmente tu *intención*. De otro modo, los hábitos inconscientes podrían dominar la situación.

¿Cuál sería una motivación digna para esta lectura? ¿Probar que eres «suficientemente listo»? ¿Demostrar que no vas a fallar? ¡No! Eso son viejos hábitos subconscientes. No los escogerías conscientemente, pero, a menos que tomes la precaución de declarar una intención, tendrás este tipo de tonterías en el fondo de tu mente. Cuenta con que tu inconsciente sea, como mínimo, tan previsible como las especificaciones por defecto de la pantalla de tu ordenador.

Los viejos patrones nos limitan. En cambio, un simple acto de libre albedrío puede hacer que tu mente apunte en una nueva dirección muy positiva, como:

«Invoco la sabiduría que reside dentro de nosotros dos para que guíe esta sesión de lectura facial. Mi objetivo es ayudarte a entenderte mejor y usar más plenamente tus talentos en la vida.»

Nota: Si te sientes muy valiente, declara tu intención en voz alta en lugar de hacerlo en silencio. ¡Vaya! Siente cómo el aire de la habitación se llena de magia.

3. ELIGE UNA PARTE DEL ROSTRO Y EMPIEZA.

Empieza por las cejas de tu cliente, y a continuación sigue leyendo un rasgo cada vez. Elige una categoría y a continuación un rasgo. En cada elemento, empieza apuntando el aspecto físico, como unas cejas precursoras. Asegúrate de que tu cliente lo vea.

A continuación explica el significado del rasgo. Pide *feedback* a tu cliente. ¿Qué orden es conveniente seguir? Diseña tu propio paseo facial o utiliza el orden de los capítulos de este libro:

- Cejas
- Orejas
- Ojos
- Nariz
- Mejillas
- Boca
- Mandíbulas
- Mentón
- Áreas de prioridad

4. RESALTA LOS RASGOS MUY PRONUNCIADOS

A medida que vayas dando tus interpretaciones, recuerda que algo MUY = MUY. Los rasgos extremos se corresponden con características fuertes. Los rasgos moderados se corresponden con características internas menos intensas.

5. USA EL TACTO

A veces, los problemas de tus clientes te golpearán como si te dieran una torta en la cara. Bien, no olvides los puntos fuertes que pueden acompañarles porque de otro modo podrías hacerte merecedor de la mencionada torta. Sé bondadoso.

Por ejemplo, puede que notes las proporciones labiales de unos labios francos y, basándote en lo que sabes de las tendencias parlanchinas de tu cliente, sentirías la tentación de decir:

«Las proporciones de tus labios muestran que cuentas demasiadas cosas personales, las cuales te meten en problemas. Muérdete la lengua, idiota.»

No. El comentario más útil y bondadoso sería describir su talento para el discurso perceptivo, y después mencionar la posible dificultad. Tus clientes no son unos zoquetes. Una mención ligera será suficiente.

6. CONFÍA EN TU SENTIDO DE LA OPORTUNIDAD

¿Qué pasa si omites algo durante la lectura y no te das cuenta de ello hasta después? Digamos que hay un rasgo vital de la oreja que se te ha escapado, y sólo sale a la superficie cuando has pasado a hablar de los ojos. Cuando me ocurrían este tipo de cosas al principio de mi práctica profesional, me sentía avergonzada. Era como si hubiera dado un terrible paso en falso y cualquier fisonomista entrenado que me observara se reiría de mí como un loco.

Bien, deshazte de ese comité de críticos que sólo están en tu mente. Improvisa el orden de tus comentarios y conserva tu integridad. Incluso podría haber una maravillosa razón intuitiva por la que percibiste esa parte de la cara cuando lo hiciste. Has declarado tu intención. Ahora confía en que se haga realidad.

La regla del lector de caras es *hablar de lo que notas cuando lo notas*, en cualquier orden. De hecho, como lectora experimentada, tiendo a percibir las características relacionadas simultáneamente. Es posible que prefieras prescindir de las listas y dejar que sea la cara de tu cliente la que te diga adónde ir.

Por ejemplo, tu primer pensamiento podría ser: «¿Qué tienen que ver los enormes y abultados lóbulos de la oreja de Sally con sus ojos tan próximos entre sí?» ¡Eureka! Su talento para la observación pormenorizada va acompañado de un interés por el aspecto físico de la vida. Si Sally jugara al juego de las sillas vacías, notaría dónde estaba situado cada asiento (gracias a los lóbulos de las orejas), y además probablemente sería la única participante que trataría de igualar los espacios entre sillas. ¿Por qué? Teniendo los ojos tan próximos, es capaz de fijarse en cada centímetro de más o de menos.

Las dificultades potenciales de Sally son la de ser demasiado crítica y tremendamente literal. Sí, tiene todo lo necesario para asustar a los demás. Pero, aun así, lo más probable es que sea una campeona de las sillas vacías, y también de otros proyectos más lucrativos.

7. DA LA BIENVENIDA A LOS ROMPECABEZAS

¿Perplejo por las aparentes contradicciones que muestra una cara? ¡Genial! Estás a punto de acceder a un nivel de mayor profundidad en tus lecturas. Piensa que cuando hay dos o más rasgos en conflicto tienes un rompecabezas por resolver. Tu cliente ha tenido que lidiar con este conflicto durante mucho tiempo. Ahora tienes la maravillosa oportunidad de aportarle tu entendimiento.

Haz una respiración profunda. Relájate en medio de la dificultad y explora el misterio pacientemente. Las contradicciones son una de las partes más significativas de la lectura facial.

Las claves vienen de qué parte de la cara tiene unos u otros rasgos. Por ejemplo, ésta podría ser una interpretación apropiada para Zach, un cliente cuyo mentón recto va acompañado por unas cejas curvas:

«La forma de tus cejas muestra que tienes un estilo sensible y emocionalmente implicado de relacionarte con la gente de tu entorno social. En cambio, tu mentón recto revela un estilo mucho más desapegado y analítico a la hora de tomar decisiones importantes.»

8. USA EJEMPLOS CONCRETOS

Si la reacción de Zach es: «¿Qué dices? No te entiendo», dale un ejemplo específico. «Imagina que estás en el día de las elecciones», le diría yo. «Has ido a votar con tu esposa y la has complacido escuchando sus problemas con tu sensibilidad habitual. Después te metes dentro de la cabina de votación, donde votas estrictamente en función de tus principios.

»Cuando votas, a diferencia de cuando estás con tu esposa, no te importa en absoluto que, si ganan aquellos a los que estás votando, algunas personas podrían llorar. Lo que te importa es votar lo que crees justo. Tal vez te hayas preguntado por qué pareces capaz de ser tan sensible en algunas situaciones y tan insensible en otras. Ahora tienes la respuesta. Son las cejas contra el mentón.»

9. No juegues a ser Dios, juega a ser un amigo

Al principio de tu carrera de fisonomista, podrías sentir la tentación de pensar: «Vaya, esto me permite leer las mentes» y decir cosas a tus clientes con el trasfondo siguiente: «Ésta es la verdad» o «éste es tu destino».

Bueno, reflexiona un poco.

Si la intuición infalible fuera algo habitual, ¿por qué sientes lo que sientes por el presentador del programa de variedades que más detestas? ¡No quiera el cielo que te vuelvas tan insoportable como él jugando a ser Dios!

De modo que seamos bondadosos con todos los implicados y juguemos a ser mortales. Aunque no vuelvas a ver a tu cliente nunca más, haz tu trabajo como un viejo amigo, incluyendo el deseo amistoso de ser útil. En definitiva, será tu amigo quien decida qué es útil para él, no tú.

Lecturas del progreso vital

¿Tienes un amigo de entre 40 y 50 años? ¡Tengo un gran regalo para ti! Las lecturas del progreso vital son la confirmación definitiva para quienes están entrando en una nueva década o están atravesando una de las grandes transiciones de la vida, como un divorcio o la jubilación. Haciendo lecturas gratuitas acumularás la habilidad y la confianza necesarias para poder cobrar por tus servicios. A medida que la población envejece, el mercado para este tipo de lecturas se ampliará cada vez más.

Entretanto, aquí estás ofreciendo un regalo de cumpleaños a tu amiga Beth. Cuando conciertes la cita para esta lectura, pídele que lleve algunas fotografías de su infancia y épocas posteriores. Extiéndelas, ordénalas cronológicamente y deja que comience la diversión.

Tu objetivo en una lectura del progreso vital es ratificar el cambio. De la fotografía A hasta la fotografía Z, busca y distingue todos los cambios físicos por los que ha pasado tu cliente, desde el mentón a la línea capilar. Cada vez que señales un matiz facial, interprétalo. Compara la fotografía más reciente con la siguiente, y así sucesivamente.

Las lecturas del progreso vital te ayudarán a comentar la apariencia de una persona antes de la edad de 18 años. Eso está bien porque tu cliente ya no es una jovencita impresionable. Idealmente, la edad mínima para hacer este tipo de lectura son los 35 años; cuanto mayor sea tu cliente, tanto mejor.

La gente suele pensar que envejecer implica perder el atractivo juvenil. Tu lectura ofrecerá una perspectiva completamente diferente, reconociendo la sabiduría adquirida por el alma a lo largo de su viaje por los distintos rostros.

LECTURAS DE COMPATIBILIDAD

La próxima vez que una amiga se comprometa o que llegue un aniversario, puedes ofrecer el regalo perfecto, la más romántica de las lecturas. Finalmente serás capaz de ofrecer **lecturas de compatibilidad** de calidad profesional. Entonces podrás conseguir abundantes clientes de pago, especialmente si te das a conocer entre los grupos de solteros de tu área. Da una charla gratuita, distribuye tu tarjeta y prepárate para empezar a reservar horas.

Hacer lecturas a parejas es una ganga, y no sólo porque consigues dos-por-uno, independientemente del precio que cobres por hora. Si educas a una pareja en sus similitudes y diferencias, podrás ahorrarles muchas tensiones, incluso momentos muy penosos.

Deja clara una cosa desde el principio: «Esta lectura no es sobre SI sois compatibles o no. Más bien es sobre el CÓMO: en qué aspectos sois similares y cómo podéis hacer que vuestras diferencias funcionen en positivo.»

En las relaciones, la trampa es que esperamos que todos los demás sean «exactamente como yo». Tu lectura de compatibilidad clarificará en qué aspectos los miembros de la pareja son diametralmente opuestos. Cuanto más feliz sea la pareja, más animadamente se reirán al reconocer lo que les muestres.

Así es como has de proceder:

– Sienta a tus clientes. Ten un espejo y una grabadora a mano.
– Tomando una categoría facial cada vez, compara y contrasta durante una hora.

- Alaba las similitudes que facilitan la convivencia de la pareja. (Asegúrate de comentar todos los casos en que podrían sufrir una falta de tolerancia hacia el resto de la humanidad).
- Alaba también las diferencias que les permiten aprender el uno del otro.
- Sobre todo, percibe cómo reaccionan y, si lo crees oportuno, recuérdales que deben respetar y aprender de sus diferencias.

Recuerdo la lectura de compatibilidad que ofrecí a unos recién casados a los que llamaré Howard y Kathy. Sus estilos personales diferían en muchos aspectos, cosa que no es inusual. Pero la reacción de Howard lo era. En cada punto de diferencia, se pavoneaba visiblemente. «¿Ves, Kathy? Deberías ser más como yo en eso. Mi forma de ser es más espiritual».

A los seis meses ella le dejó. ¿Coincidencia? Por desgracia, no.

En otra ocasión, en una fiesta, hice una lectura para Anna y Victor. Cada vez que indicaba un rasgo de Anna, ella sonreía al espejo como si no tuviera nada más que admirar que su maquillaje. A continuación se daba la vuelta hacia Victor:

—¡Vaya! No sé. Cariño, ¿soy así?

Ser una esposa-trofeo no es necesariamente malo, pero cuando va acompañado de tan poca integridad, se está gestando una tragedia. Ojalá que las mujeres como Anna pudieran tener lecturas de compatibilidad, grabarlas y volver a escucharlas cada día. Cuando Anna decida valorarse como algo más que un rostro hermoso, sin duda su vida mejorará.

En realidad no es mala idea que la gente invierta en una lectura de compatibilidad *antes* de casarse. Lo recomendaría especialmente a las parejas que se conocen por internet. Aunque nunca dirás a una pareja de tortolitos que tienen unas perspectivas de relación horrorosas, la persona reflexiva prestará atención a las respuestas de su pareja durante la lectura.

Y si conoces a una pareja que realmente desearías que esperasen antes de casarse, podría ser muy conveniente enviarles a uno de tus compañeros lectores faciales como regalo de compromiso. Lo que aprendan puede llevarles a reevaluar un matrimonio que obviamente está destinado a fracasar.

Románticos, podéis confiar en que la mayoría de la gente que viene a hacerse lecturas de compatibilidad profundizará en su respeto mutuo, en lugar de revelar una carencia de él. E incluso podrías tener tanta suerte que te contrataran para leer a una pareja en el aniversario de sus bodas de oro. No olvides llevar contigo una caja de pañuelos de papel.

CONSULTAS DE CIRUGÍA ESTÉTICA

No esperes que los cirujanos plásticos te contraten, pero, a medida que corra la voz y se conozcan los servicios que ofreces, sus clientes podrían contratarte, y en gran número. La cirugía es un gran negocio en nuestros días, y no sólo por el número de clientes, sino también por la cantidad de dinero que cuesta retocarse la cara. En tu calidad de fisónomo puedes ofrecer una segunda opinión muy válida. Como tu lectura cuesta mucho menos que la operación propuesta, y puede ofrecer muchas comprensiones importantes, resulta barata. Para hacer la lectura:

– Pregunta a tu cliente qué cambio se propone hacer.
– Sigue los pasos básicos que hemos dado anteriormente para hacer una lectura del potencial vital, pero asegúrate de dejar para el final el rasgo que tu cliente está planteándose cambiar.
– El punto álgido de una **consulta de cirugía estética** llega al final, cuando muestras la relación entre la parte problemática de la cara y la totalidad de la persona. ¿Qué temas existenciales de la persona trae a colación ese rasgo facial? Por ejemplo, si la operación propuesta alterase la longitud de la nariz, revisa todos los patrones faciales relacionados con la creatividad y el sentido de la oportunidad. ¿Qué equilibrios naturales serían destruidos? ¿En qué sentido puede el cliente esperar beneficiarse? ¿Qué problemas ocultos podría tomar en consideración?

A pesar de sus cacareados beneficios, la cirugía estética no puede pretender ser holística, pues es exactamente lo contrario. Pero la lectura facial sí que es holística. El objetivo es considerar a tu cliente como cuerpo-mente-espíritu, con pleno respeto por lo que hace de esa persona un individuo único.

Somos más que nuestros yoes sociales, el nivel de vida donde es perfectamente natural evaluar a la gente en función del estatus y de los estereotipos. Los clientes que se sientan atraídos por ti se dan cuenta de que, en lo más profundo, tienen talentos irreemplazables que piden a gritos ser utilizados. La lectura facial puede ayudar a revelarlos.

Tu lectura ayudará a tu cliente a reflexionar sobre lo que es verdaderamente importante en su vida, incluyendo la comprensión de que no se puede jugar con un rostro humano, que no puede ser retocado sin que se produzcan consecuencias internas. Dada la relación recíproca entre el rostro externo y la persona interna, estas consecuencias van mucho más profundo que el nivel de la vanidad. Por ejemplo, una operación de nariz redistribuirá los talentos laborales del paciente; las operaciones de mentón cambiarán su forma de afrontar los conflictos; los *liftings* faciales son lo que menos cambia a la gente, pues simplemente borran años de sabiduría.

La persona sabia entenderá la idea. Ninguna operación quirúrgica para cambiarse la cara es meramente «estética». Y el mejor momento para informarse plenamente de las consecuencias es antes de exponerse al bisturí.

Tu trabajo no consiste en elegir en lugar de tu cliente; basta con que le plantees las preguntas importantes. A veces mis clientes salen contentos, más convencidos que nunca de que la operación es deseable. Otros clientes se van igualmente felices habiendo decidido que no se van a operar. No sólo han decidido ahorrarse el dinero. De un modo más profundo y personal, han aprendido a no romperse la cara.

HACERSE COMENTARISTA SOCIAL

¿El término «comentarista social» te hace pensar en el borracho de tío Buddy o en la molesta señora Yenta, la chismosa del barrio? Bien, reflexiona. En el ramo de la consultoría hay muchas especialidades que te exigen tener las habilidades de un experto comentarista social: entendido en política, futurista, diseñador de campañas publicitarias y relaciones públicas, presentador de programas de radio (o productor), periodista, profesor de sociología, alumno que escribe trabajos para un profesor de sociología. No estoy diciendo que la lectura facial sea el único don necesario para solicitar estos interesantes empleos. Pero podrás mejorar tu rendimiento en cualquiera de ellos si perfeccionas tus dotes de lectura facial.

Consideremos el ejemplo de la cultura pop que, por muchas razones, es de interés para las personas pertenecientes a todas las profesiones mencionadas. La cultura y los medios están plagados de celebridades, artistas, políticos o personas que han conseguido hacerse famosas simplemente siendo famosas. No puedes escapar de la cultura pop. (Como lector facial, te lo pasarás demasiado bien como para querer escapar, aunque pudieras.)

La lectura facial te facilita toda una nueva manera de reconstruir rostros famosos. Dedícate a cazar los auténticos talentos y dificultades de tu celebridad favorita. Esta clase de caza es divertida porque estas personas contratan agentes de prensa para dar la imagen deseada que tú, evidentemente, detectarás de inmediato. Por ejemplo, cuando estás comprando en el supermercado, ¿se te van los ojos detrás de revistas de gran tirada como *Teleguía, Hola o Semana*? Sus portadas tienen fotografías a toda plana y atractivos titulares. Cuando comparas los titulares con lo que los rostros dicen realmente, el contraste suele ser intenso.

Habitualmente, encontrarás historias sobre una celebridad «feliz» o «exitosa» cuya foto revela que tiene la curva de los párpados inferiores en su punto más bajo. Otro elemento popular son las portadas con «el hombre más sexy del mundo», que evidentemente es un honor pasajero, porque se repite en distintos artículos presentando a un sujeto diferente cada vez. Mira a la cara del hombre y comprueba todos los rasgos faciales que le cualifican:

A comienzos del nuevo milenio, el hombre más sexy sin duda tendrá un labio superior MUY definido y (si tiene más de 30 años), al menos un hoyuelo. Probablemente también tendrá un pomo de macho, las orejas inclinadas hacia dentro, y los párpados inferiores con una curva máxima de 2 (en una escala de 1 a 10). Si lleva bigote, es probable que enmarque su labio superior en lugar de ocultarlo. ¿Qué dicen de nosotros las cambiantes modas exhibidas por las modelos y las estrellas de cine? Pensad en ello, comentaristas sociales. Y después encontrad el modo de usar vuestra habilidad para lucraros y divertiros:

- Muchas campañas publicitarias contratan modelos cuyos rostros contradicen sutilmente el mensaje que presuntamente han de transmitir. El dinero destinado a investigaciones de mercado estaría bien gastado en contratar a gente como tú, que puede explicar qué caras de modelos realzan el anuncio en lugar de contradecirlo. Si estás interesado en ganar ese dinero, prepara algunos comentarios sobre los modelos de los actuales anuncios de esa compañía. Solicita una entrevista informativa con los expertos de las mayores agencias publicitarias de la ciudad y preséntales tus servicios de consultoría.
- Usa tus habilidades como comentarista social para ampliar tu cartera de clientes. Escribe un artículo para el periódico local, leyendo rostros de personajes conocidos. Al final, menciona tus demás servicios (cualquiera de las otras especialidades enumeradas en este capítulo). Aunque generalmente el periódico no publicará tu número de teléfono, puede describirte como «consultor fisonomista con domicilio en... donde quiera que vivas».
- ¿Tienes un *chat-room* favorito en internet? Una vez más, haz algún comentario social que llame la atención y a continuación ofrece tus servicios.
- O contacta con profesores de la universidad local que den cursos de cine u otros aspectos de la cultura moderna. Ofrece tus servicios como ponente invitado. Da una gran charla un poco provocadora. Después, explica tus servicios y reparte tu tarjeta.
- Finalmente, mencionemos una aplicación especializada pero importante del comentarista social: la de **recabar fondos**. Si trabajas para una escuela u organización sin fines de lucro y quieres atraer donantes importantes, ya sabes que tienes que impresionarles y presentar tu causa bajo la luz más favorable. Identificar las principales preocupaciones de tus donantes, a través de la lectura facial, puede ayudarte a realizar el

comentario social más eficaz. Aprende de sus caras lo que emociona a los grandes donantes. Dirige tu esfuerzo hacia eso y habrás adquirido una ventaja competitiva sobre otros solicitantes de fondos que se mueven a tientas y tratan a todos los donantes del mismo modo.

Ves, ser comentarista social conlleva ventajas prácticas. Usado como forma de **relaciones públicas**, puede acabar siendo un trabajo remunerado. Por supuesto, es importante evitar hacer declaraciones difamatorias sobre la gente. Simplemente enmarca tus palabras en la regla de oro, haciendo referencia a los talentos y a las posibles dificultades.

Asimismo, a menos que te dediques a comentar por diversión, ten presente un objetivo comercial. Aunque resulte tentador, no regales tus servicios. A veces accederás a ofrecer una prueba gratuita para demostrar lo que puedes hacer, pero mantén tu tarjeta a mano y explica a tus posibles clientes qué pueden hacer si están interesados.

ENTRAR EN EL NEGOCIO

Los pequeños negocios son fáciles de poner en marcha, especialmente cuando empiezas dedicándote a tiempo parcial. No dejes que la perspectiva de crear un negocio te intimide tanto como a mí cuando empecé.

Para hacerlo lo más simple posible, puedes recabar toda la información que necesites reuniéndote con el asesor que te lleve los libros de contabilidad. Encuentra la mejor estructura comercial para tus circunstancias y averigua qué gastos son deducibles. En menos tiempo del que se tarda en decir: «¡Vaya! Tengo mi propio negocio», ya te habrás puesto en marcha. Si comienzas siendo el único propietario, puedes pedir a tus clientes que extiendan los cheques a tu nombre; ni siquiera tienes que abrir una cuenta bancaria separada.

Como consultor, serás responsable de declarar tus ingresos a Hacienda y de pagar los impuestos correspondientes. También es posible que necesites una licencia comercial de la localidad donde vivas, que no es mucho más difícil de conseguir que una licencia para tu perro o un permiso de conducir. De modo que no te preocupes por los tecnicismos legales. Averigua qué necesitas y, en palabras de un negocio mucho mayor de lo que probablemente nunca tendrás que administrar, «simplemente hazlo».

Los pequeños negocios ayudan a desarrollar la economía, de modo que animar a la gente como tú a que gane más dinero es una buena inversión. Date cuenta de que tu éxito ayuda a tu país. ¡Piensa en él como en un deber patriótico!

Estas son las principales consideraciones para poner en marcha tu negocio de lectura facial:

- Elige una especialidad que te interese en particular. Elige cualquiera de las aplicaciones de la lectura facial expuestas en este capítulo o desarrolla otras nuevas.
- Oriéntate hacia tus clientes. ¿Quiénes van a ser? ¿Cómo puedes llegar a ellos?
- Decide exactamente qué servicios ofrecerás y cuánto puedes cobrar. Generalmente, es conveniente ofrecer una serie de paquetes diferentes a distintos precios. Algunas personas preferirán ir a por lo más básico. Sorprendentemente o no, algunos clientes siempre querrán el paquete más costoso. Por eso es tan útil ofrecer variedad.
- Crea material impreso; al principio es posible que sólo necesites unas tarjetas. Son una fuente instantánea de credibilidad proclamando ante el mundo que sí, evidentemente, tienes un negocio.

Cliente tras cliente, muestra cómo puedes ayudar a la gente a resolver sus problemas o a aligerar sus corazones. Pregúntales educadamente por sus negocios. Construye una sólida reputación de integridad y de espíritu genuinamente servicial. A continuación observa cómo entra el dinero.

LECTURA FACIAL PROFESIONAL

¿Cómo puedes llegar a ser lo bastante bueno en lectura facial para convertirte en profesional? La animación de fiestas, las lecturas privadas, la formación y la consultoría requieren un alto grado de habilidad para practicarlos a nivel profesional.

Estudiar por tu cuenta puede llevarte ahí. Sin embargo, no descartes el valor de los profesores. Una simple clase de dos horas puede hacerte progresar tanto o más que seis meses de estudio individual. El estudio personalizado con un maestro fisonomista también puede inspirarte.

En respuesta a una creciente demanda de formación sistemática, he desarrollado un curso por correspondencia en el que imparto mi sistema de lectura de los secretos faciales.

Incluye una serie de proyectos para acumular habilidades y confianza, con una tutoría personalizada para ayudarte a desarrollar tus habilidades como fisonomista. Las asignaturas opcionales te ayudan a especializarte, y también se ofrece la oportunidad de hacer investigaciones originales en este campo.

Infórmate en mi portal en la red: www.Rose-Rosetree.com. Este portal también puede mostrarte cómo obtener mis lecturas faciales por correo o en persona. Otra opción son las sesiones individuales, en las que puedes aprender a tu propio ritmo. O puedes unirte a otros que estén tomando clases, tal vez recibiendo Unidades de Educación Continua como psicoterapeuta, profesor o profesional de la salud. Envía por e-mail cualquier pregunta que te surja sobre lo expuesto en el portal.

En cualquier caso, no es necesario mantener el contacto por internet. También te invito a enviarme una carta cuando lo desees. Si escribes para pedir información sobre clases, lecturas, o el curso por correspondencia, por favor incluye un sobre sellado con tu dirección. Ésta es mi dirección postal:

Rose Rosetree
P.O. Box 1605
Sterling, VA 20167-1605

Escribe también a esta dirección para compartir tus éxitos a medida que te vas integrando en las filas de los lectores faciales profesionales.

Finalmente, espero que consideres la posibilidad de estudiar conmigo para abrir todavía más tu percepción en las técnicas de lectura de aura y empatía. Estos niveles de percepción harán que la lectura facial sea aún más fascinante. Te recomiendo que empieces con mis libros: *Leer el aura* y *El poder de la empatía*. A continuación, toma clases o haz sesiones individuales, conmigo o con otros maestros.

En el pasado, algunos de vosotros habéis intentado leer auras con escaso éxito. Esto se debe a que la mayoría de los profesores abordan la cuestión dando importancia a un don, la clarividencia, sobre todos los demás. Sin embargo, la gran mayoría de la gente no está preparada, corporal y mentalmente, para ser clarividente. Mi planteamiento es diferente. Ofrezco más de 100 técnicas que te ayudan a apreciar y activar tus dones personales más destacados, sean cuales sean. Y no debes preocuparte: tienes dones para la Percepción Celestial. Después de haber demostrado su operatividad durante 15 años, te garantizo que mi sistema enriquecerá tu experiencia, y esto es cierto tanto si eres principiante como si eres un lector de auras experimentado.

Cada uno de nosotros tenemos una contribución única que hacer a la humanidad. Servir a los demás haciendo lectura facial podría ser parte de tu misión. O tal vez lo más importante será lo que descubras de tu propio rostro, pues te inspirará a usar tus talentos más plenamente. No subestimes el valor de este aprendizaje. Cualquiera que sea tu trabajo, cuando más ayudas a la gente es cuando haces uso de tus talentos, que sólo pueden brillar al máximo cuando los reconoces *conscientemente*.

A medida que lo hagas, y que te alinees con tus puntos fuertes, el poder del autoconocimiento brillará en tu presencia. Tu ejemplo puede encender la chispa del autoconocimiento profundo en los demás. Por tanto, avanza valientemente como un caballero Jedi. Lleva luz a nuestro mundo. ¡Y que el rostro te acompañe!

BIBLIOGRAFÍA
COMENTADA

Aunque se han publicado muchos libros sobre lectura facial, los títulos siguientes son los más útiles que he encontrado, y los he enumerado siguiendo el orden de mi preferencia personal:

Khalsa, Narayan Singh. *What's in a Face?* Boulder: Narayan-Singh Publications, 1997.
Puedes solicitarlo por correo previo pago de 35 dólares, 708 Mohawk Dr., Ste. 18, Boulder, CO 80303.
El ingenio de Narayan anima este estudio de 1.250 rasgos faciales.

Khalsa, Narayan Singh. *Loving Thy Neighbor.* Boulder: Narayan-Singh Publications, 1989.
Puedes solicitarlo por correo previo pago de 35 dólares, 708 Mohawk Dr., Ste. 18, Boulder, CO 80303.
Cómo aborda su trabajo un fisonomista de orientación metafísica; escrito con entusiasmo contagioso.

Young, Lailan. *Secrets of the Face.* Boston: Little, Brown, 1984.
Simplemente, éste es el mejor libro que he encontrado sobre fisonomía tradicional china.

Mitchell, M.E. *How to Read the Language of the Face.* Nueva York: Macmillan, 1968.

Cuando me instalé en la Biblioteca del Congreso y supervisé todos los libros de fisonomía que pude encontrar en lengua inglesa, el libro de Mitchell fue, con diferencia, mi favorito.

De Mente, Boye. *Face Reading for Fun and Profit.* Phoenix: Bachelor Books, 1968.

Si puedes encontrar esta joya, es muy divertida, y además tiene gran penetración psicológica.

Hilarion, a través de M.B. Cooke. *Faces.* Queensville, Ontario: Market Books, 1988.

Los libros canalizados tienen un sabor que no a todo el mundo agrada. Si te gustan, disfrutarás de la visión desenfadadamente metafísica que tiene Hilarion de la Analogía Divina.

Wagner, Carl. *Characterology.* York Beach, Maine: Weiser, 1986.

Carl es un profesor lleno de vida que ha dotado sus libros de un alto nivel de erudición, y sus dibujos son geniales.

Young, Lailan. *The Naked Face.* Nueva York: St. Martin's Press, 1993.

Dependiendo de tu punto de vista, este libro te resultará o bien muy objetivo o fríamente crítico. En cualquier caso, está admirablemente bien documentado, y combina la lectura facial con la lectura de la expresión facial.

También podrías disfrutar de estos otros libros que guardan relación con el tema general de la lectura facial:

Wilde, Oscar. El retrato de Dorian Gray.

¿Qué ocurre cuando las consecuencias de las acciones de un hombre no se reflejan en sus rasgos físicos faciales? La novela de Wilde explora esta posibilidad. La escribió durante la era victoriana, cuando la fisonomía era más conocida y popular que actualmente. La historia de Wilde, tratada satíricamente, sirvió como base para Ruddigore, una opereta humorística de Gilbert y Sullivan.

Dychtwald, Ken. *Bodymind.* Los Ángeles: Tarcher, 1977.
Este libro fascinante hace por el resto del cuerpo lo que la fisonomía hace por el rostro.

Carter, Mildred. *Helping Yourself with Foot Reflexology.* West Nyack, NY: Parker, 1969.
Este es otro libro muy útil que puede hacer que profundices tu visión de la realidad física. En este clásico de la sanación autoinducida, Carter te enseña a acceder a las terminaciones nerviosas de tu cuerpo masajeando las áreas correspondientes de tus pies. Por ejemplo, un modo muy conveniente de frotarte la espalda es darte un masaje en los arcos de los pies, desde los talones hasta el dedo gordo.

Lad, Vasant. *Ayurveda: The Science of Self-Healing.* Santa Fe: Lotus Press, 1984.
Para diagnosticar el cuerpo físico mirando la cara, este libro no tiene parangón. Advertencias: (1) el diagnóstico facial sólo abarca dos páginas de casi 200 y (2) mis preferencias personales se orientan hacia otros tipos de diagnóstico médico. No obstante, el tratamiento de Lad es el mejor que he encontrado. Y lo que es más importante, todo el libro está lleno de claves de sanación holísticas procedentes de la antigua tradición que el Dr. Lad resume en su excelente libro.

Hay, Louise L. Usted puede sanar su cuerpo.
Valorarás la interpretación espiritual que este libro hace de las enfermedades comunes, especialmente si tu propósito al estudiar la lectura facial es la autosanación. Una vez más, la realidad física se abre para mostrar una realidad interna donde tu libre albedrío puede producir cambios significativos.

Eckman, Paul. *Telling Lies.* Nueva York: W.W. Norton, 1985.
Se trata de lectura de expresiones, no de lectura facial, pero, si lo que quieres es buscarte problemas, ningún trabajo puede superar el del doctor Eckman.

1

DATOS FACIALES

Durante miles de años, los lectores faciales han tenido acceso a información interna sobre las personas interpretando los rasgos de su rostro. No es que los rasgos faciales determinen la conducta. Más bien, la criatura en evolución genera los rasgos faciales correspondientes a la persona interna. No leas la cara de nadie de menos de 18 años porque ese rostro aún necesita tiempo para que la fisonomía sea válida. Sin embargo, leer el rostro de cualquier otra persona es juego limpio. Usa este índice para interpretar los datos faciales de tu elección.

2

CONDUCTA

Los lectores faciales tienen la ventaja de conocer la relación recíproca entre el rostro físico y el estilo personal. Con el tiempo, debido a las elecciones individuales relativas a algunos aspectos del estilo, como la *comunicación*, el rostro físico evoluciona consecuentemente. Pero el cambio también puede ir en el otro sentido, como en el caso de la cirugía estética, produciéndose cambios simultáneos en la persona interna y en su cara. Usa este índice para asociar las características de conducta con los correspondientes datos faciales. El Índice II también contiene otras palabras que normalmente encontrarías en un índice, como *ventas, auto-estima* y *relaciones*.

ROSE **ROSETREE**

Licenciada en arte por la universidad Brandeis, Rose comenzó en 1971 a enseñar sus técnicas para desarrollar la Percepción Celestial en la vida cotidiana, entre las que están la lectura de los secretos faciales y la lectura del aura. Los descubrimientos expuestos en este libro representan lo más destacado de su trabajo.

Numerosas entrevistas en televisión han llevado su pensamiento a Europa, Asia, África y Australia. En América, ha colaborado con el programa «The View» de la cadena ABC, en *USA Today,* y en los periódicos *The Washington Post, Ladies Home Journal, Redbook* entre otros. Importantes firmas multinacionales y prestigiosas universidades se cuentan entre sus clientes. Actualmente vive con su marido y su hijo en Sterling (Virginia).

ÍNDICE